2021—2035年国家古籍工作规划重点出版项目

全国少数民族古籍工作『十四五』规划重点项目

中国民族古文字文献研究

第一辑

孙伯君 主编

全国百佳图书出版单位
时代出版传媒股份有限公司
黄山书社

《中国民族古文字文献研究》编委会

孙伯君　中国社会科学院民族学与人类学研究所

孙颖新　中国社会科学院世界宗教研究所

汤　君　四川师范大学文学院

王　锋　中国社会科学院民族学与人类学研究所

王　龙　宁夏大学西夏学研究院

王启涛　西南民族大学中国语言文学学院

吴贵飚　中国民族图书馆

吴英喆　内蒙古大学蒙古学学院

吴元丰　中国第一历史档案馆

杨　硕　国家民委全国少数民族古籍整理研究室

张铁山　中央民族大学少数民族语言研究院

编者的话

1980年8月，在傅懋勣、翁独健、季羡林等老一辈学者的倡议下，中国民族古文字研究会正式成立，并在河北承德避暑山庄举办了第一届学术研讨会。40多年来，研究会在国家民委全国少数民族古籍整理研究室的大力支持下，团结和组织本领域的专家对民族古文字文献进行深入的学术研究，为民族发展史、文字学史、语言学史、哲学史乃至敦煌学、藏学、西夏学提供了源源不断的丰富养料。

中国民族古文字是中华民族历史文化的载体，少数民族古籍蕴涵着丰富的多民族文化思想，弥足珍贵。从18世纪开始，西方探险队在我国“丝绸之路”沿线获取了大量少数民族文字文献。19世纪末，西方传教士和驻华使节在中国北方游历，又陆续在居庸关、唐乾陵、辽庆陵、河南开封等地发现了八思巴文、西夏文、契丹小字、契丹大字、女真文等碑刻。随后，敦煌莫高窟和黑水城“河边大塔”被发掘，数以万计的藏文、回鹘文、西夏文等文献出土。在对这些文字加以辨识的过程中，西方学界遂掀起了研究中国民族古文字的热潮。在这一历史背景下，“东方学”中很快建立了以中国少数民族文字文献为基本素材的学术研究体系，继而分化出藏学、西夏学等一批分支学科。到20世纪末为止，随着中国民族古文字研究会的成长，在老一辈学者的不懈努力之下，中国学者对少数民族古文字与文献的研究得到了长足的发展，涉及的文种超过30种，已经初步形成了一个文献学和语言学相交叉的新学科，这一学科可以称作“民族文献语言学”。该学科的研究目标是在考释民族古文字、释读民族古文献的基础上，对民族语的语音、词汇、语法的构成与特点进行研究；是以汉文文献为研究主体的传统“文献语言学”研究方法在民族古文字文献中的具体运用，与语文学（philology）和历史语言学（historical linguistics）从研究方法到研究目的上均有交叉。

“民族文献语言学”的研究内容广涉民族古文字释读、古代民族语言研究、文字学研究和番汉对音研究，它并非只着眼于民族语，还对汉语考据学方法多有借鉴，并堪为汉语研究提供佐证。19世纪末，艾约瑟《汉字研究导论》最早把梵汉对音材料引入古代汉语研究当中，为相关研究提供了丰富的语料。从20世纪20年代开始，马伯乐、罗常培等学者就着意把日译汉音、越南译音、藏－汉对音等材料汇入古汉语语音研究，80年代以来，王静如、聂鸿音、龚煌城、庄垣内正弘、沈钟伟等学者又进一步把夏－汉对音、回鹘－汉对音、契丹－汉对音、八思巴－汉对音等材料汇入，使得唐五代以来汉语西北方音与北方话的诸多声韵规律和音值更加明确。

“民族文献语言学”中“文献”一词的含义，较传统“文献语言学”所采用的马端临以后的定义更为宽泛，除了指文字记载的材料之外，还包括民族史诗等口传资料。中国南方的许多少数民族文字并非成熟文字，属于系统的“助记符号”。所谓“助记符号”，即人们大脑中已经存储了大量的口传资料，文字只是帮助记诵这些资料的符号。纳西东巴文、尔苏莎巴文、彝文、水书、傈僳音节文字等均产生于“助记”的需要，东巴、毕摩等除了做禳灾、超度、祭祀等法事外，还承担着本民族宗教、历史、星相、历法、农耕经验等传承任务，大脑中记诵有大量的口传资料，需要一些助记符号帮助记忆。这种作为助记符号的不成熟文字与记录语言的成熟文字有本质的区别，它们不是像成熟文字那样记录到语言的最小单位，也不是按照语词次序逐词记录语言，因此，释读这些“助记符号”，必须依靠东巴、毕摩世代口耳相承的口传资料，才能呈现其丰富的内容。

事实上，在先秦，“文献”一词是指文字、图画等记载和口耳相传的一切知识，“文”指典籍文献，“献”指古代先贤的见闻、言论及其熟悉的各种礼仪和事迹经历。“文献”

最早见于《论语·八佾》，子曰："夏礼吾能言之，杞不足征也；殷礼吾能言之，宋不足征也。文、献不足故也。足，则吾能征之矣。"朱熹《四书章句集注》："文，典籍也；献，贤也。"清代刘宝楠《论语正义》："文谓典策，献谓秉礼之贤士大夫。""文献"的含义从宋元之际马端临著《文献通考》后开始发生变化，专指记载于纸质文本中的"叙事"和"论事"的书籍。《文献通考》"总序"曰：

> 凡叙事则本之经史，而参之以历代会要，以及百家传记之书，信而有征者从之，乖异传疑者不录，所谓"文"也。凡论事则先取当时臣僚之奏疏，次及近代诸儒之评论，以至名流之燕谈，稗官之纪录，凡一话一言，可以订典故之得失，证史传之是非者，则采而录之，所谓"献"也。

"民族文献语言学"中包括口传资料是对"文献"的古代定义的一种回归。

"民族文献语言学"在研究方法上与传统"文献语言学"有所不同。前者须从"四行对译法"入手进行文本释读，然后以"考据学""番汉对音法""历史语言学"方法为基础，阐释民族古文字所记录语言的性质和特征。后者更注重考据学方法，以文字学、音韵学、训诂学、校勘学为基础，重点阐释汉文献中所蕴含的汉语语音、词汇、语法的演变规律。同时，对不同性质的民族古文字的研究方法也有所不同，如对有活语言存在、文字已死亡的文献和记录"死语言"的古文字的研究方法就迥然不同。有活语言存在的古文献，由于有活语言可资参考，其语法和词汇比较容易理解和考证，研究捷径是首先学会与之相关的民族语言，明确语言演化规律；而记录"死语言"的古文字，由于文献本身是研究语言的唯一资料，文字的解读往往依赖与汉文文献的对勘，其研究捷径是掌握古代汉语，熟悉考据学和番汉对音等方法。因此，理想的回鹘学者需要首先掌握现代维吾尔语，而理想的西夏学者则应该是阅读过大量的中国古书，具有比较深厚的汉语言文字学功底。

中国民族古文字研究会成立以来，曾经编纂过《中国民族古文字研究》《民族古籍研究》等，选辑了很多研究论文，为本领域专家搭建了成果交流的平台，并为传承绝学培养了后备力量。新形势下，民族古文字文献研究既面临挑战，也迎来新的发展机遇，肩负着传承发展的历史使命。如何促进民族古文字文献的本体研究和系统总结发展“民族文献语言学”的基本理论，并以此为依托培养相关人才，传承绝学；如何于民族古文字文献研究中贯彻考据学方法，把民族古文字纳入中国古文字研究的大框架，深入挖掘民族古文字文献中各民族文化交往交流交融的历史，揭示中华文明交流互鉴的实情，构建中国各民族共同书写的历史文化大系，既是新时期民族古文字文献研究者肩负的重要使命，也是使本学科突破藩篱、走向科学发展轨道的重要途径。

希望这本《中国民族古文字文献研究》能够成为民族古文字研究界交流新思想、培养新力量、完成新时期学科建设和发展使命的重要平台。

孙伯君

2021 年 9 月 10 日

目录

CONTENTS

第一章　西夏文文献研究

第二章　突厥如尼文文献研究

第三章　回鹘式蒙古文文献研究

第四章　满文文献研究

第五章　藏文文献研究

第六章　傣文文献研究

第七章　其他语种文献研究

第一章　西夏文文献研究

居庸关西夏文《造塔功德记》考补*

聂鸿音

【提要】在居庸关过街塔券洞内的“六体石刻”中，西夏文的《造塔功德记》迄今没有得到完美解释，尤其是对工程主管者和参与者的考察还不充分。事实上，这些人大都可以在汉文史料中得到印证，只要注意到藏、蒙、回鹘、西夏等文字对人名的不同译写方式，就可以认清这些人名在不同文字间的一致关系。前人在研究《造塔功德记》时出现过对西夏字形和字义的误解，这些大都可以结合近年公布的文献予以纠正，从而得到一篇更为接近撰写者本意的汉译文。

【关键词】居庸关；铭文；元史；佛教；西夏文

一

居庸关位于北京西北约 60 公里处，关城内有一座建成于至正五年（1345）九月的过街塔，被公认为元代最精美的石质建筑。过街塔券洞内壁两侧刻有《佛顶尊胜陀罗尼》《如来心陀罗尼》和几首未能确认的零星咒语，分别用兰擦体梵文、藏文、八思巴字蒙古文、回鹘文、西夏文和汉文写成，统称“居庸关六体石刻”。后五种文字的结尾处各附有一篇《造塔功德记》（以下简称《功德记》），内容包括对佛法的赞颂、对造塔缘起的叙述，以及对国运的祝愿，最后附记工程主管者和参与者的名字。在全部六种文字中，除西夏文之外的五种文字都得到过多次的介绍和研究[①]，遗留的问题已经不多。至今为止，

基金项目：国家社科基金重大项目“西夏文学文献的汇集、整理与研究”（17ZDA264）的阶段性研究成果。
作者简介：聂鸿音，四川师范大学文学院教授，北京师范大学文学院教授，中国社会科学院民族学与人类学研究所研究员。
①20 世纪 50 年代以前对六体石刻的研究主要是刊布拓片和拉丁转写，论著祥目见村田治郎编著《居庸关》（京都：京都大学工学部，1957）第一卷第 133 页上的“刻文研究一览”。

学术界针对石刻的全面考察已经过了六十余年[①]，本文之所以重新拾起这个沉寂已久的话题，是因为当年的西夏研究正处在起步阶段，学者掌握的参考资料很少，这在相当程度上影响了他们对西夏字形和句意的判读，以致始终没有人作出一篇完整的汉译文，对文末所录工程主管者和参与者的考察更是欠缺。在大量原始文献已经发表的今天，我们有条件弥补前代学者的大部分疏失，同时提供《功德记》的全文解读，从而为元代历史研究补充一份可资利用的新资料。

最早注意到居庸关六体石刻并尝试解读的是英国传教士伟烈亚力（1815—1887）。他在 1863 年和 1867 年分两次得到了世界上第一份拓片，随即著文详细介绍了其中的梵文和西夏文部分，只是把西夏文误当成了女真文。他在文中提供了《佛顶尊胜陀罗尼》的梵文校本和英文翻译，并通过与梵文陀罗尼的对勘判断出了七十多个西夏字的大致读音[②]。遗憾的是，由于当时没有石刻以外的任何西夏文献可供参考，所以他的研究未能涉及《功德记》的只言片语。

首次尝试全文解读西夏铭文的是罗福成（1884—1960），他抄录了券洞内壁包括《功德记》在内的全部西夏字并进行了逐字对译[③]。不过他那个时候的参考资料只有收字有限的《番汉合时掌中珠》和几种佛经的残叶，这导致他用汉字对译西夏字时不得不留下大量空缺，自然最终未能形成完整的译文。二十多年后，西田龙雄（1928—2012）参照佛教文献再次解读了全部西夏铭文，包括给出了《功德记》的完整日文翻译和详细注释，只是对

① 村田治郎编著的《居庸关》第一卷过录或转写了五种文字的《功德记》全文，每种文字的解读都有逐字对译和完整的日译文，并附有注释。其中藏文由长尾雅人解读（第 237—241 页），八思巴字蒙古文和西夏文由西田龙雄解读（第 261—269 页，第 282—293 页），回鹘文和汉文由藤枝晃解读（第 273-278 页，第 308—315 页）。

②A. Wylie. *On an Ancient Buddhist Inscription at Keu-yung-kwan, in North China*. Journal of the Royal Asiatic Society, new series, vol. 5:14-44, 1871.

③ 罗福成：《居庸关石刻》，《国立北平图书馆馆刊》第 4 卷第 3 号，1930，第 121—126 页。

工程主管者和参与者的考证略有不足。另外就像罗福成那样，西田龙雄据拓片摹录的西夏字也有错讹，但无论如何，这是迄今时代最为晚近，也是内容最为丰富细致的研究。

西夏文《功德记》刻在云台券洞东壁，拓片在国内外多处均有收藏。原石已经断裂，所存文字也多有剥落，加之拓印者技术水平高低不等，所以拓片质量也有优劣之分。迄今刊布的最清晰的拓片见村田治郎所编《居庸关》第一卷后附的图版，总题“拓片 IV：西夏大字及小字刻文（东壁）”。《功德记》全文以佛教的七言“偈颂体”写成，个别句子多出了一两个小字，那是沿用了西夏文佛经译写外语韵尾辅音的传统方法[①]，这样的句子读出来仍然是七个音节。

二

下面是《功德记》的西夏录文和全文汉译，前人误译或未能译出的词语在汉译文的脚注中说明，新译文为求阅读顺畅而调整前人语句的地方不再出注。西夏字的区别仅在点画之间，前人的录文错误多有所见，即使在今天也不足为奇，不过限于当前的电脑技术，新的录文仅直接据拓片给出正字，前人录文中点画的讹脱不再出校。

西夏录文：

[illegible]

① 孙伯君：《西夏佛经翻译的用字特点与译经时代的判定》，《中华文史论丛》第 86 期，2007，第 307—326 页。

[illegible]，[illegible]，[illegible]，□□□[illegible]，[illegible][illegible]，□[illegible]，[illegible]，[illegible]。[illegible]，[illegible]□□，□□□[illegible]。[illegible]，[illegible]□[illegible]。[illegible]，[illegible][illegible]。

汉译文：

善哉！敬礼无上三宝尊！法身出离超所论，报身根足遍法界①，化身随根现万相。如是三身□□□，□□□□□□□皆，得悟□□觉□□，□□□□□以智，三千世界现化身。菩提成道魔皆伏②，八万四千法轮转。终度有缘□□□，□□□□□□□，依□□□求诰命，民□□□烧岂□，善士□□凭火力，以求焚烧金色身。身上起火即碎裂，八斛四斗舍利出③。□□□□□乃分，各自舍□□以宝，修窣堵波为供养④。依佛之力宝塔上，各放光明遍法界，善神监护记魔界。若无漏人□宝塔⑤，敬礼千遍□□□。惟愿当今大皇帝，具足仁行圣天子，三宝正法求兴盛，有情□□□□□，亲近无垢天之礼。北方山谷通道中，谨以天然白玉石⑥，和土修塔刻写咒。十方诸佛与千佛，五智自性五坛城⑦，守护正法四天王。彼□□□金为之，佛宝舍利三藏法。种种宝物皆置入，光照明净炫人目。所观诸境望不断，六趣有情皆利益。万国颂歌赞不尽，具足完毕终告成。公哥监藏班藏卜⑧，圣帝召请为胜师。敬礼供养设大会，心愿圆满为庆赞。圣帝烧香发愿言，三界四生出苦海，福田去处当成佛。圣帝父子寿万年，国运永驻风雨调。皇后皇女皆信法，文武臣僚德智兴。五谷熟成菓丰盈，民庶修福无斗争。三灾七祸□□□，民庶携同成佛道。所遍虚空无尽故，我愿不已永无尽。国师南加惺机子，奉诏总监完工者，精通显密二种教，

---

① 根足，意译原文“[illegible]”（tśhji lhə）。佛教以草木之根譬喻人本性的生长进步能力。“根性具足”指进步的能力已经全部具备了。

② 菩提，原作“[illegible]”（dwewr phu），罗福成、西田龙雄据字面译“觉树”，即“菩提树”，释迦牟尼成道处。

③ 本句第二字原漫灭，西田龙雄译文拟补“石”，误，当补“斛”（[illegible] dźja）。

④ 窣堵波，音译原文“[illegible]”（sjwɨ tu pa），源出梵文*stūpa*（塔）。罗福成误识后二字为“[illegible]”（nja̱ gji），故误译“窣神净”。西田龙雄误识西夏“[illegible]”（pa）为“[illegible]”，不成字，译“舍利塔净”亦无据。

⑤ 无漏，意译原文“[illegible]”（rar mjij），佛教术语，指脱离世间烦恼，“无漏人”即“脱离了烦恼的、纯净的人”。罗福成译“过无”，西田龙雄译“行过”，皆误。

⑥ 天然，原文作“[illegible]”（ʻjij śjij），罗福成据西夏字面译“自成”，实际意为“自己生成的”。

⑦ 坛城，原文作“[illegible]”（gu tśjɨ，中围），佛教术语，罗福成据西夏字面误译“中绕”，西田龙雄以为意译梵文*maṇḍala*（曼荼罗，坛城），是。这里指居庸关云台券洞天井浮雕的五个坛城，对应主尊佛像释迦牟尼佛、阿弥陀佛、阿閦佛、金刚手菩萨和普明菩萨，这五个主尊具体记载在回鹘文《功德记》里。

⑧ 公哥监藏班藏卜，首二字残，人名罗福成未能译出，西田龙雄据蒙古文和汉文为之补译。

沙门领占多吉师[①]，□□□夫贺太平[②]，大都留守安赛罕[③]，资政院使金刚义[④]，太府太卿普贤吉[⑤]，提点八剌室利等[⑥]。着力于善随喜者，诸类匠人力□□，随意皆成□□□。依经注疏集造者，沙门释子慧永福。大都天竺僧伽宫，沙门智妙咩布写。

这篇《功德记》始于赞颂“如来三身”（*trikāya*），接下来的几句残缺，据其他文字的《功德记》推测，应该是在具体解释“三身”的含义。接着讲到释迦牟尼在菩提树下悟道，然后终其一生向众生传法，涅槃后火化而成八万四千舍利，由众弟子分藏。后来阿育王为此立八万四千宝塔，供世人供养礼拜。在元顺帝妥懽帖睦尔（1333—1370 年在位）授意下，由几名政府顶级官员负责在居庸关山谷中用汉白玉石修建了这座塔。塔的券洞里雕有十方佛、千佛和经咒，天井上雕有五个曼荼罗，洞门口雕有四大天王，云台上的塔内有众多宝物装藏。塔建成后举行了一个大规模的法会，由帝师公哥监藏班藏卜主持，顺帝出席。

三

此前罗福成和西田龙雄解读西夏文时参照的是汉文的《造塔功德记》，其中提到造塔工程负责人的那段文字残损严重，下面是藤枝晃的录文：

> 国师南加惺机资，通显密教……特奉圣诏□□□，□史大夫□大平，大都留守安赛罕，资政院使金刚义，太府太卿普贤……

有必要指出的是，《功德记》提到的那几个造塔工程负责人还可以通过同时代的其他史料加以补充，其中最重要的一条是当初日本学者没有注意到的，即欧阳玄（1273—1358）所撰《过街塔铭》的佚文，在日本的《居庸关》一书发表之后七年，由宿白从北

---

① 领占多吉，藏语的西夏语音译，现代多作“仁钦多吉”。罗福成误译“利住那□”，西田龙雄误译“li 住太？”。本句第二字原漫灭，据文意可以断定是“[illegible]”（mẽ，门）。

② 作为汉人姓氏的西夏字“[illegible]”（xa）音“贺”，见李范文：《夏汉字典》，北京：中国社会科学出版社，1997，第 567—568 页。西田龙雄标音空缺。

③ 安赛罕，西夏译“[illegible]”（ŋa-ŋ sã-j khia-n），罗福成录文正确。西田龙雄未能识出“[illegible]”（·jij）字，又误以“[illegible]”（khia-n）入下读。

④ 资政院使，西夏首字残佚，译文据汉文《造塔功德记》补。西田龙雄据对音解作“rin chen 院”（大宝院），不切。

⑤ 普贤吉，音译原文“[illegible]”（phə xja kyi），西田龙雄误识末一字，标音 na，不切。

⑥ 提点，音译原文“[illegible]”（thji tjɨj），罗福成对译“？鸠”，西田龙雄标音 ti tem。人名“八剌室利”（[illegible]，bia rjar śji rjir）罗福成误译“鸠摩罗什”。

京大学藏缪荃荪抄本《顺天府志》卷十四“昌平县·关隘”条里辑出刊布①。其中说：

> 至正二年二月二十一日以宿昔之愿，面谕近臣……于是申命中书右丞相阿鲁图、左丞相别儿怯不花、平章政事帖木儿达识、御史大夫太平总提其纲，南星剌麻、其徒日亦恰朵儿、大都留守赛罕、资政院使金刚吉、太府监卿普贤吉、太府监提点八剌室利等授匠指画，督促其功，卜以是年某月经始。

欧阳玄《过街塔铭》里的人名中有四个不见于西夏铭文，其中三个——阿鲁图、别儿怯不花和帖木儿达识都是一品官员，地位最高，他们在建塔工程中大概只是发个指令而已，不会是实际的工程监督。另外的日亦恰朵儿应该是南星剌麻的弟子②，西夏铭文只是含糊地提到了他的身份。除此之外，西夏文《功德记》里的六个人可以与欧阳玄《过街塔铭》的记载形成对应。

过街塔铭	造塔功德记				
	西夏	藏	蒙古	回鹘	汉
太平	[illegible]	残佚	thay ping	残佚	大平
南星	[illegible]	残佚	nam shing	namka šingki	南加惺机
赛罕	[illegible]	sa’i gan	sayiqan	缺	安赛罕
金刚吉	[illegible]	gim ga’i	gim gang yi	缺	金刚义
普贤吉	[illegible]	缺	bu hė	缺	普贤
八剌室利	[illegible]	ba la shi ri	balasïrï	缺	残佚

对照欧阳玄《过街塔铭》记载的这六个人，还可以对西夏文《造塔功德记》做出进一步的解释。

□□□夫贺太平，蒙古文《功德记》作 qadaqalaqči thay ping thay hwu（管理者太平大夫），汉文《功德记》仅存“大平”二字。结合《过街塔铭》所记的“御史大夫太平”看来，西夏文句首所残三字必是“御史大”。太平姓贺，在《元史》卷一百四十有传，谓其于至正六年（1346）拜御史大夫。“六年”晚于过街塔建成一年，应该据《元史》卷四一《顺帝四》校为“五年”——至正五年“冬十月壬子，以中书平章政事太平为御史大夫”。元朝的“中书平章政事”和“御史大夫”属从一品高官，所以贺太平在《功德记》里排在几名政府官员之首。

① 宿白：《居庸关过街塔考稿》，《文物》1964 年第 4 期，第 13—29 页。蒙宁夏大学杨志高教授提示，原书虽题“顺天府志”，但并非最终成稿的《顺天府志》，而是缪荃孙摘抄自《永乐大典》卷四六五〇的资料集，其中《过街塔铭》的影印见《顺天府志》（《北京大学图书馆藏善本丛书》，北京大学出版社，1983 年）第 406—408 页。更早的记载另有元熊梦祥著《析津志》（北京图书馆善本组《析津志辑佚》，北京古籍出版社，1983 年）第 252 页。诸本文字略微有异，今从宿白校录。

② 日亦恰朵儿，“日”字诸本作“曰”，不合上下文叙述格式。“日”字在元代不用于译音，“亦恰朵儿”的源语形式也难考知，未详何故。

国师南加惺机，见汉文《功德记》。人名合于回鹘文《功德记》的 namka šingki。蒙古文作 nam shing，当是省作“南惺”，也就是《过街塔铭》上的“南星刺麻”。藤枝晃已经正确地指出这是《元史》卷三十九《顺帝二》提到的“灌顶国师曩哥星吉”——顺帝至元二年（1336），“以燕铁木儿居第赐灌顶国师曩哥星吉，号大觉海寺，塑千佛于其内”，事在过街塔建成之前九年。藏文《功德记》的相应文字磨灭，据读音猜想那个藏文名字是应该是 nam mkha’ seng ge（虚空狮子）①。汉文《功德记》“南加惺机”后面的“资”西夏文作“䄎”（gyi），意思是“子”，对应蒙古文《功德记》的 theji（弟子），西田龙雄认为与“资”同音的“子”是“弟子”之省，犹言“沙门释子”。不妨设想，这“弟子”指的也许是《过街塔铭》里提到的“日亦恰朵儿”，全句实际可以看作“国师南加惺机及其弟子”的缩合。

大都留守安赛罕，见汉文《功德记》。《过街塔铭》仅作“赛罕”，与藏文《功德记》的 sa’i gan 同译自蒙古文 sayiqan（美好）。这个词在蒙古人名和地名中常用，《元朝秘史》第 167 节有人名“撒亦中罕”②。“安”的来历不明，目前的资料里没有找到安赛罕的消息，估计他是元朝“大都留守司”的五名正二品长官之一，负责皇城的守卫和杂务管理③。

资政院使金刚义，见汉文《功德记》。藏文人名作 gim ga’i，蒙古文人名作 gim gang yi，均为汉语音译。其人见《元史》卷四十一《顺帝四》：至正五年九月，以“资政院使朵儿直班为中书参知政事”，可知他在过街塔刚建成时就获得了升迁。“朵儿直班”为藏语 rdo rje dpal（金刚吉祥）的蒙古音译，最后的 dpal（吉祥）在《过街塔铭》省译作“吉”，在《功德记》则被代之以音译的藏语虚词 ’i。

太府太卿普贤吉，《过街塔铭》作“太府监卿普贤吉”。负责皇家财物保管和出纳的正三品官员④。这个人名存疑——尽管看上去很像是意译的外语佛教词，其来源也许是梵文的 samantabhadra śrī，也许是藏文的 kun tu bzang bo dpal，可是太府监的官员由和尚担任，这让人难以置信。

提点八剌室利，《过街塔铭》作“太府监提点八剌室利”，为从五品官员。人名在藏文《功德记》作 ba la shi ri，回鹘文作 balasïrï，均应该来自蒙古文的 balaširi。bala 在《元

---

① 乾隆钦定《日下旧闻考》卷一五五猜想“曩哥星吉”义为“天佛”，故改“星吉”为“桑结”（sangs rgyal，佛），音韵与回鹘文《功德记》所记 *šingki* 不合，今不取。

② 商务印书馆《四部丛刊三编》本，卷九第 16 页。

③《元史》卷九十《百官六》：“大都留守司，秩正二品，掌守卫宫阙都城，调度本路供亿诸务，兼理营缮内府诸邸、都官原庙、尚方车服、殿庑供帐、内苑花木，及行幸汤沐宴游之所，门禁关钥启闭之事。留守五员，正二品。”

④《元史》卷九十《百官六》：“太府监，秩正三品，领左右藏等库，掌钱帛出纳之数。太卿六员，正三品。”

朝秘史》第 120 节音译“巴剌”，širi 在《元朝秘史》第 160 节音译“识理”①。

《功德记》里另有两个人名不见于欧阳玄《过街塔铭》：

沙门领占多吉师，人名合于藏文《功德记》的 rin chen rdo rje，蒙古文作 irinǰin dorǰi，回鹘文作 ïrïnčïn torčï，都是藏语的音译②。汉文《功德记》据藏语意译“宝金刚”，没有使用音译。现在人名拟译中的“领占”来自保定莲池所存“尊胜经幢”③，“多吉”为现代习惯音译，元代文献作“朵儿只”。这个人在《过街塔铭》上写作“金刚吉”，即意译了 rin chen（金刚）而省略了 rin chen（宝），然后又在后面加上了 dpal（吉祥），可以视为对高僧的尊称，犹如蒙元时代的著名佛经译师释智也称“智吉祥”。

欧阳玄《过街塔铭》载：“五年秋，驾还自滦京，昭睹成绩，乃做佛事，行庆赞仪。”可知过街塔落成时曾做过一次专门的庆赞法事，则法事的主持人必是《功德记》里记录的公哥监藏班藏卜（1310—1358）。《佛祖历代通载》卷二一作“公哥儿监臧班臧卜”，谓他于元统元年（1333）被元文宗礼请为帝师④。他的名字如西田龙雄所说，是藏语 kun dga’ rgyal mtshan dpal bzang po（喜幢吉祥贤）的音译，这个名字也出现在汉文和八思巴字《功德记》里，只是在藏文《功德记》里有残⑤。汉文意译藏语，作“帝师喜幢吉祥贤”。蒙古文作 ananda thvaǰa širi badhira lama dhiši，前四个词为梵文 ananda dhvaja śrī bhadra（喜幢吉祥贤）的蒙古音译，lama（喇嘛）为藏语的音译，dhiši 是汉语“帝师”的音译。

四

西夏文《功德记》末尾记载的两个人没有出现在其他文本中，他们分别是作者和抄写者⑥，无疑是懂得西夏文的党项族僧人。其中一个是沙门释子慧永福，西田龙雄仅以西夏语标音作 ʁžɨ zi fu。不难估计这个名号来自汉语——“永福”像是他的封号，如“永福大师”之类，“慧”似乎是他法号的一部分。在现有的资料里没有这个元代和尚的记录，可以联想到的只有两个党项族的高级僧官。一个是号称“永福大师”的江南释教都

---

① 商务印书馆《四部丛刊三编》本，卷三第 35 页、卷六第 45 页。

② 元代风格的汉译是“亦邻真朵儿只”。按照蒙古文和回鹘文的拼写规律，辅音 *r* 不能出现在词首，所以译音要在前面加一个 i 或者 ï。

③ 郑绍宗、王静如：《保定出土明代西夏文石幢》，《考古学报》1977 年第 1 期，第 133—141 页。

④《大正藏》T49, p0914a。

⑤ 藏文《功德记》残存 rgyal mtshan dpal（幢吉祥）三字。回鹘文人名全部磨损。

⑥ 在《功德记》结尾处可以附记译者的姓名，例如回鹘文的译者是 botïstw sïlatqaï（菩萨失剌海），汉文的润文并笔授是“西蜀成都宝积寺僧德成”。

总统杨琏真加，史料记载他的活动在至元十四年到二十八年之间[①]，也就是 13 世纪末。不过，杨琏真加的名字假定可以还原为藏文的 rin chen skad（宝音），那么里面就没有“慧”的意思，人们没有理由称他为“慧永福”。另外，尽管杨琏真加的卒年不详，但他于 13 世纪 90 年代初失势则是事实，可以肯定他活不到居庸关建塔的时候。另一个是号称“广福大师”的松江府僧录管主八（bka' 'jur pa）。碛砂藏《大藏圣教法宝标目》卷九保存着他写下的一则题记[②]，尾署“大德十年（1306）丙午腊八日，宣授松江府僧录广福大师管主八谨题”。另有元刊本藏经上多次使用的一块施经牌记，例如可见法国国家图书馆藏《大智度论》、日本天理图书馆藏《阿毗达摩大毗婆沙论》，以及敦煌研究院藏《龙树菩萨为禅陀迦王说法要偈》等书，作“僧录广福大师管主八施大藏经于沙州文殊舍利塔寺，永远流通供养”[③]。没有确切资料记录下他的真实姓名，不过，广福大师见于史料记载的时间虽然略晚于杨琏真加，但距离过街塔的修建毕竟还有近三十年，不知道建塔时他是否仍然在世。如果说他已不在，另有一个法名含有“慧”字的“永福大师”接替了他的职位，活动于元大都和江南之间，这倒也是一个不错的假定，但毕竟只是无据的假定而已。

沙门智妙咩布，党项姓氏“𗏹𗙼”（mjij-pụ）的对应汉译是“咩布”，见黑水城所出汉文本《杂字》的“番姓名”和《金史》卷六十一《交聘表》[④]。这肯定是个入元的党项遗民后裔，只不过按党项传统，“名”应该在“姓”后，即写成“咩布智妙”。

西夏文《功德记》结尾说慧永福是“依经注疏集造者”，这里应该理解为西夏文陀罗尼的整理校译者和《功德记》的撰写者。此前已经知道，在西夏时代影响最大的《佛顶尊胜陀罗尼》译本见于天盛元年（1149）所刻《胜相顶尊总持功能依经录》，这是夏仁宗皇帝即位不久命僧官分别译出的西夏文和汉文两种本子，并在法会上广为散施[⑤]。其后朝野复刻的陀罗尼也大都以此为准[⑥]。保定莲池公园所存明弘治十五年（1502）的西夏文经幢上也刻有《尊胜陀罗尼》，李杨曾取天盛元年刻本对校，发现其间的差别很小，

① 陈高华：《再论元代河西僧人杨琏真加》，《中华文史论丛》第 82 辑，2006 年，第 159—180 页。

② 上海影印宋版藏经会 1959 年影印本，第 586 册遵字之九。

③ 段玉泉：《管主八施印〈河西字大藏经〉初探》，《西夏学》第 1 辑，2006 年，第 99—104 页。

④ 孙伯君：《西夏番姓译正》，《民族研究》2009 年第 5 期，第 83—90 页。

⑤ 俄罗斯科学院东方文献研究所藏本 инв. № 6821、TK 164。

⑥ 例如复刻本《圣观自在大悲心总持并胜相顶尊总持》卷尾有一则郭善真跋语，其中说这本小书“先后雕刊印版，持诵者良多，印版须臾损毁，故郭善真令复刻新版，以易受持。”参看聂鸿音：《西夏佛经序跋译注》，上海古籍出版社，2016 年，第 47—48 页。

由此可以判断经幢上的陀罗尼就是从西夏时代的译本转录来的①。与此不同的是，郑绍宗和王静如对校了过街塔和保定莲池的陀罗尼，发现二者的译音用字差异很大②，肯定不是来自同一个底本，或者说，居庸关过街塔的陀罗尼应该在元代经过了重新整理改译。进一步看，在陀罗尼结尾处还附有几首短小的咒语，其来源至今没有确定，这更可能是元代根据另外一个本子新译的。

具体到《功德记》而言，也可以看到其用字习惯与西夏时代的译作颇有不同。例如“领占多吉”在《功德记》写作“[illegible]”（rjijr dźjịj dow dźjij）③，其中的第二个字在西夏时代从来不用为译音字，以致罗福成和西田龙雄都误以为那是动词“住”，从而没有看出那是个音译的人名。事实上不仅是译音，《功德记》对一些专有名词的翻译也和西夏时代不同。例如“提点”一职在西夏时代的固定译法是“[illegible]”（dạ rar tjị，言过处），而在居庸关《功德记》里却音译作“[illegible]”（thji tjɨj）。再如人名“普贤”在西夏时代的固定译法是“[illegible]”（njɨ mẹ，普遍圣贤），而在居庸关《功德记》却音译作“[illegible]”（phə xja）。又如“金刚”一词在西夏时代的固定译法有二——在汉式文献里作“[illegible]”（kiẹ dźja，金子尖利），在藏式文献里作“[illegible]”（ɣjɨ̣ njij，石王），而在居庸关《功德记》却音译作“[illegible]”（kji-ŋ kja̱）。很明显，这类翻译手法不是西夏时代的传统，而是元代党项人的始创。

在五种文字的《功德记》中，只有西夏文和汉文的两篇是七个音节一句，而其他三篇每句的音节数则不尽一致，这使人倾向于认定西夏文《功德记》与汉文《功德记》的关系比较密切，前者甚至很可能就是参照后者写成的。当然，两篇《功德记》虽然叙事结构相同，但具体的语句却不能形成对应，西夏文的内容在汉文基础上简化了很多，唯有文末记录工程主管者和参与者的语句结构完全一样，只是增加了西夏文的校译者和抄写者而已。

---

① 李杨：《保定西夏文经幢〈尊胜陀罗尼〉的复原与研究》，《宁夏社会科学》2010 年第 3 期，第 115—120 页。

② 郑绍宗、王静如：《保定出土明代西夏文石幢》，《考古学报》1977 年第 1 期，第 133—141 页。不同译音字的对照见该文第 140 页。

③ “领占多吉”这个人名由两个词组成，都见于保定莲池的两座明代西夏文经幢。立幢人“[illegible]”（tśia śji rjijr dźjij）在二号幢有相应的汉文名字，作“吒失领占”，这是藏语 bkra shis rin chen（吉祥宝）的音译。一号幢的墓主是“[illegible]”（pja dja̱ dow dźjij），可以断定那来自藏语的 dpal ldan rdo rje（具德金刚）。

参考文献

[1] 陈高华：《再论元代河西僧人杨琏真加》，《中华文史论丛》第82辑，2006年。

[2] 村田治郎编著：《居庸关》，京都：京都大学工学部，1957年。

[3] 段玉泉：《管主八施印〈河西字大藏经〉初探》，《西夏学》第1辑，2006年。

[4] 李杨：《保定西夏文经幢〈尊胜陀罗尼〉的复原与研究》，《宁夏社会科学》2010年第3期。

[5] 罗福成：《居庸关石刻》，《国立北平图书馆馆刊》第4卷第3号，1930年。

[6] 聂鸿音：《西夏佛经序跋译注》，上海古籍出版社，2016年。

[7] 孙伯君：《西夏番姓译正》，《民族研究》2009年第5期。

[8] 孙伯君：《西夏佛经翻译的用字特点与译经时代的判定》，《中华文史论丛》第86期，2007年。

[9] 宿白：《居庸关过街塔考稿》，《文物》1964年第4期。

[10] 郑绍宗、王静如：《保定出土明代西夏文石幢》，《考古学报》1977年第1期。

[11] A. Wylie. *On an Ancient Buddhist Inscription at Keu-yung-kwan, in North China*. Journal of the Royal Asiatic Society, new series, 1871.

A Complementary Research on the *Tangut Monument of Constructing the Stūpa at* Juyongguan Pass

Nie Hongyin

[Abstract] Within the "Hexalingual inscriptions" inside the gate-stūpa at Juyongguan Pass, the *Tangut Monument of Constructing the Stūpa* remains unexplained perfectly so far, especially the investigation of the construction supervisors and participants has been insufficient. Actually, all of these figures can be evidenced in Chinese history. So long as recognizing the different renderings in Tibetan, Mongolian, Uyghur and Tangut script, the concord of the names among different languages may be well established. There are some misunderstandings of Tangut characters and their meanings made by former scholars, which may be corrected by combining materials published recently, and a new target text will come out in order to express the author's original idea as much as possible.

[Key words] Juyongguan Pass; inscription; history of the Yuan Dynasty; Buddhism; Tangut language

（通信地址: 610101，成都，四川师范大学文学院; 100875，北京，北京师范大学文学院; 100081，北京，中国社会科学院民族学与人类学研究所）

西夏语“家主”语义考 *

孙伯君

【提要】西夏乾定二年（1224）没年仁勇撰《黑水守将告近禀帖》（инв. № 2736）中出现了“𗉛𗇋”（nji¹-·o¹）一词，学界有“房子的所有者”“乡里”“家主”等不同的译法。西夏语“·o¹”是构词成分，可加在名词之后表示“司……事务的人”，与蒙古语 či 或 čin（汉文史籍记作“赤”）等用法相类，并与古汉语“……者”结构形成对应；加在动词、形容词之后，表示“从事某种活动的人”或“具有某种性质的人”。此外，该词在西夏文献中还与汉文“百姓”“住户”“住家”等词对译，本文认为其词义等同于“乡里”，指的是没年仁勇的籍贯。同时，根据充当第一、二人称复数人称呼应后缀的“𗧓”（nji²）也可以用在姓氏或人名后边，表示“……家”或“……氏”等，与本义为“家”的“𗉛”（nji¹）用法相通，本文推测表示复数的“𗅋”（nji²）、“𗧓”（nji²）均是由原始党项语“𗉛”（nji¹）引申而来。

【关键词】复数后缀；构词成分；家主；西夏语

一

西夏乾定二年（1224）没年仁勇撰《黑水守将告近禀帖》（инв. № 2736）中出现了“𗉛𗇋”（nji¹-·o¹）一词，此前学界对其有不同的解释。克恰诺夫最早在匈牙利《东方学报》上发表文章，将其译作“房子的所有者”（the owner of a house）①，黄振华译作“乡里”②，

基金项目：国家社科基金冷门绝学研究专项学术团队项目“基于汉语通语与方言研究的番汉对音数据库建设”（20VJXT016）和国家社科基金后期资助重点项目“元代白云宗西夏文资料汇释与研究”（20FMZA001）的阶段性研究成果。

作者简介：孙伯君，中国社会科学院民族学与人类学研究所研究员。

① E. I. Kyčanov. *A Tangut Document of 1224 from Khara-Khoto*. Acta Orientaria Academiae Scientiarum Hungaricae, Tomus XXIV(2), 1971, pp. 189-201.

② 黄振华：《评苏联近三十年的西夏学研究》，《社会科学战线》1978 年第 2 期，第 311—323 页。

聂鸿音译作“家主”，并主张其为西夏小部落首领的称谓①。因该词的翻译涉及“纚”（nji^{1}）和“豞”（·o^{1}）的用法以及对党项部落基层组织制度的研究，故颇有再加考察的必要。

“豞”（·o^{1}），《夏汉字典》释作“主”②。马忠建早就指出，“豞”（·o^{1}）是构词成分，一般可以加在名词和动词、形容词之后派生新词③。

加在名词之后，表示“司……事务的人”，指掌管或从事某事务的人。

《天盛律令》中出现了诸多带“豞”（·o^{1}）字的官职，史金波等译作“主”。如《天盛律令》卷五有“覢豞”（gju^{1}·o^{1}）=“渠主”、“ 辮祇豞”（sjii^{1}njaa^{1}·o^{1}）= 黑检主、“ 舜豞”（dzjwị^{1}·o^{1}）= 船主、“ 豨豖豞”（gjuu^{2} tśhja^{1} ·o^{1}）= 御车主、“ 蒱蕿豞”（mẽ^{1}lew^{1}·o^{1}）= 门楼主、“ 豧豞”（lhew^{1}·o^{1}）= 牧主、“ 燚豞”（ljị^{1}·o^{1}）= 农主、“ 豩豲豞”（tśjịj^{1}piã^{1}·o^{1}）= 正辅主、“ 纚豞”（tśiej^{1}·o^{1}）= 头主④。《天盛律令》卷十二《内宫待命等头项门》有“ 帇豞”（śiã^{1} ·o^{1}）= 山主⑤，这一名称又见于宫廷诗《整驾西行烧香歌》，据聂鸿音考证，“ 帇豞”（śiã^{1} ·o^{1}）当音译作“山讹”，系“横山”音译，为陕北羌人部落⑥。这些带“豞”（·o^{1}）字的官职，本义实为“司……事务的人”，如“覢豞”（gju^{1}·o^{1}）为“管渠的人”，“舜豞”（dzjwị^{1}·o^{1}）为“管船的人”，“豧豞”（lhew^{1}·o^{1}）为“管理牧业的人”，“燚豞”（ljị^{1}·o^{1}）为“管理农业的人”。

“豞”（·o^{1}）的用法与鲜卑语的 *-čin（汉文史籍记作“真”）、契丹语的 *gin/γin（汉文史籍记作“支”）、蒙古语的 či 或 čin（汉文史籍记作“赤”）、现代鄂伦春语的 -tʃɯn/-tʃin 等形式相类⑦，并可与古汉语“……者”结构形成对应。《元史》卷九十九《兵志二》曰⑧：

> 其怯薛执事之名：则主弓矢、鹰隼之事者，曰火儿赤、昔宝赤、怯怜赤。书写圣旨，曰扎里赤。为天子主文史者，曰必阇赤。亲烹饪以奉上饮食者，曰博尔赤。侍上带刀及弓矢者，曰云都赤、阔端赤。司阍者，曰八剌哈赤。掌酒者，曰答剌赤。典车马者，曰兀剌赤、莫伦赤。掌内府尚供衣服者，曰速古儿

---

① 聂鸿音：《关于黑水城的两件西夏文书》，《中华文史论丛》总第 63 辑，2000 年，第 133—146 页。
② 李范文：《夏汉字典》，北京：中国社会科学出版社，2008 年，第 298 页。
③ 马忠建：《西夏语的复合词构词法》，《民族语文》1988 年第 6 期，第 33—41 页。
④ 史金波、聂鸿音、白滨：《天盛改旧新定律令》，北京：法律出版社，2000 年，第 224—226 页。
⑤ 史金波、聂鸿音、白滨：《天盛改旧新定律令》，北京：法律出版社，2000 年，第 429 页。
⑥ 聂鸿音、史金波：《西夏文本〈碎金〉研究》，《宁夏大学学报》1995 年第 2 期，第 8—17 页。
⑦ 孙伯君：《契丹语词缀 *-gin/-γin 及其他》，《民族语文》2005 年 2 期，第 30—38 页。
⑧[明] 宋濂：《元史》卷九十九《兵志二》，北京：中华书局 1976 年点校本，第 2524—2525 页。

赤。牧骆驼者，曰帖麦赤。牧羊者，曰火你赤。捕盗者，曰忽剌罕赤。奏乐者，曰虎儿赤。又名忠勇之士，曰霸都鲁。勇敢无敌之士，曰拔突。其名类盖不一，然皆天子左右服劳侍从执事之人，其分番更直，亦如四怯薛之制，而领于怯薛之长。

加在动词、形容词之后，表示“从事某种活动的人”或“具有某种性质的人”。

（1）[illegible]

持酒劝他人，及与诸亲属。以成狂饮故，便为**饶语匠**。

（《大宝积经》卷三折 75 行 2—3）

（2）[illegible]

或为**怨仇**行杀害。

（《金光明最胜王经》卷七，王静如 1933，页 142）①

（3）[illegible]

辅者，辅军也，**辅主**② 也，正军之祐助者也。

（《文海》，李范文 2008，第 298 页）

（4）[illegible]

盗**主人**牛衣卧，**主人**见后笞之。

（《类林》卷八，15b.7—16a.1）③

（5）[illegible]

猪忽脱绳，逃走，入他舍，猪突破**主人**缸瓮。

（《类林》卷六，9a.7—9b.1）④

例（1）“[illegible]”（·o^{1}）与“匠”对应，指饶舌的人；例（2）“[illegible]”，表示“结怨之人”，即“仇人”；例（3）“[illegible]”义为“祐助”，“[illegible]”表示“祐助者”，“[illegible]”字结构正与汉语“……者”形成对应；例（4）“[illegible]”，义为“主”，与“客”相对，“[illegible]”表示“主人”；例（5）“[illegible]”，义为“客”，与“主”相对，汉文“主人”实为“他舍的主人”，所以西夏文译作“[illegible]”，即“客人”。

① 王静如：《西夏研究》第 3 辑，中央研究院历史语言研究所单刊甲种之十三，1933 年。

② “[illegible]”（piã^{1}·o^{1}），义为“辅主，正军之祐助”，与女真语“阿里喜”的职位相当，《金史》卷四十四《兵志》：“（女真族）其部长曰孛堇，行兵则称猛安、谋克，从其多寡以为号。猛安者，千夫长也，谋克者，百夫长也。谋克之副曰蒲里衍，士卒之副从曰阿里喜。”

③ 史金波、黄振华、聂鸿音：《类林研究》，银川：宁夏人民出版社，1993 年，第 201—202 页。

④ 史金波、黄振华、聂鸿音：《类林研究》，银川：宁夏人民出版社，1993 年，第 126 页。

西夏语构成新词的方式主要有四种：屈折法构词，即由词根的元音或辅音的交替来构成新词的方法；派生法构词，是在词根前面加前缀或在词根后面加后缀构成新词的方法；复合法构词；重叠法构词。其中派生法构词，主要有前缀构词和后缀构词两种。词根加后缀的形式是西夏语派生法构词的主要方式之一。马忠建《西夏语语法若干问题之研究》首次较为系统地对西夏语构词法进行了研究，总结了派生法构词有 3 个前缀——“[西夏文]、[西夏文]、[西夏文]”和 13 个后缀——“[西夏文]、[西夏文]、[西夏文]、[西夏文]、[西夏文]、[西夏文]、[西夏文]、[西夏文]、[西夏文]、[西夏文]、[西夏文]、[西夏文]、[西夏文]”。进一步梳理“[西夏文]”（·o[1]）作为后缀构成新词的功能，无疑可以帮助我们加深对西夏语语法特征的认识。

二

西夏文“[西夏文]”（nji[1]），基本义为“家”，与“[西夏文]”（·o[1]）字连用多表示“百姓”“住户”“住家”等义，等同于“乡里”。

（6）[西夏文]，**[西夏文]**[西夏文]；[西夏文]，[西夏文]；[西夏文]，[西夏文]。

郡守有德，**百姓**钦之；乡闾有德，众人仰之；家尊有德，门风显之。

（《正行集》，инв. № 146）

（7）[西夏文]，[西夏文]**[西夏文]**[西夏文]，[西夏文]，[西夏文]。

为蜀郡太守时，昔因郡中**住户**多灾，乃皆禁人夜作，此后百姓皆贫困。

（《类林》卷四，18b.3−6）①

（8）[西夏文]**[西夏文]**[西夏文]，[西夏文]。

徐雅②与太原**住家**之郭林宗游学，同归。

（《类林》卷四，30b.2−3）③

此外，西夏文献中“[西夏文]”有时还作“[西夏文]”，而“[西夏文]”（nji[1]）字还与“[西夏文]”（wju[2]）、“[西夏文]”（gjij[2]）等组词，也泛指“乡里”“聚落”“村邑”。

（9）[西夏文]**[西夏文]**[西夏文]。

得意曰：“此人乃臣之**乡里**人也。”

（《类林》卷五，5a.7−6a.1）④

---

① 史金波、黄振华、聂鸿音：《类林研究》，银川：宁夏人民出版社，1993 年，第 88 页。

② 徐雅，本名徐稚，西夏人译作“徐雅”，可能是西夏人所根据的汉文本子写错了。

③ 史金波、黄振华、聂鸿音：《类林研究》，银川：宁夏人民出版社，1993 年，第 100 页。

④ 史金波、黄振华、聂鸿音：《类林研究》，银川：宁夏人民出版社，1993 年，第 158 页。

（10）[illegible]，[illegible]。

乐游**俗里**诸族姓家，不能奉持别解脱戒。

（《大宝积经》卷二折 58 行 3—4）

（11）[illegible]，[illegible]，[illegible]，[illegible]。

犹如劫**村贼**，性怀凶险心，破坏诸国城，及以大**聚落**。

（《大宝积经》卷三折 19 行 3—4）

由此，我们可推知《黑水守将告近禀帖》中“[illegible]”一词指的是没年仁勇的籍贯，所谓“[illegible]”，叙述的是没年仁勇是“远方鸣沙郡人氏”。

基于上述，我们不妨把《黑水守将告近禀帖》中涉及“[illegible]”的这段西夏文做如下翻译：

[illegible]：[illegible]，[illegible]。[illegible]，[illegible]、[illegible]、[illegible]、[illegible]，[illegible]，[illegible]。

黑水守城管勾银牌𡄯都尚①内城乘马②没年仁勇禀：兹小的仁勇曩者历经科举学途，远方鸣沙郡人氏也。先后官任大小使，巡𡄯尚、那江监军司③、肃州、黑水等四司，自子年始，至今九载。

三

西夏文“[illegible]”（nji^2）在西夏语中是复数后缀，可加在名词、形容词和代词后面表示复数；西夏文“[illegible]”（nji^2），主要功能是加在动词后面充当第一、二人称复数人称的呼应后缀，同时也可以充当复数后缀，但不能加在代词后面。考虑到在佛经咒语里它们往往被“细书”充当前一个音节的鼻音韵尾，聂鸿音曾推断它们在西夏语中读作 -n④，举例如下：

[illegible] nga^2 n［我等］	[illegible] na^2 n［尔等］	[illegible] $thja^2$ n［彼等］
[illegible] $dzji̠^1$ gji^2 n［弟子等］	[illegible] $xiwã^1$ $njij^2$ n［梵王等］	[illegible] $ko^1dźiej^2$ n［车轮等］
[illegible] $tśhjṳ^1$ n［楚人们］	[illegible] $phə^1$ n［羌人们］	[illegible] $lhew^1$ n［牧人们］
[illegible] $khwej^2$ n［大人们］	[illegible] $wji̠^1dźjwi̠^1$ n［友人们］	[illegible] $wji^1{\cdot}o^1$ n［客人们］

① “[illegible]”（$ɣiwej^1tu^1śjow^1$），可译作“𡄯都尚”，《官阶封号表》未见此封号，从读音上看，似与“[illegible]”（$ɣiwej^1twṳ1śjwu^2$）音近，位列次品。

② “[illegible]”，即“内城乘马”，《天盛律令》“颁律表”作“[illegible]”。

③ [illegible]（$ɣiwej^1śjow^1$）、[illegible]（$dow^1śjwa^1$）监军司未知所指。

④ 聂鸿音：《西夏语谓词人称后缀补议》，《语言科学》2008 年第 5 期，第 513—517 页。

（12）[illegible]、[illegible]。

我等住在非时、非处中。

（《大宝积经》卷二第 40 折）

（13）[illegible]！

汝等勿起身！

（《类林》卷五）

上述用法说明“[illegible]”（nji²）、“[illegible]”（nji²）在表示复数这一用法上既有重合，又有分工，简言之，“[illegible]”（nji²）在充当第一、二人称复数的人称呼应后缀时不与“[illegible]”（nji²）混用。

存世西夏文献的卷尾跋语中，“[illegible]”（nji²）字有时用在姓氏或人名后边，表示“……家”或“……氏”。

西夏乾祐二十一年（1190）《佛说一切如来悉皆摄受三十五佛忏罪法事》（инв. № 7840）卷尾跋语：

[illegible]《[illegible]》[illegible]，[illegible]，[illegible]。[illegible]。[illegible][1][illegible]，[illegible]。

此《三十五佛》等共十三部而为一卷，以原有书反复勘校，真净本也。乾祐庚戌二十一年月日，新宫前面买薪（铺）边上西口趣更家捐印，书版者笔受李阿善。

西夏天庆三年（1196）《大密咒受持经》（инв.№ 6849），卷尾跋语：

[illegible]，□[illegible]，[illegible]。

天庆丙辰三年九月二十日刻毕，□发刻印者新宫前面买薪铺边上张啰卧家捐，书印版者御前笔受李阿善。

西夏襄宗应天丙寅元年（1206）《菩提心及常作法事》（инв. № 6510）卷尾跋语：

[illegible]，[illegible]，[illegible]。

新成乔阿斯巴家捐印，写者笔受赵千狗，刻字者宋陈楚。

西夏乾祐七年（1176）御史承旨梁德养初编，乾祐十八年（1187）晓切韵教授王仁持增补《新集锦合辞》（инв.№765）卷尾跋语[2]：

[illegible]，[illegible]，[illegible]，[illegible]□[illegible]。

[1] “[illegible]”（kja̰¹），本义为“患”或“恐”，根据《大密咒受持经》（инв.№ 6849），这里应作“[illegible]”（wa̰²），义为“官”，可能是由汉语河西方音“官”与“恐”音近而导致的通假。

[2] 俄罗斯科学院东方研究所圣彼得堡分所、中国社会科学院民族研究所、上海古籍出版社《俄藏黑水城文献》第 10 册，上海：上海古籍出版社，1999 年，第 343 页。

乾祐丁未十八年七月初一日，御史承旨番学士梁德养，集本及印面写者晓切韵教授王仁持，卖褐布铺梁家捐印。

上述跋语中的“[Tangut]”“[Tangut]”“[Tangut]”“[Tangut]”，分别指捐印佛经的“趣更家”“张啰卧家”“乔阿斯巴家”和“梁家”等。显然，“[Tangut]”（nji^{2}）用在姓氏或人名后边，表示“……家”或“……氏”，这一用法与“[Tangut]”（nji^{1}）相通。西夏文“[Tangut]”（nji^{2}）、“[Tangut]”（nji^{2}）与“[Tangut]”（nji^{1}）尽管读音略有差别，“[Tangut]”在上声第28韵，“[Tangut]”在上声第10韵，“[Tangut]”在平声第11韵，但用法上互为关联，说明这几个词有共同的语源。我们推测，表示复数的“[Tangut]”（nji^{2}）、“[Tangut]”（nji^{2}）均是由本义为“家”的原始党项语“[Tangut]”（nji^{1}）引申而来的。

参考文献

[1] 俄罗斯科学院东方研究所圣彼得堡分所、中国社会科学院民族研究所、上海古籍出版社：《俄藏黑水城文献》第10册，上海：上海古籍出版社，1999年。

[2] 黄振华：《评苏联近三十年的西夏学研究》，《社会科学战线》1978年第2期。

[3] E. I. Kyeanov. *A Tangut Document of 1224 from Khara-Khoto*. Acta Orientaria Academiae Scientiarum Hungaricae, Tomus XXIV(2), 1971.

[4] 李范文：《夏汉字典》，北京：中国社会科学出版社，2008年。

[5] 马忠建：《西夏语的复合词构词法》，《民族语文》1988年第6期。

[6] 聂鸿音：《关于黑水城的两件西夏文书》，《中华文史论丛》总第63辑，2000年。

[7] 聂鸿音：《西夏语谓词人称后缀补议》，《语言科学》2008年第5期。

[8] 聂鸿音、史金波：《西夏文本〈碎金〉研究》，《宁夏大学学报》1995年第2期。

[9] 史金波、黄振华、聂鸿音：《类林研究》，银川：宁夏人民出版社，1993年。

[10] 史金波、聂鸿音、白滨：《天盛改旧新定律令》，北京：法律出版社，2000年。

[11] 孙伯君：《契丹语词缀 *-gin/-γin 及其他》，《民族语文》2005年2期。

[12] 王静如：《西夏研究》第三辑，中央研究院历史语言研究所单刊甲种之十三，1933年。

On the Semantic Meaning of “Jiazhu” in Tangut Language

Sun Bojun

[Abstract] There was a Tangut word nji^{1} ·o^{1}in “The recent situation report of the general from Khara-khoto” written by bə^{1}njij^{2} dźjwu^{1}wạ^{2}in the second year of Qianding in Xixia (1224), which was translated into “the owner of the house”, “village”, “master” and so on by the academic circles. The ·o^{1}was a formation component in Tangut language which can be added after the noun to mean “the human beings in charge of something”, corresponding with the či or čin in Mogolian (which translated by Chi (赤) in the Chinese History Records) and the structure of the “……zhe （者） ” in Chinese, added after verbs, adjectives to mean “people engaged in some kind of work” or“people in the nature of some kind of”, meanwhile, the word nji^{1}-·o^{1}was translated with Chinese“people”, “residents” and “home”in the Tangut literature, this paper considered that the meaning of the nji^{1} ·o^{1}was equivalent to the “village”, refered to the place of birth of bə^{1}njij^{2} dźjwu^{1}wạ^{2}. At the same time, according to the nji^{2}, which serves as the first and second suffix of personal agreement, can also be used after a family name or person’s name to mean “home”or“family name”etc, corresponding with the word of nji^{1}which meaning is “home”, this paper speculated that the two plural suffix nji^{2} are derived from the origina^{1} nji^{1}.

[Key words] Plural Suffix Word; Formation Component; Jiazhu（家主）; Tangut Language

（通信地址：100081，北京，中国社会科学院民族学与人类学研究所）

西夏文《大宝积经·四转轮王品》考释 *

孙颖新

【提要】本文对西夏文《大宝积经·四转轮王品》进行全文考释，材料来源为俄罗斯科学院东方文献研究所藏 инв. 4612 和 3301，前者此前未见刊布。这两个残卷各存卷上与卷尾，虽不能完全缀合，但可拼配成基本完整的“四转轮王品第二十六之一”。此外，对经中出现的几例通假字，本文尝试借助西夏文通假字书《择要常传同训杂字》回溯本字。我们认为，在没有直接异文可以参照的情况下，借助该字书找寻本字是一种比较可靠的方法。

【关键词】西夏文；通假；本字；大宝积经；转轮王

一

“四转轮王品”属《大宝积经》第十六会“菩萨见实会”，为北齐那连提耶舍所译。此会原作《菩萨见实三昧经》，凡十六卷，后由菩提流志编入《大宝积经》卷六十一至七十六。异译本有宋日称译《父子合集经》二十卷。两本均为历代大藏经所收，敦煌遗书中亦有收藏。经中记述的是释迦牟尼成道后，前往迦毗罗卫国化度父亲净饭王的过程。

本文讨论的是西夏文《大宝积经》卷七十五“菩萨见实会四转轮王品第二十六之一”，该文献出土于内蒙古额济纳旗的黑水城遗址，今藏俄罗斯科学院东方文献研究所。书题著录首见戈尔巴乔娃和克恰诺夫的《西夏文写本和刊本》，西田龙雄将其著录于《西夏文佛经目录》，随后克恰诺夫给出了详细的版本形制和内容描述。据此可知，卷七十五共有三种不同的抄本存世，分别为 № 97 之 инв. 3301、№ 99 之 7377 和 № 100 之 5734。

基金项目：国家社科基金重大项目“西夏文学文献的汇集、整理与研究”（17ZDA264）、国家社科基金冷门绝学和国别史等研究专项项目“西夏佛经中的通假研究”（19VJX133）和国家社科基金冷门绝学研究专项学术团队项目“基于汉语通语与方言研究的番汉对音数据库建设”（20VJXT016）的阶段性研究成果。

作者简介：孙颖新，中国社会科学院世界宗教研究所副研究员。

第一种，инв. 3301，写本经折装，纸幅 34.5 厘米 ×13.5 厘米，天头 4.5 厘米，地脚 2.4 厘米。每折 7 行，行 21—22 字，尾有经题。存卷尾 4 折①。第二种，инв. 7377，写本梵夹装，纸幅 32.5 厘米 ×50 厘米。每叶 26 行，行 19 字，正反两面书写。每叶正面经文之右皆有帙号“[illegible]”和西夏文页码，经题后有秉常皇帝及其母梁太后尊号。全文保存。第三种，инв. 4612②，写本梵夹装，纸幅 19.5 厘米 ×54.5 厘米，天头 2.2 厘米，地脚 2.6 厘米。每叶 29 行，行 14 字③，正反两面书写。每叶正面经文之右标有帙号“[illegible]”和西夏文页码。尾部残佚。

上述三个编号仅 3301 由上海古籍出版社蒋维崧、严克勤二位先生拍摄回国，后刊布于《俄藏黑水城文献》第 21 册，另外两个编号均未见拍摄与刊布。7377 号为足本，由于存况不佳，现在还无法查阅。4612 号为残本，存有卷上大部分内容，恰好可与 3301 号所存卷尾相拼配。两本虽不能完全缀合，拼配后仍有少量阙文，但仍为目前所能见到的最完整的本子。

二

西夏本中出现了几例通假字，对于已出现过的常见通假字，可直接根据此前初、校译本或异译本的对勘结果，将其还原为本字。例如：“[illegible]” rjur^{1}（诸）和“[illegible]” rjur^{1}（世）。对于较少出现、甚至首次出现的生僻通假字，可借助西夏文通假字书《择要常传同训杂字》（[illegible]）找寻出其本字。

西夏文《择要常传同训杂字》（下文简称《择要》）是近年来出现在拍卖会上的一件私人收藏品。该字书的主体部分存 9 叶④，收录了同音和近音大小字 3000 余个。2017 年，魏安撰文对其中一叶进行了研究，他正确地指出这些大字与小字为同音或近音关系。其后，孙颖新对这一字书的通假性质作出了判定。

近年来，学者们对西夏文《大宝积经》展开了广泛而深入的研究，并对其中出现的通假现象多有关注，迄今已有十余篇释读和研究成果陆续发表。从现有研究成果来看，初、校译本或异译本对勘所得的通假字，皆与《择要》的同组大小字形成对应。试举几例:

① 克恰诺夫的著录为“存卷尾 7 折”，不知何故，《俄藏黑水城文献》第 21 册刊布的照片只有 4 折。

② 此为新编号。旧编号 инв. 5734、5744、5756、5866、6328、6442、7334、7546、7647、7648、7657、7670、7755、7377，现统编为 инв.4612。

③ 克恰诺夫佛典目录作“行 13 字”，概各行字数略有不同。

④ 全书共存 14 叶，前 3 叶为两个序言，第 4、5 叶有关西夏字构字部件和草楷字形，并非文献的主体部分，与文献性质无涉。2015 年和 2017 年，赵天英博士、史金波先生分别撰文对第 4、5 两叶进行过介绍与分析。参看赵天英：《西夏文社会文书草书结体特色初探》，《宁夏社会科学》2015 年第 2 期；史金波：《新见西夏文偏旁部首和草书刻本文献考释》，《民族语文》2017 年第 2 期。

卷六“[illegible]”tśjɨ^{1}（醒悟）和“[illegible]”tśjɨ^{1}（嘱咐）通假，此二字见于《择要》8.4.6①；卷九“[illegible]”dzjwɨ̣^{1}（恭敬）和“[illegible]”dzjwɨ̣^{1}（墙壁）通假，此二字见于《择要》7.1.5；卷十七“[illegible]”mə^{2}（种）和“[illegible]”mə^{2}（姓）通假，此二字见于《择要》8.13.4；卷十七 / 十八“[illegible]”ljow^{2}（边）和“[illegible]”ljow^{2}（微）通假，此二字见于《择要》14.1.6；卷三十六“[illegible]”tshwew^{1}（敬礼）和“[illegible]”tshwew^{1}（趣向）通假，此二字见于《择要》7.2.1；卷九十三“[illegible]”mji^{1}（闻）和“[illegible]”mji^{1}（不）通假，此二字见于《择要》7.5.2。

正如《择要》序言中所记：“[illegible]，□□□[illegible]”（后读五部经之类时，□□□等不识），这里的“五部经”之一“[illegible]”（宝积），即《大宝积经》。序言讲的是编纂《择要》的缘起，时人在阅读西夏文《大宝积经》等佛经时遇到了识读和理解的障碍，于是便将这些造成文义不通的同音或近音通假字汇集起来，编纂成通假字书，旨在帮助后人准确地理解佛经。《大宝积经》中所见的通假字之所以都能与《择要》形成对应，是因为《择要》编纂所据的经本之一即为《大宝积经》，也就是说，两者互为本原。这或可提示我们，在没有直接异文可以参照的情况下，借助通假字书《择要》回溯本字不失为一种可靠的方法，尤其是对于《大宝积经》等五部经典而言。在下文的释读中，凡遇字面不通之处，均通过《择要》来找寻本字。例如，汉文本“非彼凡夫地”，西夏本作“[illegible]”（非凡夫之及）。“[illegible]”（及）字于义不合。参看《择要》9.3.4“[illegible]”ljɨ̣^{2}（及）、“[illegible]”ljɨ̣^{2}（地）二字同组，故知“[illegible]”（地）为本字。

三

下面的录文和释读共有两部分，第一部分来自笔者 2019 年在俄罗斯科学院东方文献所查阅到的 инв.4612 原件，第二部分来自《俄藏黑水城文献》第 21 册刊布的 инв. 3301 照片。第一部分的方括号内所示为原件叶面右侧书写的西夏文页码，第二部分的方括号内所示为原件折数。汉文本参看《大正藏》卷第七十五。

инв.4612：

【41B】[illegible]

[illegible]，[illegible]：[illegible]！[illegible]，[illegible]，[illegible]，[illegible] [1]。[illegible]、[illegible]、[illegible]，[illegible] [2] [illegible]，[illegible]，[illegible]，

① “8.4.6”指的是原件第 8 叶，第 4 行，第 6 个大字。

[illegible]，[illegible]。[illegible][3]，[illegible]，[illegible][4][illegible]，[illegible]，[illegible]。[illegible]！[illegible][5]：[illegible]、[illegible]、[illegible]、[illegible]、[illegible]、[illegible]、[illegible]？[illegible]、[illegible]、[illegible]、[illegible]？[illegible]，[illegible]。[illegible]！[illegible]，[illegible]，[illegible]。[illegible]，[illegible]。

[illegible]！[illegible]【42A】[illegible]。[illegible]！[illegible]，[illegible]①[illegible]、[illegible]、[illegible]、[illegible]，[illegible][6][illegible]。[illegible]，[illegible]，[illegible][7]。[illegible]！[illegible]。[illegible]？[illegible]。

[illegible]！[illegible]：[illegible][8][illegible][9][illegible]。[illegible]，[illegible]：[illegible]，[illegible]，[illegible]②[illegible]。[illegible]！[illegible]，[illegible]，[illegible]。[illegible]！[illegible]：[illegible]，[illegible][10]。[illegible]！[illegible]，[illegible]，[illegible]。[illegible]！[illegible]：[illegible]。[illegible]，[illegible]③[illegible]。[illegible]，[illegible]。

[illegible]！[illegible]：[illegible]。[illegible]！[illegible]：[illegible][11]，[illegible]。[illegible][12]，[illegible]。[illegible]！[illegible]【42B】[illegible]：[illegible]④[illegible]。[illegible]，[illegible]。[illegible]，[illegible]。[illegible]！[illegible]：[illegible]。[illegible]，[illegible]。[illegible]，[illegible]。[illegible]！[illegible]：[illegible]。[illegible]：[illegible]，[illegible]。[illegible]，[illegible]。[illegible]？[illegible]，[illegible]。[illegible]！[illegible]。[illegible]，[illegible]。[illegible]！[illegible]，[illegible]。[illegible]，[illegible]，[illegible]。[illegible][13][illegible]，[illegible]、[illegible]、[illegible]、[illegible]，[illegible][14]。[illegible]，[illegible]⑤[illegible]，[illegible]。[illegible]，[illegible]⑥[illegible]，[illegible]。[illegible]，

① [illegible]，原件字形为“[illegible]”，下阙一横。
② [illegible]，原件字形为“[illegible]”，右上角有所不同。
③ [illegible]（阳），为“[illegible]”（愿）字形讹。参看下文可知。
④ “[illegible]”（何）下脱“[illegible]”（如）字，参看上下文可知。
⑤ [illegible]，原件字形为“[illegible]”，右下角有所不同。
⑥ [illegible]，原件字形为“[illegible]”，右下角有所不同。

[illegible]①[illegible]，[illegible]【43A】[illegible]。[illegible]，[illegible]②[illegible]，[illegible]。

[illegible]！[illegible][15]、[illegible]。

[illegible][16]。[illegible]【43B】[illegible]。

[illegible]！[illegible][17][illegible][18][illegible]。

[illegible]！[illegible][19][illegible][20][illegible][21][illegible]！[illegible]

① [illegible]，原件字形为“[illegible]”，右下角有所不同。
② [illegible]，原件字形为“[illegible]”，右下角有所不同。
③ [illegible]，原件字形为“[illegible]”，右下角少一竖。

[illegible]：[illegible][22][illegible]。[illegible]……[23]

汉文本：

四转轮王品第二十六之一

尔时，佛告净饭王言：大王！如上所说之法，系心精勤，当自观察修行，勿随于他。此法乃是过去、未来、现在诸佛菩提，能超一切世间自在，能除一切渴爱，降伏我慢，灭除罪过，一切诸法而得平等。彼非凡夫地，一切声闻所不能到，一切辟支佛非其境界，一切菩萨之所修行，一切诸佛之所证得。大王！于此法中应当安意，应作是念：我当云何于天人中得为眼目、得为灯明、得为大炬、得为船筏善知水路、得为导师、得为商主、得为导首？我当云何得自度已复能度他、自既解脱令他解脱、自得安隐令他安隐、自证涅槃令他涅槃？大王当知，不应观过去世际所经豪富自在。大王！诸根如幻，无满足时，亦无能满者。境界如梦，于色声香味触无有厌足。

大王！过去之世有转轮王，名无边称。大王！彼无边称王具足无量众宝，辇舆、军众、象马、无碍轮宝七宝具足，所有军乘无能坏者。于先佛所殖诸善根，意力成就，随念即办。大王！彼无量称王有所忆念无不随意。何以故？具足成就善根力故。

大王！尔时无量称王作如是念：我今自试福德之力。时，无量称王即作是念：以我威力，令此四天下所有树木，常有花果用之无尽。大王！彼无量称王作是念已，于四天下所有树林，花果繁茂用无穷尽。大王！无量称王复作是念：令四天下所有人民，诸所欲愿随意无违。大王！彼无量称王作是念已，四天下中一切人民，一切所愿悉得充满。大王！无量称王复作是念：我当更试善根之力。若我有福，令四天下降注香水。作是念已，于四天下寻降香雨。

大王！尔时无量称王复作是念：我今当更自试福力。大王！时无量称王即作是念：若我福力，令四天下普雨妙花。作是念时，于四天下寻雨妙花。大王！尔时无量称王复作是念：我今当更自试福力。若我有福，令四天下普雨妙衣。作是念已，于四天下寻雨天上劫贝树衣。大王！彼无量称王复作是念：我今自试福力。若我有福，令四天下普雨银雨。作是念已，于四天下寻降银雨。大王！彼无量称王复作是念：我今当更自试福力。复作是念：若我有福，令四天下普雨金雨。作是念已，于四天下寻雨金雨。何以故？无量称王所愿从意，皆由过去于一切众生修共业善。大王！尔时此阎浮提地纵广正等一万八千由旬。当尔之时，此阎浮提有六十千万诸大城郭。大王！尔时于此阎浮提中置立隍城，名宝庄严。其城纵广十二由旬，四面平正，妙巧所成，街巷庄严，界分分明。于其城外有多罗树七重行列，其多罗树四宝合成，所谓金、银、琉璃、颇梨，庄饰端严，甚可爱乐。其金树者，根茎枝条悉皆是金，其叶花果悉是白银。其银树者，根茎枝条悉皆是银，其叶花果皆是黄金。毘琉璃树，根茎枝条悉是琉璃，其叶花果皆是颇梨。其颇梨树，根茎枝条悉是颇梨，其叶花果皆毘琉璃。

大王！尔时彼宝庄严城周匝七重悬宝铃网，种种庄严，微妙第一，复以种种众宝罗网弥覆其上。于其城外有七重宝堑，彼一一堑深半由旬，广一由旬。其七重堑底岸平正，八功德水清净盈满，众鸟易饮。复有诸花，所谓优钵罗花、拘物头花、波头摩花、分陀利花，弥满其中。底布金沙。其堑四边周匝阶道四宝庄严，所谓金、银、琉璃、颇梨，种种微妙，甚可爱乐。彼诸阶道四宝合成，黄金为阶白银为蹬，白银为阶黄金为蹬，琉璃颇梨间错上下，交互庄饰。周匝栏楯七宝所成，端严无比。一一阶道有七重宝门，种种庄严微妙最上，一一阶道，于其两边金芭蕉树。其堑四边周匝阶道，于其两头一一皆有七宝妙座。彼诸所有种种庄严，皆悉是彼无量称王福德所致。

其宝庄严城外周匝而有八万园林，无量称王作此园林，不起爱著我所之心，悉施众生共同受乐。是一一园有八大池，一一大池纵广半由旬。于其池中有种种华，优钵罗花、波头摩花、拘物头花、分陀利花，如是众花弥覆其上。一一池边有八阶道，一一阶道四宝所成，端严殊妙。其阶道头建七宝幢门，所谓金、银、琉璃及马瑙等。其阶两边阎浮檀金为芭蕉树，庄饰严丽。八功德水弥满池中，众鸟堪饮。其池四边植诸妙花，所谓阿提目多伽花、薝卜花、阿输伽花、拘罗婆花、波咤梨花、迦膩迦罗花、婆拘罗花、婆利师迦花、末利迦花、苏摩那花、摩楼多花、池瓫师迦花，如是等陆地生花，无量称王为令诸人受适乐故，种植如是种种妙花，是诸人民游戏其中，欢娱受乐。

大王！彼宝庄严城所有宝铃、罗网、宝多罗树，微风吹动，出和雅音。譬如有人善作五种微妙音乐，其声和雅，甚可爱乐。彼无量称王所有宫城铃网、宝树、园林、乐具，所出妙音甚可爱乐，亦复如是。大王！尔时宝庄严王城中所有人民，以彼妙音娱乐受乐。时彼宝庄严城丰乐安隐，人民充满，豪富自在。处处皆有优钵罗花、波头摩花、拘物头花、分陀利花。

大王！彼无量称王又于异时复作是念：我今当往西瞿陀尼。作是念已，王及四兵俱升虚空往瞿陀尼。王既至彼，彼诸小王皆来奉迎，各以国土奉献。大王！时无量称王于彼止住百千万岁于彼王领。大王！彼无量称王复作是念：我今当往东弗婆提。作是念已，即与四兵俱升虚空往弗婆提。王既至彼，彼土小王亦皆奉迎，复以国土奉上。大王！无量称王于彼止住百千万岁于彼王领。大王！彼无量称王复于异时作是思惟：我当往彼北欝单越。作是（念已）……

注释：

[1] □□□□□□（勿随无言），汉文本作“勿随于他”。按，“□”mjɨ^{1}（无）字于义不合，在此假借作“□”mjɨ^{1}（他）。此二字在《择要》中为同组大小字（8.6.2）。

[2] □□（诸间），汉文本作“世间”。按，“□”rjur^{1}（诸）字于义不合，在此假借作“□”rjur^{1}（世）。此二字在《择要》中为同组大小字（7.5.4）。

[3] □□□□□（非凡夫之及），汉文本作“彼非凡夫地”。按，“□”ljɨ^{1}（及、虽）字于义不合，在此假借作“□”ljɨ^{2}（地）。此二字在《择要》中为同组大小字（9.3.4）。

[4] □□（独觉），汉文本作“辟支佛”。梵文 Pratyekabuddha，又曰“辟支迦罗”。《瑜伽论记》卷十五：“独觉地，若依梵语，名钵剌翳迦陀。旧云辟支，讹也。此云独觉。初发心时，亦值佛世，闻法思惟。后得道身出无佛世，性乐寂静，不欲杂居，修加行满，无师友教，自然独悟，永出世间，中行中果，故名独觉。或观待缘，而悟圣果，亦名缘觉。”

[5] 此下汉文本有“应作是念”，西夏本脱。

[6] □□（军众），汉文本作“军乘”。

[7] □□□□（随意皆得），汉文本“无不随意”。西夏本对译作肯定句。

[8] □□（技艺），汉文本作“力”。

[9] □（视），汉文本作“试”。此二字疑为汉语内部引发的通假，概因 12 世纪汉语西北方言里的“视”与“试”读音相同。

[10] □□□□□（随意皆得），汉文本作“随意无违”。西夏本对译作肯定句。

[11] □□□□（若我有福），汉文本作“若我福力”。参看上下文，汉文本其他四处皆作“若我有福”，仅此一处作“若我福力”，似不切。西夏本五处所作皆同。

[12] □□□□（作是念已），汉文本作“作是念时”。参看上下文可知汉文本于义不切。

[13] □□□□（纯多罗树），汉文本作“有多罗树”。按，“□”dźjij^{1}（纯）字于义不合，在此疑假借作“□”dźjij^{2}（有）。此二字在《择要》中亦为同组大小字（12.5.3）。

[14] □□□□（真可爱乐），汉文本作“甚可爱乐”。按，“□”źji^{2}（皆）假借作“□”źji^{2}（甚）。此二字通假于西夏佛经中常见，且在《择要》中亦为同组大小字（6.3.7）。另，“□”ɣiej^{1}（真）疑假借作“□”ɣiej^{1}（甚多）。

[15] □□（琉璃），《掌中珠》（13.1）中作“□□”nia̱^{2}ɣjɨ̣^{1}，《择要》（7.3）“□□□□□□”（药师琉璃光王）中作“□□”nia̱^{2}ɣjiw^{2}。

[16] □□□□（池面△拔），汉文本作“弥覆其上”。上文对译作“□□□□”（其上覆盖），此处不知所云。

[17] [illegible]（首尾），汉文本作“所有”。上下文亦对译“周匝”。

[18] [illegible]（遍），汉文本作“所有”。

[19] [illegible]（多、余），汉文本作“异”。

[20] [illegible]（西牛货），汉文本作“西瞿陀尼”。梵文作 Apara-godānīyaḥ。《玄应音义》二十三曰：“西瞿陀尼，或云俱耶尼，或作瞿伽尼。瞿，此云牛，陀尼，此云取与。以彼多牛，用市易，如此间用钱帛等也。”

[21] [illegible]（东胜身），汉文本作“东弗婆提”。梵文作 Pūrva-videhaḥ，新曰“毗地诃”Videha。《同光记》八曰：“东胜身洲，身形胜故，或身胜赡部故，名胜身，梵云毗提诃。”

[22] [illegible]（北俱卢洲），汉文本作“北欝单越”。梵文作 Uttara-kuruḥ，汉文本从旧译。

[23]инв.4612 此下残佚，与 инв. 3301 之间所阙内容相当于汉文本“念已，即与四兵上升虚空诣郁单越”（0427a09）至“如汝所闻，无量”（0427b27），约 800 余字。

инв.3301:

【1】[illegible]。[illegible]，[illegible]，[illegible]，[illegible][1]，[illegible]，[illegible]①[illegible]，[illegible]。[illegible]，[illegible]。[illegible]，[illegible][2]，[illegible]，[illegible]：[illegible][3]，[illegible]？[illegible]！[illegible]，[illegible]【2】[illegible]：[illegible]，[illegible]②[4]，[illegible]，[illegible][5]，[illegible]，[illegible]，[illegible]。[illegible]，[illegible]、[illegible]、[illegible]，[illegible]。[illegible]，[illegible]。[illegible]，[illegible]，[illegible]。

[illegible]，[illegible]，[illegible]，[illegible]，[illegible]【3】[illegible]，[illegible]，[illegible]，[illegible]。[illegible]，[illegible]。[illegible]：[illegible]，[illegible]，[illegible]，[6] [illegible]。[illegible][7]，[illegible]，[illegible]。[illegible]！[illegible]，[illegible]。

[illegible]，[illegible]：

[illegible]，[illegible][8]，[illegible]，[illegible][9]。

[illegible]，[illegible]，[illegible]，[illegible]。

① [illegible]，原件字形为“[illegible]”，右上角多一横。

② [illegible]，原件字形为“[illegible]”，左下角少一横。

【4】[illegible][10][illegible]。

[illegible]。

[illegible]。

[illegible]。

[illegible][11][illegible]。

[illegible]。

[illegible]

汉文本：

（无量）称王即我身是。尔时，无量称王初从天下，闻彼人间饮食精气，心不爱乐，不能堪忍，身体沈惛，犹如醍醐投热沙中，寻即沉没，不得暂停。无量称王于阎浮提饮食诸味不生爱乐，身心沉没亦复如是。尔时，作爱王见无量称王不堪人中香气饮食，身心顿弊，不能止住，便作是语：无量称王有何善言，我于来世何所传说？大王！时无量称王告作爱王言：汝今当知，无量称王从昔已来王四天下威德自在，有所须念，无不随意，树林花果及随意果，能除一切众生苦恼，随诸众生所须之具皆令如意。我复又能降天香，雨天衣、天花、雨银、雨金，王四天下豪富自在。升忉利天，帝释分坐共治天事。贪无厌故，于天退没，下阎浮提，遂便终没。

时，无量称王告作爱王言：如上众事，汝于未来，当如是说：无量称王豪富自在，贪求无厌，自取命终。作是语已，即便命终。佛言：大王当知，勿作异观，莫生犹豫疑惑之心。尔时无量称王岂异人乎，我身是也。大王！是故当知诸根如幻，境界如梦。大王！如是应当系心正观，勿信于他。

尔时，世尊即说偈言：

常乐法自在，数数策其心，贪欲自在中，智心应远离。

离欲自在已，住法自在中，若能降伏心，则能伏烦恼。

若能降烦恼，即得离业道，若离业道已，则为世间塔。

不为欲秽染，显示烦恼过，念饶益众生，故号为支提。

闻贪欲过已，便能离贪欲，一切智净心，故号为支提。

最胜大丈夫，念灭众生恶，解脱彼瞋恚，故号为支提。

最胜大丈夫，念灭众生痴，脱彼愚痴心，故号为支提。

调御天人师，念灭众生慢，净彼众生心，故号为支提。

大宝积经卷第七十五

注释：

[1] [illegible]，[illegible]（不合人间饮食香气，心不爱乐），汉文本作“闻彼人间饮食精气，心不爱乐，不能堪忍”。两本义通，西夏本于义较简。

[2] [illegible]（不安），汉文本作“顿弊”，皆言疲惫不安稳。

[3] [illegible]：[illegible]（便语无量称王：汝有何言），汉文本作“便作是语：无量称王有何善言”，表述略有不同。另，“善”字义西夏本未见。

[4] [illegible]（悟），汉文本作“来”。按，“[illegible]”ljij1（悟）字于义不合，在此假借作“[illegible]”ljij2（来）。此二字在《择要》中为同组大小字（7.2.7）。

[5] [illegible]（所须随意皆来），汉文本作“有所须念，无不随意”。西夏本将双重否定译作肯定，且不追求字数上的工整，较汉文本简省。

[6] [illegible]，[illegible]（尔时无量称王莫观他人，并非异人），汉文本作“勿作异观，莫生犹豫疑惑之心。尔时无量称王岂异人乎”。两本义通，西夏本于义较简。

[7] [illegible]（当知），汉文本作“是故当知”。“是故”二字义西夏本脱。

[8] [illegible]（禁止），对译汉文本“策”。概为“策勉”之义。

[9] [illegible]（以智应远离），汉文本作“智心应远离”。智心，西夏本作“以智”，强调“智”为远离贪欲的方法和手段，于义为切。

[10] [illegible]（降伏），汉文本作“离”。两者义通，皆为降伏、离开业道之义。

[11] [illegible]（解脱彼愚痴），汉文本作“脱彼愚痴心”。“心”字义西夏本未见，概因保持偈颂工整而舍。

参考文献

[1] 俄罗斯科学院东方文献研究所、中国社会科学院民族学与人类学研究所、上海古籍出版社编：《俄藏黑水城文献》第 21 册，上海：上海古籍出版社，2013 年。

[2] 麻晓芳：《西夏文〈无边庄严会 · 清净陀罗尼品〉初、校译本对勘札记》，《西夏学》2019 年第 1 期。

[3] 史金波：《新见西夏文偏旁部首和草书刻本文献考释》，《民族语文》2017 年第 2 期。

[4] 孙颖新：《中国历史上最早的通假字书：择要常传同训杂字》，《宁夏社会科学》2018 年第 5 期。

[5] 孙颖新：《西夏文〈大宝积经·无量寿如来会〉对勘研究》，北京：社会科学文献出版社，2019 年。

[6] 张九玲：《俄藏西夏文〈大宝积经〉卷九十三释读》，《宁夏师范学院学报》2019 年第 2 期。

[7] 张永富：《西夏文〈大宝积经〉卷三十六勘误》，《西夏研究》2017 年第 2 期。

[8] 张映辉：《西夏文〈大宝积经〉卷九的翻译特点》，《西夏研究》2020 年第 4 期。

[9] 赵天英：《西夏文社会文书草书结体特色初探》，《宁夏社会科学》2015 年第 2 期。

[10] [日] 高楠顺次郎、渡边海旭等：《大正新修大藏经》T11. 大正一切经刊行会，1928 年。

[11] [日] 西田龙雄：《西夏文华严经》III，京都：京都大学文学部，1977 年。

[12] Andrew West. Preliminary analysis of a newly-discovered Tangut linguistic text. *Journal of Chinese Writing Systems*. Vol.2.2017.

[13] Горбачева.З.И и Кычанов.Е.И. *Тангутские рукописи и ксилографы*. Москва: Издательство восточной литературы.1963.

[14] Кычанов.Е.И. *Каталог тангутских буддийских памятников*. Киото: Университет Киото.1999.

A Textual Research on the Tangut Version of Chapter Catur-cakravarti-raja in Mahā-ratnakū-a sūtra

Sun Yingxin

[Abstract] Based on the unpublished originals inv. 4612 and 3301 kept in the Institute of Oriental Manuscripts, RUS, the complete Tangut version of chapter Catur-cakravarti-raja in Mahā-ratnakū-a sūtra is investigated in the present paper. The upper juan and the ending part are preserved in those fragments respectively, which cannot be joint together, but may be combined as an almost complete version of the first part of the 26th chapter, Catur-cakravarti-raja. Besides, there are a few interchangeable characters in the sūtra, which are traced back to the Tangut vocabulary Zeyao Chuangchuan Tongxun Zazi. We believe that it is a reliable method to look for proper characters with the help of the vocabulary when there are not any references for deciding directly.

[Key words] Tangut Language; character interchange; proper character; Mahā-ratnakū-a-sūtra; cakravarti-raja

（通信地址：100732，北京，中国社会科学院世界宗教研究所）

俄藏西夏文《大乘方便会》第三十八之一考释*

麻晓芳

【提要】 俄罗斯科学院东方文献研究所收藏的инв.№3469西夏文佛经为《大宝积经》第三十八会之一《大乘方便会》，卷首卷尾残缺，经与汉文原典对照及用字考察之后，可以判断为西夏仁宗后的中晚期译本，原典为东晋竺难提所译同名汉文佛经。本文对《大乘方便会》第三十八之一的西夏文写本残卷进行全文译释，并对值得注意的语法标记及语言现象进行解释。

【关键词】 佛经；西夏文；大宝积经；大乘方便会

俄罗斯科学院东方文献研究所藏инв.№ 3469西夏文佛经，1909年出土于内蒙古额济纳旗的黑水城遗址，版心题“[illegible]”（宝积百六第）以及页次，可知该佛经为《大宝积经》第一百六卷之残卷。该卷佛经内容涉及《大宝积经》第三十七会《阿阇世王子会》及第三十八会《大乘方便会》。这部佛经残卷首和卷尾，对照残存经文后，可以确认инв.№ 3469实为《大乘方便会》第三十八之一。

从目前已刊布的文献目录来看，西夏文《大乘方便会》仅见于俄藏黑水城文献。根据克恰诺夫《西夏佛典目录》，《大宝积经》第一百六卷存инв.№ 3469，535，536以及7377四个编号文献，但目前只能见到инв.№ 3469一个编号文献。参照克恰诺夫的著录，结合蒋维崧、严克勤二位先生拍摄的图版，инв.№ 3469版式如下：白棉纸，蓝布封皮。经折装，纸幅34.5厘米 ×13.5厘米，每折7行，行21—22字。现存21折，内容为《大乘方便会》卷中部分。残缺卷首至“善男子！菩萨如是不除声闻缘觉共思惟法，不舍不悔者，终不得成阿耨多罗三藐三菩提。若得佛法，无有是处”，以及“见菩萨时，已在我心，观其净妙，心生染欲”至卷末。

《大乘方便会》经文书写工整，每四叶左右行间以小字书写经题简称、卷数及标注

基金项目：国家社科基金冷门绝学研究专项学术团队项目“基于汉语通语与方言研究的番汉对音数据库建设”（20VJXT016）和北京语言大学院级资助项目（中央高校基本科研业务费专项资金）（项目批准号：21YJ140005）的阶段性研究成果。

作者简介：麻晓芳，北京语言大学讲师。

抄写次序的数字。经文偶见有四棱形的补花覆盖错字。此外，此文献的版式、字体与笔者释读过的俄藏 инв.№ 539，540《贤护长者会》、инв.№ 532，533，534《善住意天子会》等《大宝积经》其他几个品会十分接近，很可能是同一系列的文献。尽管卷首卷尾残损，没有用以判断佛经翻译或抄写的年代，但是据经文中的对音用字也可以判断这部佛经大致的年代。例如经文中反复出现的"阿耨多罗三藐三菩提"（[西夏文]）中的"藐"，西夏对音字为"[西夏文]"（$mjiw^2$）。这个字在早期惠宗或桓宗皇帝时期的译本中常作"[西夏文]"（bia^1），西夏中晚期经由仁宗皇帝校正过的佛经中统一用"[西夏文]"对音。因此，инв.№ 3469 可以判定为仁宗皇帝之后的译本。

西夏文《大宝积经》的翻译底本为唐菩提流志所编纂的一百二十卷同名汉文佛经。《大宝积经》第三十八会《大乘方便会》原名《大乘方便经》，东晋竺难提译，内容为佛因智胜菩萨问，说诸菩萨由于回向随喜，以一博食给施一切众生，一香一华供养十方佛等善权方便法门。《开元释教录》载：

> 《慧上菩萨问大善权经》二卷，一名《大善权经》；一名《慧上菩萨经》；一名《大乘方便经》。凡四名本并同第五出，与汉佛调、晋法护所出《大善权经》及《宝积·大乘方便会》等同本。①

该佛经凡六译，今存三译。②同本已亡佚佛经有后汉严佛调译《慧上菩萨问大善权经》二卷，姚秦鸠摩罗什译《大善权经》二卷和北凉西域三藏僧伽陀译《慧上菩萨问大善权经》二卷。今存译本有西晋竺法护译《慧上菩萨问大善权经》，收于《大正藏》第 12 册 №345；赵宋施护译《大方广善巧方便经》同本，收于《大正藏》第 12 册 №346；以及东晋竺难提译《大宝积经》第三十八《大乘方便会》，收于《大正藏》第 11 册 №310。西夏文《大乘方便会》据《大正藏》第 310 号东晋竺难提译同名汉文佛经译成，对应《大宝积经》第一百六卷半至一百八卷尽。

本文解读的是第一百六卷残卷，对应《大乘方便会》第三十八之一，以下是文献的释读，首先列出西夏文及对译，其次为汉译文，最后为校注的内容。西夏录文中符号【 】指示的是 инв.№3469 中的经折次第，汉译文中 [ ] 标示的是下文需要校注的词语或文句。

①[唐]释智昇：《开元释教录》卷四下，清文渊阁四库全书本，第 110 页。

② 周叔迦：《周叔迦大德文汇》，北京：华夏出版社，2012 年，第 327 页。

对译：

【1】[illegible]

尔时，尊者阿难佛之言谓：“世尊，我今朝黎明舍卫城中入，门食行乞

[illegible]

往，此众尊王菩萨，女人一与床一上△处△坐见□。”阿难此言说毕，立即大地

[illegible]

六种震动。众尊王菩萨彼大众中，虚空中往，下上七多罗树许，阿难之言谓：“尊

[illegible]

者，罪犯者虚空中止能者何有？阿难，此事世尊处问法，何云□□法已问往△？”

[illegible]

尔时，阿难忧愁佛前，右膝地著，手以佛足执：“世尊，我今罪悔。此如大龙之

[illegible]【2】[illegible]

罪△犯说我。此如菩萨之罪△求为我。世尊，我今罪悔， 唯愿听闻。”佛阿

[illegible]

难之谓：“汝大乘大士之罪过觅为应不。阿难，声闻人寂静各寂灭定行障碍，无

[illegible]

有结一切断者。阿难，方便行者菩萨，此如一切智心成就，堂宫中亦婇女共相娱

[illegible]

乐△受，魔事及诸障碍不起，以阿耨多罗三藐三菩提得。何云也？阿难，方便行

[illegible]

者菩萨， 此如众生之摄持皆三宝以劝化，阿耨多罗三藐三菩提求令。阿难，若大

[illegible]、[illegible]，[illegible]【3】[illegible]，[illegible]，[illegible]
乘学者善男子、善女人，一切智心与不离，若心悦五欲见时，立即彼中住

[illegible]。[illegible]，[illegible]：‘[illegible]。’”
共相娱乐受。阿难，汝此念为：‘此如菩萨者如来之根本成能者是谓当。’”

译文：

尔时，尊者阿难白佛言：“世尊，我今晨朝入舍卫城次第乞食，见此众尊王菩萨，与一女人同坐一床。”阿难说此语毕，立即大地六种震动。众尊王菩萨于彼大众中，往虚空中高约七多罗树[1]，语阿难言：“尊者，何有犯罪者能住虚空中耶？阿难，可以此事问于世尊，云何罪法？”尔时，阿难忧愁向佛，右膝著地，手执佛足：“世尊，我今悔过。如是大龙，我说犯罪。如是菩萨之罪[2]，我求其过。世尊，我今悔过，唯愿听闻！[3]”佛告阿难：“汝不应于大乘大士求觅其罪。阿难，声闻人寂静于障处行寂灭定[4]，无有断者一切结[5]。阿难，行方便菩萨，如是成就一切智心，虽在宫中婇女共相娱乐，不起魔事及诸障碍[6]，而得阿耨多罗三藐三菩提。何以故？阿难，行方便菩萨，如是众生摄持以三宝劝化[7]，令求阿耨多罗三藐三菩提。阿难，若大乘学者善男子、善女人，不离一切智心，若见时心悦五欲，即便在中共相娱乐。阿难，汝应作是念：‘如此菩萨者当谓能成如来根本。’”

注释：

[1] 往虚空中，汉文本作“上升虚空”。

[2] 菩萨之罪，汉文本作“菩萨”。

[3] 听闻，汉文本作“听许”。

[4] 声闻人寂静，汉文本作“汝声闻人”。

[5] 无有断者，汉文本作“无有留难断”。

[6] 障碍，汉文本作“留难”。

[7] 如是众生摄持，汉文本作“无有受如是众生不以”。

对译：

[illegible]：“[illegible]！[illegible]！[illegible]，[illegible]，[illegible]
佛阿难之谓：“汝今谛听！谛听！何因缘依，众尊王菩萨摩诃萨，此女人与同床独一坐

△知△？阿难，彼女人者曾过去五百世正，众尊王菩萨之妻妇作。曾彼女人△伏△因，故众尊王菩萨之见心爱著生，系缚不舍。此众尊王菩萨戒持力故，威德端正见。复心喜欢跃，自独坐此如心生：'若众尊王菩萨我与共床独一上坐可故，阿耨多罗三藐三菩提心生我谓。'

阿难，尔时众尊王菩萨，彼女人之心下念△知，此如知复然晨朝衣著钵持，舍卫城中入，门行乞食，彼女人家舍至中处乃至，立即思惟此如门，若内地大、若外地大，地大独一是，地大心以女人之手执，共床独一上坐。众尊王菩萨立即座上偈言△说：【5】'夫凡欲中行，如来不赞叹，欲及贪离故，天人师成就。'"佛阿难之谓："时彼女人此偈闻，复心喜所跃喜悦无量，坐可而起，众尊王菩萨之足持礼敬，偈言乃说：'我贪爱不生，贪之佛苛责！欲及贪离故，天人师成就。'此偈说复此如言谓：'我先一生我恶欲心者，今罪悔当，即善欲菩提心生，众生一切之愿利益我谓。'"佛阿难之告："尔时，众尊王菩萨彼女人之劝，阿耨

[illegible]【6】[illegible]

多罗三藐三菩提心发令， 复座处△起，立即△去。阿难， 汝彼女人之心诚福报观，我

[illegible]

今正遍知以彼女人之记，于处命断复方女身变，男子成是。后来世于九十九劫中，百千无量

[illegible]

阿僧祇诸佛之供养，佛法一切具足，故佛成号者垢烦恼无、如来、应供、正遍知。彼佛道成，

[illegible]

复尔之时人独一不善心起者无。阿难知当，方便行者菩萨△摄持亲邻者，终三恶道中不堕。”

译文：

佛告阿难：“汝今谛听！谛听！以何缘故，众尊王菩萨摩诃萨，与此女人同一床坐？阿难，彼女人者曾于过去五百世中，为众尊王菩萨作妻妇。彼女人已伏故[1]，见众尊王菩萨心生爱著，系缚不舍，此众尊王菩萨持戒力故、威德端正，复心喜踊跃，自独处生如是心[2]：‘若众尊王菩萨能与我共一床坐者，我当发阿耨多罗三藐三菩提心。’阿难，尔时众尊王菩萨，知彼女人心之所念，如是知即于晨朝著衣持钵，入舍卫城次第乞食，至彼女人家即入其舍，立即思惟如是门[3]，若内地大、若外地大是独一地大，以地大心执女人手共一床坐。众尊王菩萨立即于座上而说偈言：‘凡夫所行欲，如来不赞叹，离欲及贪故[4]，成就天人师。’”佛告阿难：“时彼女人闻此偈已，复心喜踊跃，喜悦无量即从坐起[5]，向众尊王菩萨持足敬礼[6]，说是偈言：‘我不生贪爱，贪之佛苛责[7]！离欲及贪故，成就天人师。’说是偈复作如是言：‘我先所生恶欲之心，今当悔过，即生善欲菩提心[8]，愿欲利益一切众生。’”佛告阿难：“尔时，众尊王菩萨劝彼女人，令发阿耨多罗三藐三菩提心已，复从座起立即而去[9]。阿难，汝观是女人专心福报，我今以正遍知记彼女人，于此命终得转女身，当成男子。于将来世九十九劫，供养百千无量阿僧祇诸佛，具足一切佛法，得成为佛，号无垢烦恼如来应供正遍知。彼佛成道已，复尔时无有一人起不善心。阿难当知，行方便菩萨所摄眷属，终不堕三恶道。”

注释：

[1] 已伏故，汉文本作“本习气故”。

[2] 自独处，汉文本作“在一独处”。

[3] 立即，汉文本作“寻时”。如是门，汉文本作“如是法门”。

[4] 贪故，汉文本作“贪爱”。

[5] 汉文本无“喜悦”二字。

[6] 持足，汉文本作“接足”。

[7] 贪之佛苛责，汉文本作“贪欲佛所呵”。

[8] 生善欲菩提心，汉文本作“生善欲，发菩提心”。

[9] 复从座起立即而去，汉文本作“即从座去”。

对译：

[illegible]
尔时，众尊王菩萨空中△下，佛足顶礼，佛之言谓：“世尊， 菩萨彼方便行故，若

[illegible]
人独一故大悲心生，善法集合，若似罪犯，若实罪犯，百千劫中大地狱中堕。世尊，此菩萨

[illegible]
诸恶及地狱中△堕，亦此善根以彼人独之不舍。”尔时，世尊众尊王菩萨之赞言：“善哉！善

[illegible]
哉！善男子，菩萨此如悲心成就，则五欲△受，罪重不犯，诸罪远离及恶道堕△，业一切亦

[illegible]
远离。善男子，我念过去阿僧祇劫复此数过，时净归一名者树提，四十二亿岁正空林中住，

[illegible]
常净行修。尔时，净归此时数……

译文：

尔时，众尊王菩萨从空中下，顶礼佛足，白佛言：“世尊，菩萨行于方便，若独一人故起大悲心合集善法，若似犯罪，若实犯罪，于百千劫中堕大地狱。世尊，此菩萨堕诸恶及地狱，亦以此善根愿不舍一人。”尔时，世尊赞众尊王菩萨言：“善哉！善哉！善男子，菩萨成就如是悲心，虽受五欲不犯重罪，离于诸罪及远一切堕恶道业。善男子，

我念过去阿僧祇劫复过是数，时有梵志名曰树提[1]，于四十二亿岁在空林中常修梵行[2]。尔时梵志此时数……[3]

注释：

[1] 梵志，西夏文译作“[illegible]”，字面意思是“净归”。

[2] 梵行，西夏文译作“[illegible]”，字面意思是“净行”。

[3] 对照汉文本，此折内容与下折无法衔接，残缺内容为“尔时梵志此时数……无量心，具已命终生梵天中。”。

对译：

【8】“……[illegible]
“……无量心俱全，复命断梵天上生。善男子，汝疑不生△。尔时，净归者如我身

[illegible]
是，彼女人者今瞿夷是。善男子，我尔时彼女欲故暂时悲心而发我。此故十百千劫死生苦超

[illegible]
越我？善男子，汝此如观若余众生，爱欲故由地狱中堕，方便行者菩萨梵天上生，此菩萨摩

[illegible]
诃萨方便行是。”佛智胜菩萨之谓：“善男子，若舍利子、大目揵连等方便所行，故瞿伽离

[illegible]【9】[illegible]
之地狱中堕△，何云也？善男子，我念过去鸠留孙佛时，比丘一名者垢无，空林旷野

[illegible]
中住，若山窟中，堂窟方不远五仙人住。尔之时，大云卒起大雨△降。时贫女有，道半暴雨

[illegible]
与△遇，衣无寒怖，故垢无住△窟中△往。时雨既止，垢无比丘此女人与窟中△出。时五仙

[illegible]
人此事见故，疑魅心生自相谓言：‘垢无比丘，奸谄心怀不净行为谓。’垢无比丘彼仙人心

[illegible]【10】[illegible]
下念△知，立即虚空中△往，下上七多罗树许。时五仙人垢无比丘虚空中而往见故，

[illegible]
自相谓言：‘我等记文经论中△言△：若人不净行作者，此如虚空中往不能。若净行修故，

[illegible]
此如作能谓△见△。尔时仙人垢无处，五体地投，掌合罪悔，覆藏不敢。”

译文：

“……无量心俱全[1]，复命终生梵天中。善男子，汝勿有疑。尔时，梵志即我身是，彼女人者今瞿夷是[2]。善男子，我尔时为彼女欲暂时起悲心，此故超越十百千劫生死之苦[3]。善男子，汝如是观若余众生，爱欲故堕于地狱，行方便菩萨由生梵天，是此菩萨摩诃萨行于方便。”佛复告智胜菩萨：“善男子，若舍利弗、大目揵连等行方便者，瞿伽离堕于地狱中[4]。何以故？善男子，我念过去世鸠留孙佛时，有一比丘名曰无垢，住在空林旷野山窟中，去窟不远有五仙人。当尔之时，卒起大云而降大雨。时有贫女，道途中遇暴雨，寒裸恐怖，即入无垢所住窟中。时雨既止，无垢比丘共此女人从窟而出。时五仙人见此事已，心生疑魅[5]，各相谓言：‘无垢比丘，心怀奸谄作不净行。’无垢比丘知彼仙人心之所念，立即踊身虚空中高七多罗树余。时五仙人见无垢比丘往至虚空[6]，复相谓言[7]：‘我等书记经论中乃言：若人作不净行，不能往至如是虚空[8]。若修净行则能如是。’彼时仙人即无垢处，五体投地，合掌悔过，不敢覆藏。”

注释：

[1] [illegible]，西夏文字面意思是“全全”，对译汉文本中的“俱全”。重叠表示周遍之意。

[2] 瞿夷，西夏文作“[illegible]” khju²·ji¹，音译梵文 Gopikā，又作瞿昆耶，瞿比迦，译曰明女，守护大地。

[3] 此故，汉文本作“即得”。

[4] 汉文本此句前有“不令”二字。瞿伽离，西夏文作“[illegible]” khju²khja²lji²，音译梵文 Kokālika，又作俱迦离，比丘名。译曰恶时者，牛守。

[5] 疑魅，汉文本作“荒秽”。
[6] 往至，汉文本作“上升”。
[7] 汉文本此句前有“见已”二字。
[8] 往至，汉文本作“飞升”。

对译：

[illegible]
佛智胜菩萨之谓：“善男子，尔时垢无比丘，若此如方便不作，虚空中不往，故此五仙

[illegible]
人现身地狱中堕也。善男子，尔时比丘异人否？弥勒菩萨是。善男子，汝今知当，舍利子、

[illegible]【11】[illegible]
目揵连等若此如方便作，虚空中往故，瞿伽离比丘地狱中不堕△。善男子，汝今知当，

[illegible]
诸菩萨摩诃萨之行当方便者，声闻、独觉等不尔有也。善男子，譬如淫女六十四种媚言知善，

[illegible]
宝物因故，媚言以他，诈变换以，自爱所物舍，所用皆给我谓。后彼处物得，彼物得故△逐

[illegible]
去令，悔心不生。善男子，方便行者菩萨本合知能，方便修行，此如众生一切之教化，其之

[illegible]【12】[illegible]
宜依变以身现，所须物者吝惜心无，乃至身舍，众生故为，善根爱乐果报不求；彼诸

[illegible]
众生善根作，复心无退转知故，尔之时心舍离生，所现五欲于永无恋著。善男子，譬如虻蜂

[illegible]，[illegible]，[illegible]，[illegible]，[illegible]。[illegible]，

畜生中住，华一切于香味△喜，复其中依止想无，爱著所无，华叶茎香于不住自去。善男子，

[illegible]，[illegible]，[illegible]，[illegible]

菩萨摩诃萨方便修行亦彼所如，众生化故五欲中处，法无常见，常想而爱心不起，自身不害

[illegible]。[illegible]，[illegible]【13】[illegible]，[illegible]，[illegible]。[illegible]

他之亦不害。善男子，如种子于芽△△生，其芽本色与同变化无有，异物不生。善男

[illegible]，[illegible]、[illegible]、[illegible]、[illegible]，[illegible]，[illegible]，[illegible]

子，此如空、相无、作无、我无智慧种子，菩萨烦恼中五欲娱△受，三恶道芽不生，善根色

[illegible]，[illegible]。

不损，不亦退转。

译文：

佛告智胜菩萨："善男子，尔时无垢比丘，若不作如是方便，不往虚空中故，此五仙人即现身堕于地狱中。善男子，尔时比丘岂异人乎？即弥勒菩萨是。善男子，汝今当知，舍利弗、目揵连若作如是方便，往虚空中故，瞿伽离比丘不堕地狱。善男子，汝今当知，如诸菩萨摩诃萨所行方便，声闻、独觉等无尔时也[1]。善男子，譬如淫女善知六十四魅言[2]，为财宝故，媚言诱他，以变换诈[3]，舍所自爱，皆予我所用[4]。后得彼物，得彼物已，驱逐令去不生悔心。善男子，行方便菩萨，能知随宜行于方便[5]，如是教化一切众生，随其合宜而为现身[6]，于所须物心无吝惜，乃至舍身，为众生故，爱乐善根不求果报；知诸众生作善根已，复心无退转，即于尔时心生舍离，所现五欲永无恋著。善男子，譬如蜂虻在畜生中[7]，虽经一切华香味，而于其中无依止想，无所爱著，于华叶茎香不持而去。善男子，菩萨摩诃萨行于方便亦彼如是，为化众生处于五欲见法无常，不起爱心于常想，又不自害亦不害他。善男子，如种子虽生于芽，与其芽本色无有变化[8]，不生异物。善男子，如是空、无相、无作、无我智慧种子，菩萨虽有烦恼，经五欲娱乐，不生三恶道芽，不损善根之色，亦不退转。

注释：

[1] 独觉，汉文本作“缘觉”。

[2] 媚言，西夏文译作“[illegible]”，字面意思是“鬼言”。汉文本此处作“态”，下句中作“媚言”。

[3] 以变换诈，汉文本作“诈许舍身”。

[4] 此句汉文本作“所重之物无所匮惜”。

[5] 随宜，西夏文译作“[illegible]”，字面意思是“本合”。

[6] 合宜，汉文本作“所欲”。

[7] 蜂虻，汉文本作“黑蜂”。

[8] 汉文本无“芽”字。无有变化，汉文本作“无所亏损”。

对译：

[illegible]

善男子，如鱼捕者，网上食涂水深中投，鱼△入故立即网牵。善男子，方便行菩萨亦彼

[illegible]

所如，空、相无、作无、我无智慧以，心意修熏其以网为，一切智心食涂，五欲泥黑中投，

[illegible]【14】[illegible]

愿土△满故欲界中牵，命终复方梵天上生。善男子，譬如人有咒术知能，　官依△执五

[illegible]

系缚作时，此人咒术力缘故，五缚皆断愿随自去。善男子，此如菩萨摩诃萨方便行时，众生

[illegible]

化故五欲中住，娱乐△受，自△愿依一切智咒法以五欲缚断，梵天上生。善男子，譬如士子

[illegible]

战法知善，刀利一藏路行人之护送。彼众中一许人，其人殊胜，计深谋知者无，尽皆不敬，

[illegible]

及悯无慈为，恭敬心无，各相谓言：‘此人兵器既无，伴党亦无。健士非复势力亦无，自身

[illegible]【15】[illegible]

亦救不能，彼若何能？ 贼者之拒亦不能。此人必定诸苦厄受谓。’ 时彼士夫泽空有中

[illegible]

至往，群贼与而遇。尔时士夫自身修护，立即先藏刀翻贼方投掷，群贼俱亡。群贼亡复又刀

[illegible]

△藏。善男子，方便行者菩萨智刀藏善，众生化故方便以五欲中住，共娱乐取。声闻人此方

[illegible]【16】[illegible]

便菩萨五欲中处，娱乐就△见，方便不知故浊心发生，复慈无悲为：　‘此如逸放人者

[illegible]

自度尚不为，复众生一切之救度岂能？复魔之亦坏不能谓。’尔时，菩萨方便智慧刀以，自

[illegible]

△指依，诸烦恼断尽皆摧灭，复智慧刀以诸女人无，乃至一念许欲想无有，各净佛国至令。”

译文：

“善男子，如捕鱼者[1]，以食涂网投之深渊[2]，鱼既入故立即牵网[3]。善男子，行方便菩萨亦复如是，以空、无相、无作、无我智慧，熏修其心意以为网[4]，一切智心以为涂食，虽投五欲黑泥之中[5]，所愿满足故牵出欲界，命终之后生于梵天[6]。善男子，譬如有人善知咒术，为官所执作五系缚时；此人以咒术力故[7]，自断五缚随愿而去。善男子，如是菩萨摩诃萨行于方便，为化众生五欲中处，虽有娱乐，依自所求以一切智咒法断五欲缚，生于梵天。善男子，譬如士夫善知战法，藏一利刀护送行人，彼众中无有一人能知此人深谋妙计[8]，尽皆不敬[9]，更生怜愍无敬重心，各相谓言：‘彼人既无器仗，亦无伴党。此非健士，复无势力，自身不能救，何能济人？亦不能坏贼者[10]，彼人必当受诸困厄。’时彼士夫遂至空泽，而遇群贼[11]。尔时士夫自身守护[12]，立即出所藏之刀投掷贼方，群贼俱亡。诸贼既亡复还藏刀[13]。善男子，行方便菩萨善藏智刀，为化众生

而以方便处于五欲，共相娱乐。声闻人见此方便菩萨处于五欲共相娱乐，不知方便故生浊心，或复怜愍为：‘如是放逸之人尚不自度，况能救度一切众生？亦复不能坏魔[14]。’尔时，菩萨善用方便智慧之刀，如其所求，断诸烦恼尽令摧灭，以智慧刀无诸女人，乃至无有一念欲想，令至各净佛土。”

注释：

[1] 捕鱼者，汉文本作“鱼师”。

[2] 深渊，西夏文译作“[illegible]”，字面意思是“深水”。

[3] 鱼既入故立即牵网，汉文本作“既满所求即寻牵出”。

[4] 心意，汉文本作“心结”。

[5] 黑泥，汉文本作“污泥”。

[6] 梵天，汉文本作“梵世”。

[7] 咒术，汉文本作“自以咒术”。

[8] 深谋妙计，汉文本作“密怀奇谋”。

[9] 尽皆不敬，汉文本作“而反轻之”。

[10] 亦不能坏贼者，汉文本作“此若坏贼，无有是处”。

[11] 而遇群贼，汉文本作“群贼俱发”。

[12] 自身守护，汉文本作“牢自庄严”。

[13] 既亡，汉文本作“既坏”。

[14] 汉文本此句后有“无有是处”。

对译：

[illegible]

尔时，菩萨有名者作爱，舍卫城中入门行食乞，次依长者有之家处至往，长者女有名者

[illegible]

德增，楼阁高上住。尔时彼女菩萨之声音闻，立即食持作爱菩萨处△来。彼女菩萨之相容美

[illegible]【17】[illegible]

丽，音声好见，　欲心△起，欲以△烧，立即△死骨节解散。作爱菩萨亦德增女见，故

[illegible]：“[illegible]？[illegible]？[illegible]？[illegible]

恶觉贪欲心△起。尔时，作爱菩萨即自思惟："彼法何以是？法著者何以是？彼眼何云？此

[illegible]
眼何云？眼性知非，惟肉团是？不爱不知，不思不觉，分别所无，其性本空；耳、鼻、舌、

[illegible]
身、意法亦彼所如，皮薄皮厚，肉血脂肪，毛发爪齿，骨髓筋脉，足于起顶于至。"此如观

[illegible]【18】[illegible]
复若内若外，一许爱著当若瞋若痴法无有，法一切于实依观。复欲心所离，　生无忍得。

[illegible]
生无忍得复心喜而戏喜悦无量，虚空中乃发，下上多罗树许，舍卫城之七匝围绕。尔时，世

[illegible]
尊作爱菩萨虚空中而往，鹅王如障碍所不见。佛此见复阿难之谓："阿难，汝作爱菩萨虚空

[illegible]
中而去，鹅 王如障碍无而尔见△？"阿难言："惟愿见我。"　佛阿难之告："彼作爱菩萨，

[illegible]
欲心起因诸法寻求，即魔众已坏后法轮转。"时德增女命终复方三十三天上生，女身已变男

【19】[illegible]
子身得，　自然七宝宫殿中住，彼殿纵广正等十二由旬，而一万四千诸天婇女侍奉。此

[illegible]
德增天子，宿命识得先业行观："何因缘依此处所生我谓？"此如思惟，舍卫城中长者女作，

[illegible]
时作爱菩萨处贪欲心生，欲心炽盛故其处命△断，女身已变男子身得见："我此事故无量神

[illegible]【20】[illegible]

力得我谓。”尔时，德增天子此如思惟：“贪欲起因此如报得。我今作爱菩萨于，　心

[illegible]

甚清净，礼敬供养当。我今若先五欲受，故我法非谓。”此思惟已，如来处往，复作爱菩萨

[illegible]

于礼敬供养往欲。

译文：

尔时，有菩萨名曰爱作，入舍卫城次第乞食[1]，依次往至一长者家[2]。长者有女名曰德增，住高楼上。彼时女人闻菩萨声，立即持食来爱作菩萨处。女见菩萨形容美丽音声好，欲心即起，为欲所烧，即时命终骨节解散。爱作菩萨见德增女，亦起恶觉淫欲之心[3]。尔时，爱作菩萨即自思惟：“云何彼法？云何法著[4]？云何彼眼？云何此眼？眼性非知，惟是肉团，不爱不知，不思不觉，无所分别，其性本空；耳、鼻、舌、身、意法亦复如是，薄皮厚皮，血肉脂肪，发毛爪齿，骨髓筋脉，从足至顶。”如是观已若内若外，无有一法而可爱著若瞋若痴，于一切法如实观。即离欲心，得无生忍。得无生忍已，其心欢喜踊跃无量，即升虚空高一多罗树，绕舍卫城七匝。尔时，世尊见爱作菩萨往至虚空，犹如鹅王不见障碍[5]。佛见此告阿难言：“阿难，汝见爱作菩萨去虚空中，犹如鹅王无所碍不？”阿难言：“唯愿已见。”佛告阿难：“彼爱作菩萨，因起欲心推求诸法，即坏魔众后转法轮。”时德增女命终之后生三十三天，变女身得成男子，自然处于七宝宫殿，纵广正等十二由旬，有一万四千诸天婇女为侍卫[6]。此德增天子，得识宿命观先业行[7]：“以何业缘而来生此处？”如是思惟，舍卫城中作长者女，因见爱作菩萨生淫欲心，欲心炽盛故彼处命终，女身得成男子：“我以此事得无量神力。”尔时，德增天子如是思惟：“因起淫欲得如是报。今我于爱作菩萨，心甚清净，当礼敬供养。我今若住先受五欲，此非我法[8]。”此思惟已，往诣如来，并欲往爱作菩萨礼敬供养。

注释：

[1] 次第，西夏文译作“[illegible]”，字面意思是“门行”。

[2] 依次，汉文本作“渐渐”。

[3] 淫欲，西夏文译作“[illegible]”，字面意思是“贪欲”。

[4] 云何法著，汉文本作“法者为著”。

[5] 不见障碍，汉文本作“无所挂碍”。

[6] 侍卫，西夏文译作“[illegible]”，字面意思是“侍奉”。

[7] 观，汉文本作“推”。

[8] 我法，汉文本作“我宜”。

对译：

[illegible]
时德增天子自眷属同，天华香、末香、涂香持，即夜初分时佛所△来，自光明以祇洹普

[illegible]
照，世尊至复作爱见。即天华、末香、涂香以佛之供养，佛复作爱菩萨大众一切之顶礼，三

[illegible]【21】[illegible]
匝右绕，佛向掌合，偈言即说：“人天中尊，思议可不！菩萨行亦，思议可不！如来法

[illegible]
亦，思议可不！大名称亦，思议可不！我昔舍卫，童女为曾，长者家住，名者德增，年幼少壮，

[illegible]
如颜端正，父母爱惜，常我之护。如来世尊，戏论无有，子有作爱，大威德有。舍卫城入，

[illegible]
门行食乞，次依我父，舍处至来。我时其之，妙好音闻，心大欢喜，食持△出。大心发者，

[illegible]
如来之子，作爱菩萨，其处至往。

译文：

时德增天子与其眷属，持天华香、涂香、末香，即于初夜来至佛所，自以光明普照祇洹，至世尊及见爱作[1]。即以天华、末香、涂香，供养于佛，佛复爱作菩萨及一切大众之顶礼[2]，

右绕三匝，合掌向佛，即说偈言：

“天人之尊，不可思议！菩萨所行，不可思议！
如来之法，不可思议！大名称者，不可思议！
我昔舍卫，曾为童女，在长者家，名曰德增；
年幼少壮，颜貌端正，父母爱念，常我遮护[3]。
如来世尊，无有戏论，有子爱作，有大威德，
入舍卫城，门行乞食，渐到我父，来至舍处。
我时彼之，好妙音闻，心大欢喜，即持食出，
发大心者，如来之子，爱作菩萨，往至其处。”

注释：

[1] 至，汉文本作“入觐”。

[2] 顶礼，汉文本作“顶礼佛足”。

[3] 常我遮护，汉文本作“为作遮护”。

参考文献

[1]［唐］释智昇：《开元释教录》卷四下，清文渊阁四库全书本。
[2] 周叔迦：《周叔迦大德文汇》，北京：华夏出版社，2012 年。

A Textual Research on the Tangut Version *Subāhu-paripricchā* Chapter one preserved in Russia

Ma Xiaofang

[Abstract] The Tangut version *Subāhu-paripricchā* Chapter one inv.№ 3469 was the thirty eighth sutra of *Mahāratnakūṭa sutra* which preserved in the Institute of Oriental Manuscripts, Russian Academy of Sciences. This manuscript is a fragment without beginning and ending part. By comparing with the Chinese version and the literal information of the text, it is pointed out that the Tangut version was translated from the Chinese version of Nandi of East Jin Dynasty in Mid-late Xixia. This paper provided the translation of the full text, grammatical makers and language phenomena are explained in the annotation part.

[Key words] Sutra; Tangut Language; *Mahāratnakūṭ a sūtra*; *Subāhu-paripricchā*

（通信地址：100083，北京，北京语言大学）

西夏文草书《显扬圣教论·成现观品第八之余》考补*

庞倩　王龙

【提要】《显扬圣教论》是现存极少的西夏文玄奘所译“法相唯识”类经典之一。本文首次释读西夏文《显扬圣教论》卷十七“成现观品” 第八之余，并对西夏文草书加以隶定、录文和校注，可以帮助读者了解西夏译玄奘所传“法相唯识”类经典的传承情况。最后，尝试对西夏文草书和楷书的转写作出初步的探讨，为西夏文献学和语言学研究提供一份基础性语料。

【关键词】佛教；佛经；西夏文；显扬圣教论法；法相唯识

一

《显扬圣教论》（梵名 Āryavācāprakaraṇa-śāstra），亦称《广苞众义论》《总苞众义论》《显扬论》。印度无著造，唐代玄奘译，凡二十卷，为阐述大乘佛教瑜伽行派重要论书《瑜伽师地论》理论的著作，是法相宗所依据的论书之一。本论为阐扬《瑜伽师地论》的内容而作，共分十一品，二百五十二颂半，把大、小乘各种法数加以汇拢，力求构成一个整体，以证明唯识无境这一理论，亦是了解瑜伽行派理论的工具书。[①]《摄事品第一》论述了五位法、六谛、四静虑、四无色定、三十七道品、十地、十波罗蜜以及四无量、八解脱乃至如来十力、四无畏等果位诸德。《摄净义品第二》论述了二谛、瑜伽分别及论法三方面的问题。《成善巧品第三》论述了蕴、界、处等七种善巧及身者愚、等起愚等七种愚。《成无常品第四》论述无常，明悟入无常之性的念住等因行。《成苦品第五》论述三苦乃至五十五苦及能了知苦的十八种智。《成空品第六》以自相、甚深相、差别相等三相说明“空”义，列举了三空乃至十六空等。《成无性品第七》论述三性三无性

基金项目：国家社科基金冷门绝学研究专项学术团队项目“基于汉语通语与方言研究的番汉对音数据库建设”（20VJXT016）和国家社科基金青年项目“西夏佛典选译和西夏佛教史研究”（18CZJ006）的阶段性研究成果。

作者简介：庞倩，宁夏大学西夏学研究院在读博士；王龙，宁夏大学西夏学研究院副教授。

①冯契主编：《外国哲学大辞典》，上海：上海辞书出版社，2008 年，第 771 页。

及熏习等义。《成现观品第八》首先论述了现观处与现观人的差别，然后列举了十六行智、三心相见道、六种及十八现观。《成瑜伽品第九》论述瑜伽。《成不思议品第十》列举了我、有情、世界等九事而说不可思议之义。《摄胜决择品第十一》先论述八识心王，又以所缘、相应等五相叙述建立此识的原因；然后说明各心所、色、不相应行、六因四缘五果、十五低处等法数；又举二十种烦恼的现行相来说明业、生、二谛、四谛、二十七种方便、四念住等，进而说明证入的功德、种性的意义、如来的出现、如来之身及三藏等等。本论系统运用大、小乘各种法数，以证明"唯识无境"这一基本学说，故历来被视为学习瑜伽行派理论的工具书。本论原本共包括颂文二百五十二颂半与解释颂文的长行，亦有颂文别行成卷者，名作《显扬圣教论颂》，唐玄奘译，一卷。据载，本论曾有唐窥基、神泰、新罗璟兴等人所撰之疏，但均失传。

如所周知，《显扬圣教论》属于法相宗系列，存世的玄奘所译"法相唯识"经典的西夏译本都于1909年出自内蒙古额济纳旗的黑水城遗址，现藏俄罗斯科学院东方文献研究所。相关的书题著录首见戈尔巴乔娃和克恰诺夫的《西夏文写本和刊本》，此外，西田龙雄在20世纪70年代也曾对部分文献做过基础的鉴定。详细描述则见克恰诺夫的《西夏佛典目录》，不过由于相关资料存量过大，对全部文献的鉴定和整理工作还远未完成，其中有不少文献我们至今仍不能寻到相应的汉文底本，并据以给出确切的解读。根据克恰诺夫的《西夏佛典目录》可知，全部俄藏黑水城出土西夏文献中，目前可以肯定的是，俄藏编号 инв.№ 5133、0901、4916、0070、2651 等均属于玄奘所译"法相唯识"类经典，涉及《瑜伽师地论》《显扬圣教论》《大乘阿毗达磨论》等。

西夏文《显扬圣教论》([illegible])，1909年出土于内蒙古额济纳旗的黑水城遗址，现藏俄罗斯科学院东方文献研究所，俄藏编号为 инв. № 4916。著录首见戈尔巴乔娃和克恰诺夫的《西夏文写本和刊本》第80号，名为"圣法宣荣本母"[①]。1977年，西田龙雄在《西夏文佛经目录》第255号中著录为"圣法显盛本母"，指出译自唐玄奘同名汉文本《显扬圣教论》[②]。格林斯蒂德曾在《西夏文大藏经》中刊布了此经。1999年，克恰诺夫在《西夏佛典目录》中对其形制做了较为详细的描述，著录为"圣法显盛本母"，并指出 инв. № 4916 号内容译自《大正大藏经》第1602号《显扬圣教论》卷十七[③]。对

①З. И. Горбачева и Е. И. Кычанов. *Тангутские рукописи и ксилографы*. Москва: Издательство восточной литературы, 1963, стр. 96.

② 西田龙雄：《西夏文华严经》第3册，京都：京都大学文学部，1977年，第50页。

③Е.И. Кычанов. *Каталог тангутских буддийских памятников*. Киото: Университет Киото, 1999.стр. 450.

照已刊布的《俄藏黑水城文献》第二十四册图版①，我们可对 инв. № 4916 版本情况有大致的了解。存卷十七，写本，麻纸卷子装，21 厘米 ×740 厘米，无边栏。行 18 字，草书，卷尾有经题“[illegible]”（显扬圣教论卷第十七），并有帙号“[illegible]” *njij[1]（王），卷首残损严重。相当于玄奘所译汉文本卷十七，残存内容从“思现观，以何为体？”至卷尾。

二

早在20世纪60年代，克罗科洛夫和克恰诺夫就在整理西夏文《论语》《孟子》和《孝经》的基础上，探讨了西夏文草书和楷书的一些对应规律，并释读了《孝经 · 卿大夫章》的经文部分②。1972 年，格林斯蒂德发表了专著《西夏文字的分析》，对俄国刊布的西夏文《孝经传》影印件进行了全文楷书转写③，被学界公认为 20 世纪西夏草书字解读的最大突破。

存世的西夏文献中，诸如户籍、租税、粮物计帐、商贸、契约、账册、医方等，很多珍贵的文书资料都是以草书写成，但囿于草书字的识读障碍，长期以来，这些珍贵的文献一直没能获得解读。近些年来，史金波、聂鸿音、彭向前、段玉泉、胡若飞、梁松涛和赵天英等学者们开始对西夏草书文献进行一些尝试性研究，并取得了较大的突破④。最近，还出现了一种可喜的现象，即针对草书字的形体特征进行的系统性研究，如孙颖新针对西夏佛教草书文献《近住八斋戒文》，总结了西夏文草书的一些规律，并

① 俄罗斯科学院东方文献研究所、中国社科院民族学与人类学研究所、上海古籍出版社编：《俄藏黑水城文献》第 24 册，上海：上海古籍出版社，2015 年，第 167—172 页。

② В.С. Колоколов и Е.И. Кычанов, *Китайская классика в тангутском переводе (Лунь Юй, Мэн Цзы, Сяо Цзин)*. Москва: Наука, 1966, стр. 134-135.

③ Eric Grinstead. *Analysis of the Tangut Script.* Lund: Studentlitteratur, 1972, pp. 277-376.

④ 参见史金波：《西夏农业租税考——西夏文农业租税文书译释》，《历史研究》2005 年第 2 期；史金波：《黑水城出土西夏文卖地契研究》，《历史研究》2012 年第 2 期；史金波：《西夏文军籍文书考略——以俄藏黑水城出土军籍文书为例》，《中国史研究》2012 年第 4 期；史金波：《西夏文卖畜契和雇畜契研究》，《中华文史论丛》2014 年第 3 期；史金波：《黑水城出土西夏文众会条约（社条）研究》，载杜建录主编《西夏学》第 10 辑，上海：上海古籍出版社，2014 年；史金波：《黑水城出土西夏文租地契研究》，载四川大学历史文化学院编：《吴天墀教授百年诞辰纪念文集（1913—2013）》，成都：四川人民出版社，2013 年；史金波：《黑水城出土西夏文卖人口契研究》，《中国社会科学院研究生院学报》2014 年第 4 期；史金波：《西夏经济文书研究》，北京：社会科学文献出版社，2017 年。杜建录、史金波：《西夏社会文书研究》，上海：上海古籍出版社，2012 年。聂鸿音：《吕注〈孝经〉考》，《中华文史论丛（86）》，2007 年，第 285—306 页。彭向前：《西夏文〈孟子〉整理研究》，上海：上海古籍出版社，2012 年。惠宏、段玉泉：《西夏文医方“消风散”考释》，载杜建录主编：《西夏学》第 8 辑，2011 年；惠宏、段玉泉：《黑水城出土西夏文医方〈芍药柏皮丸〉考释》，《敦煌研究》2012 年第 4 期；段玉泉：《西夏文医方〈敕赐紫苑丸〉初探》，《宁夏社会科学》2013 年第 5 期。胡若飞：《俄藏西夏文草书〈孝经传〉序及篇目译考》，《宁夏社会科学》2005 年第 5 期；梁松涛：《黑水城出土西夏文医药文献整理与研究》，北京：社会科学文献出版社，2015 年；赵天英：《黑水城出土西夏文草书借贷契长卷（7741 号）研究》，《中国经济史研究》2017 年第 2 期。

指出西夏文草书的构字部件并不总能和楷书形成逐一的对应，其突出表现为：不同的构字部件位于相同或相近的位置时可以写得相同或极为相似；同一构件位于不同位置时，也可以有多种不同的草书写法[①]。或许我们可以设想，在这些有汉文底本的佛教典籍中，仔细比对西夏文草、楷之间的转换规则，有益于今后我们对新的西夏文草书文献的解读。

基于上述考虑，本文选取《显扬圣教论·成现观品第八之余》草书部分试做解读，以见全书体例。此为草书写本，西夏文极难辨认，且残损严重，本文对草书加以隶定、录文，并根据汉文本和上下文对残损部分的西夏文加以拟补，拟补部分用［］标示，实在难以拟补的用□标示。首列西夏文，其次为汉译文，汉译文中［］标示的是要出注的内容，西夏本中原残佚据汉文本或上、下文拟补的内容，以及夏汉两种文本的不同悉于校注中指出。

原文：

［[illegible]：[illegible]，[illegible]、[illegible]；[illegible]、[illegible]；[illegible]、[illegible]；[illegible]、[illegible]；[illegible]、[illegible]；[illegible]、[illegible]］。［[illegible]：[illegible]，[illegible]］？［[illegible]：[illegible]，[illegible]］[illegible]。[illegible]：[illegible]［[illegible]］？[illegible]：[illegible]，[illegible]。[illegible]：[illegible]？[illegible]：[illegible]，[illegible]。[illegible]：[illegible]［[illegible]］？［[illegible]］[illegible]：[illegible]，[illegible]［[illegible]］。[illegible]：[illegible]［[illegible]］？［[illegible]：[illegible]，[illegible]］。[illegible]：[illegible]［[illegible]］？[illegible]：[illegible]，[illegible]［[illegible]］[illegible]。

译文：

……[1]

论曰：当知现观差别复有六种，一、思现观；二、信现观；三、戒现观；四、现观智谛现观；五、现观边智谛现观；六、究竟现观。[2]问：思现观，以何为体？[3]答：以上品思所生慧为体，或彼俱行菩提分[4]法为体。问：信现观以何为体[5]？答：以上品世出世缘三宝净信为体，或彼俱行菩提分法为体。问：戒现观以何为体？答：以圣所爱身语等业为体，或彼俱行菩提分法为体。问：现观智谛现观以何为[6]体？答[7]：以缘非安立谛圣慧为体，或彼俱行菩提分法为体[8]。问：现观边智谛现观以何为体[9]？答：以缘安立谛圣慧为体，或彼俱行菩提分法为体。[10]问：究竟现观以何为[11]体？答：以尽智无生智等为体，或彼俱行菩提分法[12]为体。

① 孙颖新:《西夏写本〈近住八斋戒文〉草书规律初探》,《宁夏社会科学》2015年第1期,第124—134页。

校注：

[1] 西夏文本自开头始至“随经论所说”已佚。

[2] 西夏文“[illegible]”原缺，据汉文本“论曰：当知现观差别复有六种，一、思现观；二、信现观；三、戒现观；四、现观智谛现观；五、现观边智谛现观；六、究竟现观”及下文拟补。

[3] 西夏文“[illegible]”原缺，据汉文本“问：思现观，以何为体？”及下文拟补。

[4] 西夏文“[illegible]”原缺，据汉文本“答：以上品思所生慧为体，或彼俱行菩提分法为体”及下文拟补。

[5] 西夏文“[illegible]”二字原残，据汉文本“为体”及上、下文拟补。

[6] 西夏文“[illegible]”原残，据汉文本“为”及上、下文拟补。

[7] 西夏文“[illegible]”原残，据汉文本“答”及上、下文拟补。

[8] 西夏文“[illegible]”七字原残，据汉文本“菩提分法为体”及上、下文拟补。

[9] 西夏文“[illegible]”四字原残，据汉文本“以何为体？”及上、下文拟补。

[10] 西夏文“[illegible]”原缺，据汉文本“答：以缘安立谛圣慧为体，或彼俱行菩提分法为体”及下文拟补。

[11] 西夏文“[illegible]”原残，据汉文本“为”及上、下文拟补。

[12] 西夏文“[illegible]”二字原残，据汉文本“分法”及上、下文拟补。

原文：

[illegible]

译文：

又此现观差别有十八种，谓闻所生智[1]现观、思所生智现观、修所生智现观、顺决择[2]分智现观、见道现观、修道现观、究竟道现观[3]、不善[4]清净世俗智现观、善清净世俗智现观[5]、胜义智现观[6]、不善清净行有分别智现观[7]、善清净行有分别智现观[8]、善清净行无分别智现观[9]、成所作前行智现观、成所作智现观[10]、成所[11]作后智现观、声闻等智现观、菩萨等智现观[12]、菩萨等智现观。

校注：

[1] 西夏文“[illegible]”原缺，据汉文本“智”及上、下文拟补。

[2] 西夏文“[illegible]”原缺，据汉文本“择”及上、下文拟补。

[3] 西夏文“[illegible]”原缺，据汉文本“现观”及上、下文拟补。

[4] 西夏文“[illegible]”原缺，据汉文本“不善”及上、下文拟补。

[5] 西夏文“[illegible]”原缺，据汉文本“现观”及上、下文拟补。

[6] 西夏文“[illegible]”原缺，据汉文本“胜义智现”及上、下文拟补。

[7] 西夏文“[illegible]”原缺，据汉文本“有分别智现观”及上、下文拟补。

[8] 西夏文“[illegible]”原缺，据汉文本“善清净行有分别智现观”及上、下文拟补。

[9] 西夏文“[illegible]”原缺，据汉文本“现观”及上、下文拟补。

[10] 成所作智现观，西夏文作“[illegible]”，西夏文原误作“[illegible]”字。

[11] 西夏文“[illegible]”原缺，据汉文本“所”及上、下文拟补。

[12] 菩萨等智现观，即西夏文“[illegible]”，汉文本无。

原文：

[illegible]，[illegible]［[illegible]］，[illegible]。

[illegible]：[illegible]？[illegible]［[illegible]］：[illegible]，[illegible]、[illegible]、[illegible]、[illegible]，[illegible]［[illegible]］□□□□[illegible]，[illegible]、[illegible]、[illegible]、[illegible]、[illegible]□□□□，□□□[illegible]。

[illegible]：[illegible]［[illegible]］[illegible]？[illegible]：[illegible]，[illegible]、[illegible]，[illegible]、[illegible]，[illegible]、[illegible]、[illegible]。

译文：

复次，如是现观相貌胜利[1]，随诸经论多种应知。

问：思现观有何相貌？答[2]：若有成就思现观者，能正了知诸行无常、诸行皆苦、诸法诸法无我[3]、涅槃寂静，虽住异生位已能如是决定解了一切[4]，沙门[5]、婆罗门[6]、诸天、魔、梵及余世间[7]，决定无能如法引夺[8]。

问：信现观有何相貌[9]？答：若有成就信现观者，或住异生位、或住非异生位，若于现法、若现后法终不宣说，于异众中别有大师、别有能说法[10]、别有正行僧。

校注：

[1] 西夏文“[illegible]”原缺，据汉文本“利”及上、下文拟补。

[2] 西夏文“[illegible]”原缺，据上、下文拟补。

[3] 诸法诸法无我，即西夏文“[illegible]”，汉文本作“诸法无我”，西夏文衍“[illegible]”，当删。

[4] 西夏文原缺，相应汉文本为“虽住异生位已能如是决定解了一切”，据汉文本“位住”补“[illegible]”。

[5] 沙门，即西夏文“[illegible]”*śia¹ mẽ¹，音译梵文 śrmaṇa，又作娑门、桑门、丧门、沙门那，译曰息、息心、静志、净志、乏道、贫道等，新作室摩那拏、舍啰磨拏、室啰磨拏、沙迦懑囊，译曰功劳、勤息，劳劬修佛道之义也，又勤修息烦恼之义也。原不论外道佛徒，总为出家者之都名。

[6] 婆罗门，即西夏文“[illegible]”*pho¹ lo¹ mẽ¹，音译梵文 Brāmaṇa，天竺四姓之一。具云婆罗贺摩拏，又云没啰憾摩。译为外意、净行、净志、静志等。奉事大梵天而修净行之一族。

[7] 西夏文原缺，相应汉文本为“及余世间”。

[8] 西夏文原缺，相应汉文本为“决定无能如法引夺”。

[9] 西夏文“[illegible]”原缺，据汉文本“相貌”及上、下文拟补。

[10] 别有能说法，即西夏文“[illegible]”，汉文本作“别有善说法”，据汉文本西夏文“[illegible]”疑误作“[illegible]”。

原文：

[illegible]：[illegible]［[illegible]］[illegible]？[illegible]：[illegible]，[illegible]［[illegible]］[illegible]，[illegible]，[illegible]、□□□□□□[illegible]。

[illegible]：[illegible]［[illegible]］[illegible]？[illegible]：[illegible]［[illegible]］，[illegible]，[illegible]［[illegible]］□［[illegible]］[illegible]，[illegible]，[illegible]，[illegible]，[illegible]。

译文：

问：戒现观有何[1]相貌？答：若有成就戒现观者，乃至畜生，终不故害[2]其命，及不与取行邪佚行，知而妄语、饮窣罗迷隶耶末[3]陀放逸处酒。

问：现观智谛现观有何相貌[4]？答：若有成就[5]现观智谛现观者，终不依止异见起所作业，及于自所证起疑[6]、起惑，及染着一切生处计行吉相而得清净，诽谤三乘造恶趣业，况复能起害父害母等诸无间业，乃至终不生第八有。

校注：

[1] 西夏文“[illegible]”原缺，据汉文本“何”及上、下文拟补。

[2] 西夏文“[illegible]”原缺，据汉文本“终不故害其命”及下文“[illegible]”（终不故害众生之命）拟补。

[3] 西夏文原缺，相应汉文本为“窣罗迷隶耶末”。

[4] 西夏文“[illegible]”原缺，据汉文本“现观智谛现观有何相貌”拟补。

[5] 西夏文“[illegible]”原缺，据汉文本“成就现观”拟补。

[6] 西夏文原缺，据汉文本“起疑”补“[illegible]”“[illegible]”。

原文：

[illegible]：[illegible]？[illegible]：[illegible]［[illegible]］[illegible]，[illegible]，[illegible]□□□□。

［[illegible]］：[illegible]［[illegible]］？［[illegible]］[illegible]：[illegible]，[illegible]，[illegible]，[illegible]，[illegible]，[illegible]。

[illegible]，［[illegible]］[illegible]，[illegible]，[illegible]［[illegible]］[illegible]，[illegible]。

译文：

问：现观边智谛[1]现观有何相貌？答：若有成就现观边智谛现观者，于自所证，若他问难终不怯怖[2]。

问[3]：究竟现观有[4]何相貌？答[5]：若有成就究竟现观者，终不堕于五种犯处，终不故害众生之命，及不与取习近淫佚非梵行法，故说妄语贮积财物受用诸欲，又终不怖畏不可记论事，终不计执自作苦乐、他作苦乐、自他作苦乐，非自、非他作无因生苦乐。

诸如是等，名为现[6]观相貌，当知此即现观胜利。若随经[7]、随论，如前广说。

校注：

[1] 西夏文“[illegible]”原缺，据汉文本“现观智谛”及上、下文拟补。

[2] 西夏文原缺，相应汉文本为“终不怯怖”。

[3] 西夏文“[illegible]”原缺，据汉文本“问”及上、下文拟补。

[4] 西夏文“[illegible]”原缺，据汉文本“有”及上、下文拟补。

[5] 西夏文“[illegible]”原缺，据汉文本“答”及上、下文拟补。

[6] 西夏文“[illegible]”原缺，据汉文本“现”及上、下文拟补。

[7] 西夏文“[illegible]”原缺，据汉文本“经”及上、下文拟补。

三

众所周知，法相唯识宗所依的经论，有所谓的“六经十一论”。“六经”包括《大方广佛华严经》《解深密经》《如来出现功德庄严经》《阿毗达磨经》《入楞伽经》和《厚严经》，以《解深密经》为本经；“十一论”包括《瑜伽师地论》《显扬圣教论》《大乘庄严经论》《集量论》《摄大乘论》《十地经论》《分别瑜伽论》《观所缘缘论》《二十唯识论》《辩中边论》和《阿毗达磨杂集论》，以《瑜伽师地论》为本论。目前尚不知道“法相唯识宗”传入西夏的具体时间，但根据俄藏西夏文《瑜伽师地论》卷五十九尾署光定元辛未年十一月，可知法相唯识经典大约译于13世纪初，说明法相唯识宗传入西夏的时间相当晚，即西夏社会的末期。

另外，仅有的一条有关“[illegible]”（唯识）的记载见于《天盛改旧新定律令》卷十一“为僧道修寺庙门”：

> [illegible]

> 一、国境内番、汉、羌中僧人、道士所属居士、童行①中，及前僧人、道士等中有为座主者时，能完整解说《般若》《唯识》《中道》《百法》《华严行愿》等之一部，解前后义，并知常为法事者，国师及先住坐主，别有巧智师傅等，当好好量其行，真知则居士、童行可入僧人中，衣绯，为坐主，勿得官。

① 原汉译文见史金波、聂鸿音、白滨译注：《天盛改旧新定律令》，北京：法律出版社，2000年，第403页。这里略有改动，其“童行”，《天盛改旧新定律令》汉译文原作“行童”，下同。

> 先前僧人、道士，道士愿为僧人[①]，彼等一律先衣黄者当衣绯而为坐主，好者可得官爵。其中番汉和尚不知切韵，不许为坐主。

据上可知，“[illegible]”（般若）、“[illegible]”（唯识）、“[illegible]”（中道）、“[illegible]”（百法）和“[illegible]”（华严行愿）是番、汉、羌僧人成为座主必须完整解说的典籍，而“[illegible]”（唯识）经典就是其中之一。这在一定程度上反映了 12—13 世纪西夏佛教的流传情况。西夏的“法相唯识宗”在《天盛改旧新定律令》中加以明确说明，也保留了西夏官方佛教体系的特色。

参考文献

[1]Eric Grinstead. *Analysis of the Tangut Script*. Lund: Studentlitteratur, 1972.

[2]В.С. Колоколов и Е.И. Кычанов. *Китайская классика в тангутском переводе (Лунь Юй, Мэн Цзы, Сяо Цзин)*. Москва: Наука, 1966.

[3]Е.И. Кычанов. *Каталог тангутских буддийских памятников*. Киото: Университет Киото, 1999.

[4]З. И. Горбачева и Е. И. Кычанов. *Тангутские рукописи и ксилографы*. Москва: Издательство восточной литературы, 1963.

[5]俄罗斯科学院东方文献研究所，中国社科院民族学与人类学研究所，上海古籍出版社编：《俄藏黑水城文献》第 24 册，上海：上海古籍出版社，2015 年。

[6]冯契主编：《外国哲学大辞典》，上海：上海辞书出版社，2008 年。

[7]孙颖新：《西夏写本〈近住八斋戒文〉草书规律初探》，《宁夏社会科学》2015 年第 1 期。

[8]西田龙雄：《西夏文华严经》第 3 册，京都：京都大学文学部，1977 年。

① 原汉译文同上，见第 403 页。这里的“道士，道士愿为僧人”为笔者改译，原作“道士□道士者为僧人”。

A Textual Research on the Tangut Version *Āryavācāprakaraṇa-śāstra* Chapter of the eighth of the Chengxianguanpin

Pang Qian　Wang Long

[Abstract] *Āryavācāprakaraṇa-śāstra* is one of the few classics of the *vijñāptimātra* translated by Xuanzang in the Xixia Dynasty. Firstly,This paper interprets and interprets the eighth part of the seventeenth volume of the Xixia text,The Tangut version of *Āryavācāprakaraṇa-śāstra* is accomplished in cursive and heavily damaged，which makes the text hard to read, The author tries his best to recognize the existing words and replenish the missing words according to the context,and learn the transmission and development of the thought of *vijñāptimātra* in the north of China.Finally, this paper tries to make a preliminary discussion on the transliteration of the Xixia script, which will provide a basic corpus for the study of Xixia philology and linguistics.

[Key words] Buddhism;Buddhist scriptures;Tangut language;*Āryavācāprakaraṇa-śāstra;vijñāptimātra*

（通信地址：750021，银川，宁夏大学西夏学研究院）

第二章　突厥如尼文文献研究

塔拉斯河流域古代突厥如尼文碑刻研究 *

张铁山

【提要】 塔拉斯河流域现已发现50余件（方）古代突厥如尼文碑刻。本文选取其中保存较好、字数较多的13件（方）碑刻进行研究，为我国学术界提供新的资料。

【关键词】 塔拉斯河流域；古代突厥如尼文；碑刻

目前，世界各国已发表和刊布的古代突厥如尼文文献（包括碑铭、纸质文献残片、题记、器皿上的刻记、钱币等）约有千件，但我国学界大多仅知蒙古鄂尔浑河流域的几大碑，而对于其他地区的古代突厥如尼文文献知之甚少。

塔拉斯河位于吉尔吉斯斯坦西部、哈萨克斯坦南部。《清一统志·伊犁》记载：塔拉斯河 “在伊犁西北，吹河西南三百余里。源出天山北额得墨克岭，初分四水，北行三十余里，合流北注，东西汇入之河凡十余道，支河交会之处，经流二百余里，为塔拉斯河上流。又名乌鲁穆玛拉尔河。支河交会后，西行三百里之间，又名察拉哈雅河。由是折西行二百里为小海，周回三百里，总名塔拉斯河”。《清高宗实录》卷六百九十记载：乾隆二十八年（1763）七月，“著传谕明瑞等，酌派人员，率同熟谙地理之厄鲁特，前往吹、塔拉斯、阿勒和硕、沙喇伯勒等处巡查”。各国在塔拉斯河流域已发现的古代突厥如尼文碑铭、刻记、木杆等总数，随着考古发掘工作的不断深入，每年都有新的材料被公布出来，业已刊布研究的碑刻等有50余件（方）。

本文将选取其中保存较好、字数较多的13件（方）碑刻，先介绍碑刻发现及收藏情况、主要研究成果，然后是图版、原文转写、词语和语法切分、语言分析（语法标注）和汉译文，为便于查阅，将注释放在同页注中。期望为我国学术界提供新的资料。

基金项目：国家社科基金重点项目“古代突厥文文献集解”（16AZD046）的阶段性研究成果。
作者简介：张铁山，中央民族大学中国少数民族语言研究院教授。

1. 塔拉斯第一碑（Talas-Ⅰ）

塔拉斯第一碑（Talas-Ⅰ）于 1896 年由 Kallaur 发现于吉尔吉斯斯坦塔拉斯市附近的克尔克卡孜克（Kirk Kazik）。碑石为灰色花岗岩，大小尺寸 135 厘米 ×90 厘米 ×45 厘米，上刻 4 行 70 个如尼文字符，行从下向上，从左到右。现藏圣彼得堡艾尔米塔什博物馆东方部，编号 SKI.1172。

该碑自发现以后，对此进行过研究的主要有：

W. Radloff 1897, Die Alttürkischen Inschriften der Mongolei 1-3, St. Petersburg, 1894-1899.

J. Nemeth 1926, Die köktürkischen Grabinschriften aus dem tale des Talas in Turkestan, Körösi Csoma-Archiv, Bd. II/1-2, Budapeste, 1926, 134-142.

S. E. Malov 1936, Talasskiye epigraficheskiye pamyatniki, Materiali Uzkomstarisa, VI-VII, 1936.

H. N. Orkun 1939, Eski Türk YazitlarI, II, Istanbul, 1939.

F. Yildirim, E. Aydin, R. Alimov 2013, Yenisey-Kirgizistan YazitlarI ve Irk Bitig, BilgeSu, 2013.

R. Alimov 2014, Tanri Dagi yazitlarI, Kömen, 2014.

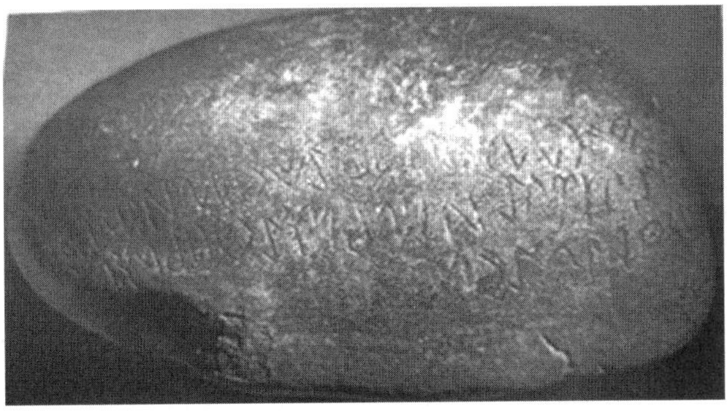

塔拉斯第一碑（Talas－Ⅰ）

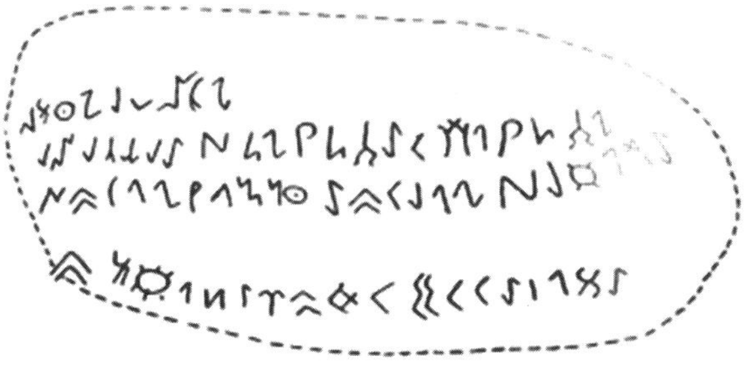

塔拉斯第一碑（Talas－Ⅰ）临摹

（1）atïzïm ätip är atïm Udun a sizä

atïz-ïm ät-ip är at-ïm Udun a siz-ä

财产 -1sg.POSS 做 -ADVL 英雄名字 -1sg.POSS Udun MOOD 你 -DAT

创造了财产，我的英雄之名乌敦（Udun），呜呼！我离开了你们。

（2）qatunï a aγïrarïnta[①]

qatun-ï a aγïrarïnta

可敦 -3sg.POSS MOOD 痛苦 -3sg.POSS-EPE-LOC

tulï a qalmïš a

tulï a qalmïš a

孤寡 -3sg.POSS MOOD 成 -3sg.PAST MOOD

其可敦啊，在痛苦之中，成了孤独人啊！

（3）iniläri a Qara Bars a Oγul Bars a

ini-lär-i a Qara Bars a Oγul Bars a

弟弟 -PL-3sg.POSS MOOD 喀喇・巴尔斯 MOOD 奥乌尔・巴尔斯 MOOD

他的弟弟们喀喇・巴尔斯啊，奥乌尔・巴尔斯啊！

（4）özintä išinkä

öz-i-n-tä iš-i-n-kä

自己 -3sg.POSS-EPE-LOC 亲族 -3sg.POSS-DAT

呜呼哀哉！我离开了我的亲戚和亲族。

2. 塔拉斯第二碑（Talas–II）

塔拉斯第二碑（Talas-II）于 1898 年由 Kallaur 发现于吉尔吉斯斯坦距离塔拉斯市 7 公里的克尔克卡孜克（Kirk Kazik）。碑石为一大花岗岩石，大小尺寸 125 厘米 ×70 厘米 ×60 厘米，上刻 8 行 114 个如尼文字符，尚有 1 行其他文字。该碑是塔拉斯河流域古突厥如尼文碑铭中字符最多的碑刻。现藏吉尔吉斯斯坦国家历史博物馆。

关于此碑的研究主要有：

V. A. Kallaur, Novaya arheologicheskaya nahodka v Auliyeatinskom uyezde, Turkestanskiye vedomosti, 1898, No 48, 52.

P. M. Meliranskiy, Po povodu novoy arheologicheskoy nahodki v Auliyeatinskom uyezde,

① 奥尔昆没有释读出 qatunï 和 tulï 之间的字母。

Zapiski Vostochnogo Otdeleniya Russkago Imperatorskago Arheologicheskago Obschestva, 1898/XI, s. 271-272.

J. Nemeth, Die köktürkischen Grabinschriften aus dem tale des Talas in Turkestan, Körösi Csoma-Archiv, Bd. II/1-2, Budapeste, 1926, 134-142.

S. E. Malov, Talasskiye epigraficheskiye pamyatniki, Materiali Uzkomstarisa, VI-VII, 1936, 17-37.

H. N. Orkun, Eski Türk YazitlarI, II, Istanbul, 1939.

I. A. Batmanov, Talasskiye pamyatniki drevnetyurkskoy pismennosti, Frunze, 1971, 10-12.

A. Amanjolov, Tyurkskaya runicheskaya grafika, II, Almati, 1981, 4-5.

F. Yildirim, E. Aydin, R. Alimov, Yenisey-Kirgizistan YazitlarI ve Irk Bitig, BilgeSu, 2013, 285-287.

R. Alimov, Tanri Dagi yazitlarI, Kömen, 2014, 54-83.

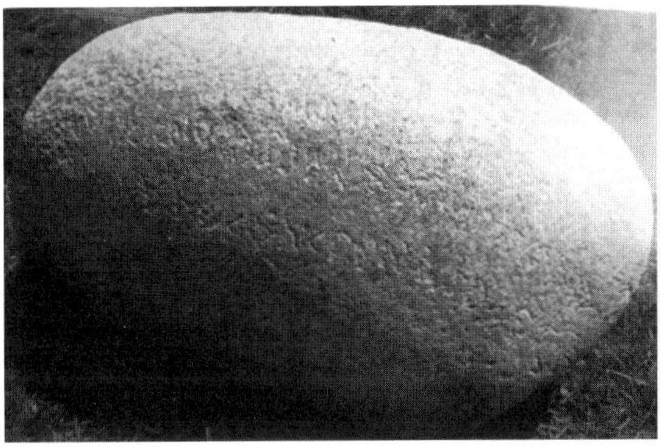

塔拉斯第二碑（Talas–II）

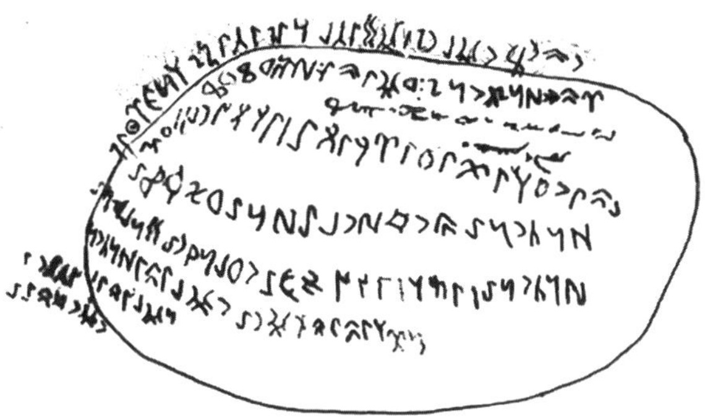

塔拉斯第二碑（Talas–II）临摹

（1）otuz oγlan a[1] saγdïčlarï üčün a (i)lte tägärmiz

otuz oγl-an a saγdïč-lar-ï üčün a (i)l-te täg-ärmiz

三十男儿 -PL 挚友 -PL-3sg.POSS 为了国家 -LOC 战斗 -1sg.PRES

我们为了三十名挚友而在国内进行了战斗。

（2）är atïm qara čur a yaγï atï qara yazmaz

är at-ïm qara čur a yaγï at-ï qara yazmaz

英雄名字 -1sg.POSS 喀喇啜敌人名字 -3sg.POSS 喀喇亚孜麻孜

我的英雄之名是喀喇 · 啜（qara čur），敌人的名字是喀喇 · 亚孜麻孜（qara yazmaz）。

（3）altï uyasï aγï ävirä äkiz a singili … ölmiš

altï uya-sï aγ-ï ävir-ä äkiz a singil-i … öl-miš

六亲戚 -3sg.POSS 财宝 -3sg.POSS 围绕 -ADVL 高妹 -3sg.POSS … 死 -3sg.PAST

为了六名亲戚和财宝，高个子妹妹……死了。

（4）qara çur a atum qol a qara a yazmaz a

qara çur a atum qol a qara a yazmaz a

喀喇啜绰号阔尔喀喇亚孜麻孜

喀喇 · 啜的绰号是阔尔 · 喀喇 · 亚孜麻孜（qol qara yazmaz）

（5）qara çur a äsiz … özgä uyalarïna adïrïlmïš a

qara çur a äsiz … öz-gä uya-lar-ï-na adïrïl-mïš a

喀喇啜遗憾……自己 -DAT 亲戚 -PL-3sg.POSS-DAT 离开 -3sg.PAST

呜呼哀哉！喀喇 · 啜离开了自己的亲戚们。

（6）atasï atï tuγan a oγlï atï qara çur

ata-sï at-ï tuγan a oγl-ï at-ï qara çur

父亲 -3sg.POSS 名字 -3sg.POSS 图干儿子 -3sg.POSS 名字 -3sg.POSS 喀喇啜

他父亲的名字是图干（Tuγan），儿子的名字是喀喇 · 啜。

（7）[kiči]g oγlï atï uγut

[kiči]g oγl-ï at-ï uγut

小儿子 -3sg.POSS 名字 -3sg.POSS 乌巫特

他的小儿子的名字是乌巫特（Uγut）

---

①a: 在该碑文中起分词的作用。

8. oγuz atï

oγuz　at-ï

乌古斯名 -3sg.POSS

乌古斯之名

3. 塔拉斯第三碑（Talas–III）

塔拉斯第三碑（Talas-III）于 1898 年由 Kallaur 发现塔拉斯第二碑的同时，在吉尔吉斯斯坦距离塔拉斯市 7 公里的克尔克卡孜克（Kirk Kazik）发现。碑为灰色花岗岩石，大小尺寸不详，刻有 6 行 70 个如尼文字符。现收藏地不详。

该碑自发现后，对此进行过研究的主要有：

J. Nemeth, Die köktürkischen Grabinschriften aus dem tale des Talas in Turkestan, Körösi Csoma-Archiv, Bd. II/1-2, Budapeste, 1926, 134-142.

S. E. Malov, Talasskiye epigraficheskiye pamyatniki, Materiali Uzkomstarisa, VI-VII, 1936, 17-37.

M. E. Masson, K istorii otkritiya drevnetyurksih runicheskih nadpisey v Sredney Aziii, Materiali Uzbkomstarisa, VI-VII, 1936,5-15.

H. N. Orkun, Eski Türk YazitlarI, II, Istanbul, 1939.

I. A. Batmanov, Talasskiye pamyatniki drevnetyurkskoy pismennosti, Frunze, 1971, 12-13.

F. Yildirim, E. Aydin, R. Alimov, Yenisey-Kirgizistan YazitlarI ve Irk Bitig, BilgeSu, 2013, 287-288.

R. Alimov, Tanri Dagi yazitlarI, Kömen, 2014, 84-90.

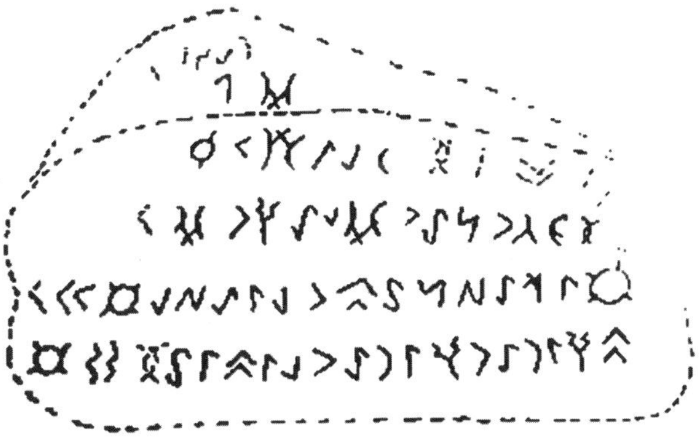

海凯勒（H. Heikel）临摹的塔拉斯第三碑

（1）tasïna, osïna ulatï ba[r]dım[①]

tas-ï-na, os-ï-na ulatï ba[r]-dım

外 -3sg.POSS-DAT 内 -3sg.POSS-DAT 不断地去 -1sg.PAST

我不断地参加了对外和对内的战斗。

（2）bäg çur a oγul asuγ

bäg çur a oγul asuγ

伯克啜卧巫尔有益

（3）[adïrïltï]m oγlï ulatï

[adïrïl-tï]m oγl-ï ulatï

离开 -1sg.PAST 子 -3sg.POSS 以及

（4）qalmïš a qara tulï a qalm(ïš)

qalmïš a qara tulï a qalm(ïš)

成为 -3sg.PAST 黑孤独者 -3sg.POSS 成为 -3sg.PAST

（5）γï

……

（6）nïks

……

我是伯克·啜·卧巫尔。我离开了你们。其子和其他人成为孤独人。……

4. 塔拉斯第四碑（Talas–IV）

塔拉斯第四碑（Talas-IV）于 1898 年由 Kallaur 发现于吉尔吉斯斯坦距离塔拉斯市 7 公里的克尔克卡孜克（Kirk Kazik）。碑为灰色花岗岩，大小尺寸 100 厘米 ×50 厘米 ×50 厘米，存 70 个共 4 行如尼文字符。现藏别什凯克国家历史博物馆。

对此碑的研究主要有：

P. M. Meliranskiy, Po povodu novoy arheologicheskoy nahodki v Auliyeatinskom uyezde, Zapiski Vostochnogo Otdeleniya Russkago Imperatorskago Arheologicheskago Obschestva, 1898/XI, s. 271-272.

J. Nemeth, Die köktürkischen Grabinschriften aus dem tale des Talas in Turkestan, Körösi

① 奥尔昆认为此碑有 5 行，其顺序为：(1) γï (2) m oγïn beš tulï qa- (4) lmïš [a] qara tulï [a] qalmïš (3) beg čur [a] oγul [a] asuγ (5) tašïn [a] ušïn [a] olïti [a] badïm。阿里莫夫（Alimov）虽然也将此碑读为 5 行，但排列顺序又不同：(1) beg čor : oγ(u)l: …<adïrïltï>m (2) oγlïn beg atïsï qalmïš: qara tulï : qalmadï (3) atasïn: anasïn : ulatï qaldïm (4) oγul (5) ….

Csoma-Archiv, Bd. II/1-2, Budapeste, 1926, 134-142.

S. E. Malov, Talasskiye epigraficheskiye pamyatniki, Materiali Uzkomstarisa, VI-VII, 1936, 17-37.

I. A. Batmanov, Talasskiye pamyatniki drevnetyurkskoy pismennosti, Frunze, 1971, 14.

C. Cumagulov, Epigrafika Kirgizii, III, Frunze, 1987, 21-26.

F. Yildirim, E. Aydin, R. Alimov, Yenisey-Kirgizistan YazitlarI ve Irk Bitig, BilgeSu, 2013, 288-289.

R. Alimov, Tanri Dagi yazitlarI, Kömen, 2014, 91-98.

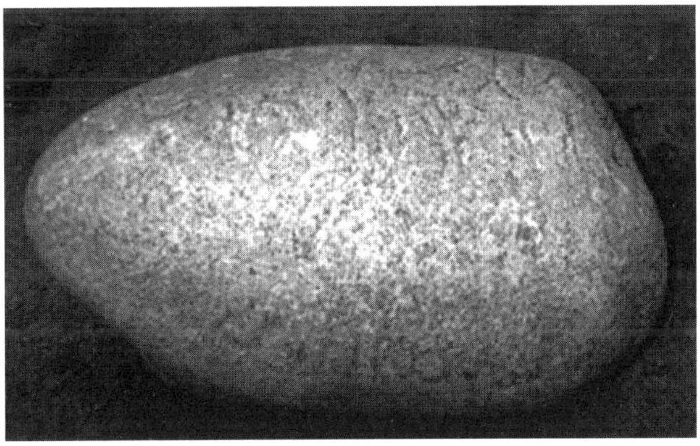

塔拉斯第四碑（Talas–IV）

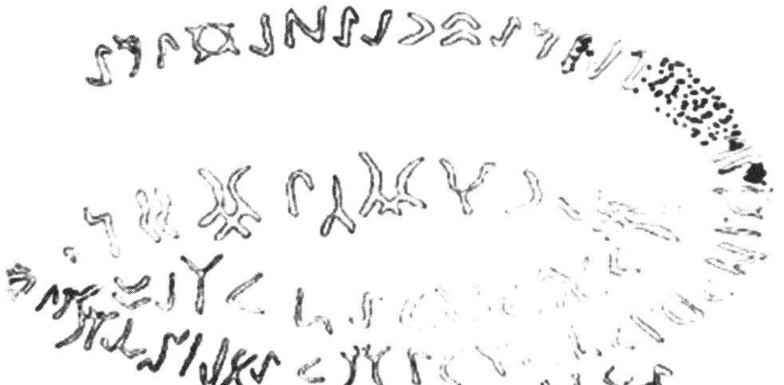

塔拉斯第四碑（Talas–IV）临摹

（1）atï čor a[1] otuz oγlan saγ<dï>čï-γ adïrïlmïš a äsiz

at-ï čor a otuz oγl-an saγ<dï>čï-γ adïrïl-mïš a äsiz

名字 -3sg.POSS 三十儿子 -PL 护卫 -ACC 离开 -3sg.PAST 遗憾

呜呼哀哉！其名啜，离开了三十个儿子的护卫。

（2）[qut]luγ[2] ärän äsiz oγlan čor ulayu qalmïš

[qut]luγ är-än äsiz oγl-an čor ulayu qal-mïš

幸福的人 -PL 遗憾儿子 -PL 啜以及留下 -3sg.PAST

呜呼哀哉！幸福的人们和啜的儿子们留在了世间。

（3）[qatunï][3] a qara tul a qalmïš

[qatun-ï] a qara tul a qal-mïš

可敦 -3sg.POSS 黑寡妇留下 -3sg.PAST

他的可敦成了寡妇。

5. 塔拉斯第五碑（Talas–V）

塔拉斯第五碑（Talas-V）于 1898 年由以海凯勒（H.J. Heikel）为首的芬兰考古队在吉尔吉斯斯坦距离塔拉斯市 7 公里的克尔克卡孜克（Kirk Kazik）发现。刻有 3 行如尼文。碑石大小尺寸不详，现收藏地点不详。

对该碑的主要研究有：

J. Nemeth, Die köktürkischen Grabinschriften aus dem tale des Talas in Turkestan, Körösi Csoma-Archiv, Bd. II/1-2, Budapeste, 1926, 134-142.

S. E. Malov, Talasskiye epigraficheskiye pamyatniki, Materiali Uzkomstarisa, VI-VII, 1936, 17-37.

H. N. Orkun, Eski Türk YazitlarI, II, Istanbul, 1939.

I. A. Batmanov, Talasskiye pamyatniki drevnetyurkskoy pismennosti, Frunze, 1971, 14.

F. Yildirim, E. Aydin, R. Alimov, Yenisey-Kirgizistan YazitlarI ve Irk Bitig, BilgeSu, 2013, 289-290.

R. Alimov, Tanri Dagi yazitlarI, Kömen, 2014, 99-102.

① a：在该碑文中起分词的作用。

② 此处的补写是根据阿里莫夫的转写。

③ 此处的补写系根据阿里莫夫的转写。

海凯勒（H.Heikel）临摹的塔拉斯第五碑

（1）oγurmïš[①] a[②] qatun aγlayur (ö)či a sizä

oγur-mïš a qatun aγla-yur (ö)či a siz-ä

悲伤 -ADJL 可敦哭 -3sg.PUT 死你 -DAT

呜呼哀哉！悲伤的可敦痛哭欲绝。离开了你。

（2）umač oγlï a it bärt a ür(ü)ng küm(üš)…ldg…

umač oγl-ï a it bärt a ür(ü)ng küm(üš)…ldg…

乌玛齐子 -3sg.POSS 礼品白色银子……

其子乌玛齐……礼品白银……

（3）i it bärt a gum… …bärt sü bs

i it bärt a gum… …bärt sü bs

礼品……　礼品军……

礼品是……礼品……

6. 塔拉斯摩崖题记（塔拉斯第六碑，Talas–VI）

塔拉斯第六碑（Talas-VI）是一处摩崖题记，于 1897 年由 Kallaur 在今塔拉斯市西北的特热克沙依（Tereksay）山一处花岗岩石崖上发现，存有如尼文 4 行，崖面上一同还刻写有 38 行粟特文。

对此如尼文摩崖题记研究的主要有：

S. E. Malov, Talasskiye epigraficheskiye pamyatniki, Materiali Uzkomstarisa, VI-VII, 1936, 17-37.

① 马洛夫将该词读作 oγramïš，释为“衰老的”。

② a：在该碑文中起分词的作用。

Č. Cumagulov, Epigrafika Kirgizii, I, Frunze, 1963.

I. A. Batmanov, Talasskiye pamyatniki drevnetyurkskoy pismennosti, Frunze, 1971, 16.

F. Yildirim, E. Aydin, R. Alimov, Yenisey-Kirgizistan YazitlarI ve Irk Bitig, BilgeSu, 2013, 290-291.

R. Alimov, Tanri Dagi yazitlarI, Kömen, 2014, 103-107.

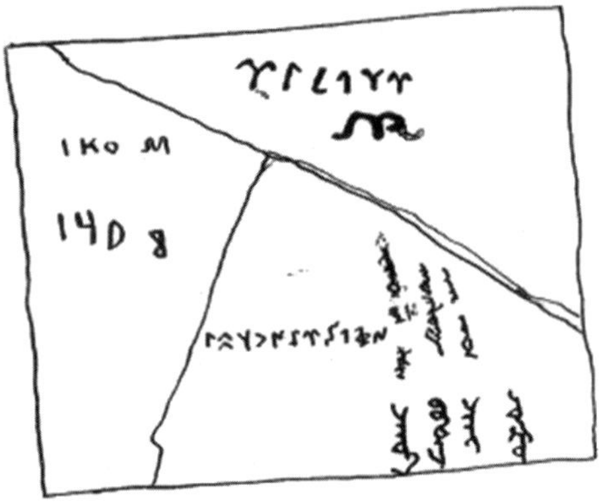

塔拉斯摩崖题记（塔拉斯第六碑，Talas-VI）临摹

（1）är alp alïr

är alp alïr

英雄阿力普阿力尔

（2）....

……

（3）oq yar-ïp

箭分开 -ADVL

（4）aq är pän äräk ulatï

aq är pän äräk ulatï

白人我有力及

我是尊贵的，有力的。

7. 突厥如尼文木杆（Talas –VII）

突厥如尼文木杆（Talas-VII）于 1932 年由米热雅宁（I. F. Merenyanin）在塔拉斯谷地吉尔吉斯山脉南部山坡阿奇克塔西（Ačiktaš）矿场发现，共四个木杆，长 14 厘米，宽 1.5 厘米，每个木杆上刻写 1 行如尼文，四个木杆上共有 58 个如尼文字符。现藏圣彼得堡艾尔米塔什博物馆。

这一组突厥如尼文木杆自发现以后，许多学者进行过研究，主要有：

S. E. Malov, Talasskiye epigraficheskiye pamyatniki, Materiali Uzkomstarisa, VI-VII, 1936, 28-33.

H. N. Orkun, Eski Türk YazitlarI, II, Istanbul, 1939.

A. M. Sherbak, O pismennosti pechenegov, TVAE, II, MIA, 1959, s. 387-388.

G. F. Turchaninov, Pamyatniki pisma i yazika narodov Kavkaza i Vostochnoy Evropi, Moskva, 1971, s.89.

F. Yildirim, E. Aydin, R. Alimov, Yenisey-Kirgizistan YazitlarI ve Irk Bitig, BilgeSu, 2013, 291-292.

突厥如尼文木杆（Talas –VII）

（1）aɣïp ašu baš altïm. äb (ä)šig…m idiš aču

aɣ-ïp aš-u baš al-tïm. äb (ä)ši-g…m idiš ač-u

翻越 -ADVL 吃 -ADVL 头拿 -1sg.PAST 家亲戚 -ACC … 家什打开 -ADVL

我翻山越岭吃了饭，过了山顶。自家的亲戚们……打开器具，

（2）äg opa baš ačïšïp aɣu igip ïnčïp…gnčup (?) skmgč (?)

äg opa baš ač-ïš-ïp aɣu igip ïnčïp…gnčup (?) skmgč (?)

顶平坦山头打开 -RECIP-ADVL 翻越 -ADVL ？如此……

（为我们）打开了平坦的山顶，我们翻越后如此……

（3）aγïltïm na yazï ič aγïzïγ aša…aγïš äd…

aγïl-tïm na yazï ič aγïz-ïγ aš-a…aγïš äd…

达到 -1sg.PAST 平原内口 -ACC 越过 -ADVL ……

我达到了平原，越过了山口……

（4）aču äγïz ašu az…

ač-u äγïz aš-u az…

打开 -ADVL 口越过 -ADVL 一点……

打开山路，越过山口，一点……

8. 塔拉斯第八碑（Talas–VIII）

塔拉斯第八碑（Talas-VIII）于 1961 年 8 月由考古学家 P. N. Kojymyako 在吉尔吉斯斯坦距离塔拉斯市 7 公里的克尔克卡孜克（Kirk Kazik）发现。碑为灰色花岗岩，刻 4 行如尼文，计 77 个字符，大小尺寸 90 厘米 ×40 厘米 ×30 厘米。现藏吉尔吉斯斯坦别什凯克市国家历史博物馆。

该碑自发现以来，对其研究主要有：

I. A. Batmanov, Sovremennaya i drevnyaya Yeniseyka, Frunze, 1962, 15-21.

Č. Cumagulov, Epigrafika Kirgizii, I, Frunze, 1963,24-25.

I. A. Batmanov, Talasskiye pamyatniki drevnetyurkskoy pismennosti, Frunze, 1971, 19-20.

A. Amanjolov, Tyurkskaya runicheskaya grafika, II, Almati, 1981, 6-7.

F. Yildirim, E. Aydin, R. Alimov, Yenisey-Kirgizistan YazitlarI ve Irk Bitig, BilgeSu, 2013, 292-293.

R. Alimov, Tanri Dagi yazitlarI, Kömen, 2014, 108-114.

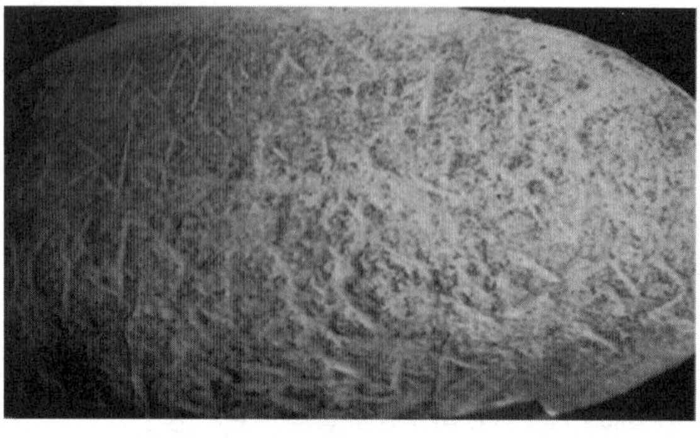

塔拉斯第八碑（Talas–VIII）

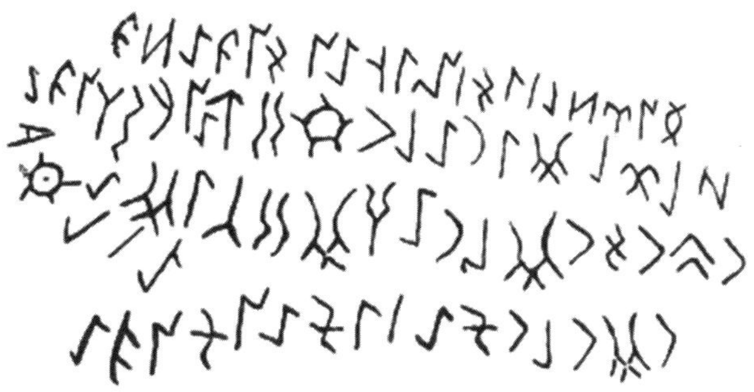

塔拉斯第八碑（Talas-VIII）拓片

（1）bört : äsiz äsining : öz ögä : täg[①]

bört : äsiz äsining : öz ögä : täg

博尔特尊贵可爱 -2sg.POSS 奥孜 · 于伽

博尔特是你尊贵的、可爱的，奥孜 · 于伽

（2）qïlïnčlïq ïnal umaduq : ökünčlüg :

qïlïnčlïq ïnal u-ma-duq :　ökünčlüg :

作为的可靠能 -NEG-ADJL 悔过的

是有作为的、不可靠的，

（3）otuz oγlan : saγdïčïγ : qalmïš

otuz oγl-an : saγdïčï-γ : qalmïš

三十儿子 -PL 护卫 -ACC 剩下 -3sg.PAST

悔过的三十个儿子成了护卫。

（4）oγul uz äsiz öz ögä

oγul uz äsiz öz ögä

男孩乌孜遗憾奥孜 · 于伽

呜呼哀哉！男孩乌孜啊！奥孜 · 于伽啊！

9. 塔拉斯第九碑（Talas–IX）

塔拉斯第九碑（Talas-IX）于 1961 年 8 月由 D. F. Vinnik 率领的吉尔吉斯科学院碑铭考察小组（成员包括 U. Asanaliyev，K. Ashiraliyev, C. Cumagulov 等），在吉尔吉斯斯坦距离塔拉斯市 7 公里的克尔克卡孜克（Kirk Kazik）发现。碑为灰色花岗岩，大小尺

①F. Yildirim 等人将此行释读为 n^2 börkli siz senike özüg ak，译为“我们总是互相尊重，并赞扬你，怀念你。”

寸 100 厘米 ×48 厘米 ×45 厘米，刻 2 行如尼文，计 37 个字符。现藏吉尔吉斯斯坦别什凯克市国家历史博物馆。

该碑自发现后，对其进行研究的主要有：

I. A. Batmanov, Sovremennaya i drevnyaya Yeniseyka, Frunze, 1962, 15-21.

Č. Cumagulov, Epigrafika Kirgizii, I, Frunze, 1963,24-25.

I. A. Batmanov, Talasskiye pamyatniki drevnetyurkskoy pismennosti, Frunze, 1971, 20-21.

F. Yildirim, E. Aydin, R. Alimov, Yenisey-Kirgizistan YazitlarI ve Irk Bitig, BilgeSu, 2013, 293-294.

R. Alimov, Tanri Dagi yazitlarI, Kömen, 2014, 115-119.

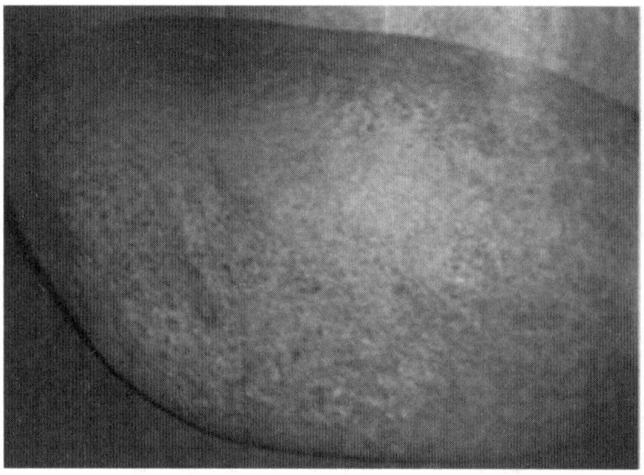

塔拉斯第九碑（Talas- Ⅸ）

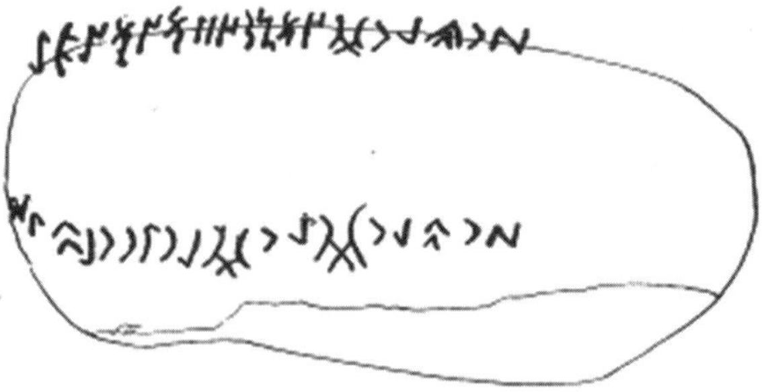

塔拉斯第九碑（Talas- Ⅸ）临摹

（1）kutluɣ öz inänčü äsiz öz ögä①

kutluɣ öz inänčü äsiz öz ögä

①F. Yildirim 等将此行释读为 qutluɣözin süsiz özügä，译为“幸福的约任（özin）没有的军队（表示去世了）。”

幸福的约孜·依难奇遗憾约孜·玉噶

呜呼哀哉！幸福的约孜·依难奇啊！约孜·玉噶！

（2）kutluγ a[①] oγlanïn ulatï q[almïš]

kutluγ a oγlanïn ulatï q[almïš]

幸福的儿子 -INST 和成了 -3sg.PAST

10. 塔拉斯第十碑（Talas–X）

塔拉斯第十碑（Talas-X）于 1961 年 8 月由 D. F. Vinnik 率领的吉尔吉斯斯坦科学院碑铭考察小组，在塔拉斯市附近名叫凯斯肯多博（Kesken Töbö）的古城堡发现。碑为花岗岩，大小尺寸 86 厘米 ×56 厘米 ×47 厘米，刻有 5 行如尼文，计 64 个字符。现藏吉尔吉斯斯坦别什凯克市国家历史博物馆。

对该碑进行研究的主要有：

I. A. Batmanov, Sovremennaya i drevnyaya Yeniseyka, Frunze, 1962, 15-21.

Č. Cumagulov, Epigrafika Kirgizii, I, Frunze, 1963,30.

I. A. Batmanov, Talasskiye pamyatniki drevnetyurkskoy pismennosti, Frunze, 1971, 21-33.

A. Amanjolov, Tyurkskaya runicheskaya grafika, II, Almati, 1981, 8-9.

F. Yildirim, E. Aydin, R. Alimov, Yenisey-Kirgizistan YazitlarI ve Irk Bitig, BilgeSu, 2013, 294-295.

R. Alimov, Tanri Dagi yazitlarI, Kömen, 2014, 120-124.

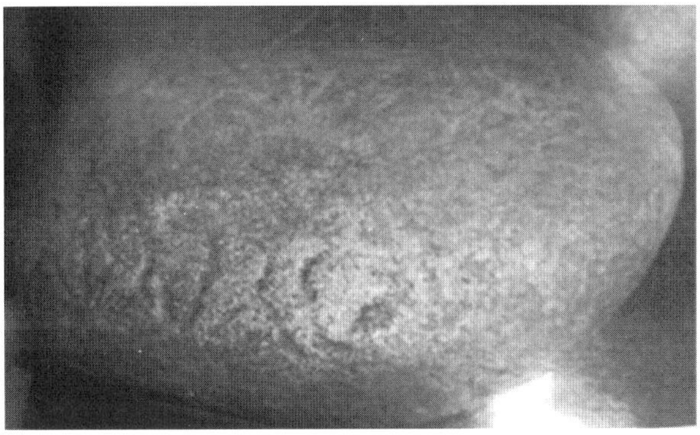

塔拉斯第十碑（Talas- X）

① a：在该碑文中起分词的作用，相当于“:”。

塔拉斯第十碑（Talas– X）临摹

（1）sü čur aγuš atï a[1]

sü čur aγuš at-ï a

军队啜阿古斯名 -3sg.POSS

他的名字叫阿古斯，是军队的啜。

（2）ïnal aγuš atïsï a

ïnal aγuš atï-sï a

依那勒 · 阿古斯外甥 -3sg.POSS

（3）otuz a oγlan a saγdïčï

otuz a oγlan a saγdïčï

三十儿子 -PL 护卫

三十个英勇的护卫

（4）yaγï atï qïyaγan a

yaγï at-ï qïyaγan a

敌人名 -3sg.POSS 克亚干

敌人名叫克亚干。

（6）atasï atï a ütägän[2]

atasï atï a ütägän

父亲 -3sg.POSS 名 -3sg.POSS 玉台干

① a：在该碑文中起分词的作用，相当于“:”。

②Alimov 将此转写为 ötäg。

其夫名为玉台干。

11. 塔拉斯第十一碑（Talas-XI）

塔拉斯第十一碑（Talas-XI）于 1961 年 8 月由 D. F. Vinnik 率领的吉尔吉斯斯坦科学院碑铭考察小组，在塔拉斯市附近名叫凯斯肯多博（Kesken Töbö）的古城堡发现。碑为花岗岩，大小尺寸 110 厘米 ×47 厘米 ×40 厘米，刻 2 行如尼文（牛耕式）。现藏吉尔吉斯斯坦别什凯克市国家历史博物馆。

对该碑进行研究的主要有：

D. F. Vinnik, P. N. Kojemyako, Pamyatniki drevnetyurkskoy pismennosti iz urochishcha Ayrtam-Oy, Noviye epigraficheskiye nahodki v Kirgizii (1961 goda), Frunze, 1962, s. 3-14.

Č. Cumagulov, Epigrafika Kirgizii, I, Frunze, 1963,30.

Č. Cumagulov, Epigrafika Kirgizii, III, Frunze, 1987.

F. Yildirim, E. Aydin, R. Alimov, Yenisey-Kirgizistan YazitlarI ve Irk Bitig, BilgeSu,2013, 295-296.

R. Alimov, Tanri Dagi yazitlarI, Kömen, 2014, 125-128.

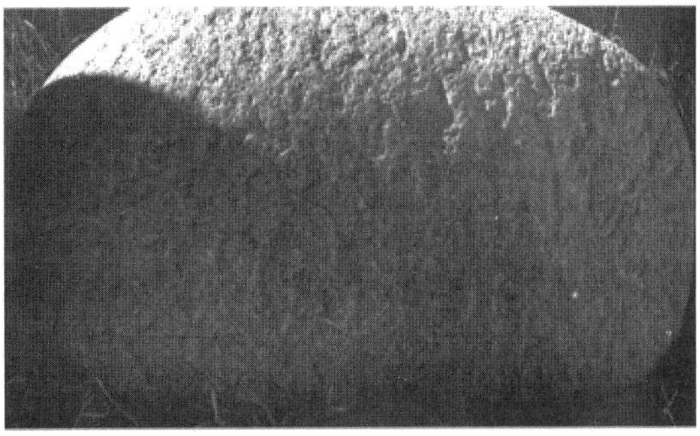

塔拉斯第十一碑（Talas–XI）

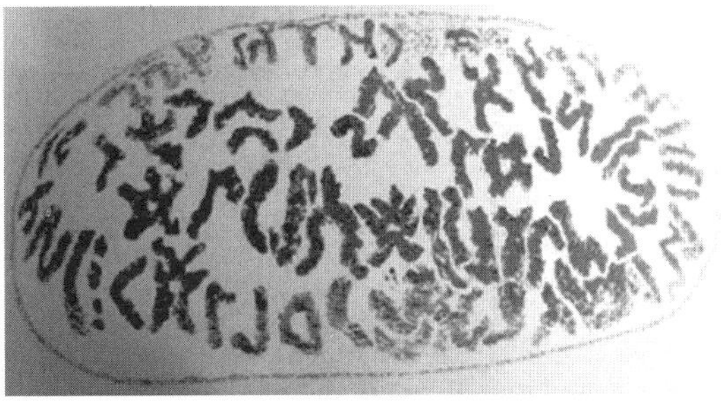

塔拉斯第十一碑（Talas–XI）拓片

（1）är atïm oq ärän : ögä tarqan : [①]

är at-ïm oq ärän : ögä tarqan :

勇士名 -1sg.POSS 奥克 · 艾燃 · 于伽 · 达干

oγlï yutuzï öz inisi : äsining öz ögä

oγl-ï yutuz-ï öz ini-si : äsin-ing öz ögä

子 -3sg.POSS 妻 -3sg.POSS 自己弟 -3sg.POSS 尊贵 -2sg.POSS 约孜 · 于伽

勇士我的名字叫奥克 · 艾燃 · 于伽 · 达干。其子、妻、弟、尊贵的约孜 · 于伽

（2）otuz oγlan : saγdičlarïna adïrïlmïš :

otuz oγlan : saγdičlarïna adïrïlmïš :

三十儿子 -PL 护卫 -PL-DAT 离开 -3sg.PAST

三十个儿子和护卫们，我离开了你们。

12. 塔拉斯第十三碑（Talas-XIII）

塔拉斯第十三碑（Talas-XIII）于 1977 年由 C. Cumagulov 和 G. Karagulova 在塔拉斯市附近一个名叫凯斯克多博（Kesken Töbö）的古遗址发现。碑石为花岗岩，大小尺寸 102 厘米 ×53 厘米 ×32 厘米，上刻 75 个如尼文字符。现藏吉尔吉斯斯坦别什凯克国家历史博物馆。

该碑自发现以后，对其进行研究的主要有：

C. Cumagulov-G. Karagulova, Noviy talasskiy drevne tyurkskiy pamyatnik, Sovyetskaya Tyurkologiya, 1978/1, s. 86-88.

A. Amanjolov, Tyurkskaya runicheskaya grafika, II, Almati, 1981, 10-11.

Č. Cumagulov, Epigrafika Kirgizii, III, Frunze, 1987,19-21.

F. Yildirim, E. Aydin, R. Alimov, Yenisey-Kirgizistan YazitlarI ve Irk Bitig, BilgeSu,2013, 297-298.

R. Alimov, Tanri Dagi yazitlarI, Kömen, 2014, 131-139.

塔拉斯第十三碑（Talas-XIII）

①F. Yildirim 等未对原文进行转写，也没有译文。

塔拉斯第十三碑（Talas-XIII）临摹

（1）qumar čor a[①] är atïm[②]

qumar čor a är at-ïm

库玛尔 · 啜英雄名 -1sg.POSS

我的英雄之名是库玛尔 · 啜。

（2）kičig kišim a tul qaldï a

kičig kiši-m a tul qal-dï a

小夫人 -1sg.POSS 孤寡剩下 -3sg.PAST

我的小夫人成了寡妇。

（3）ursuq[③] oγlum[④] a

tur-suq oγl-um a

活着 -ADJL 子 -1sg.POSS

离开了我的儿子啊，

（4）iš qulï a siz özüm a

iš qul-ï a siz öz-üm a

朋友奴隶 -3sg.POSS 你们自己 -1sg.POSS

是朋友和敌人。我自己

①a：在该碑文中起分词的作用，相当于“:”。

②R. Alimov 认为该碑有 4 行，并且断句有所不同：（1） kičig kišim : tul qaldï : tursïq oγlïm:（2）qumar čor :（3） uyalarumda at ačöküz ač:（4） är atïm äš qulï : äsiz özüm :

③R. Alimov 将该词读作 tursïq。

④R. Alimov 将该词读作 oγlïm。

（5）uyalar umadï

uya-lar u-ma-dï

亲戚 -PL 能 -NEG-3sg.PAST

的亲戚们，他们没有保护我。

（6）at ač a öküz ač a

at ač a öküz ač a

马饿牛饿

马和牛都是饥饿的。

13. 塔拉斯第十四碑（Talas–XIV）

塔拉斯第十四碑（Talas-XIV）于 2002 年被一农民在塔拉斯地区名叫 Con Arik 的地方发现，碑石为灰色花岗岩，大小尺寸 83 厘米 ×40 厘米 ×30 厘米，刻 5 行如尼文，计 66 个字符。现藏吉尔吉斯民族大学历史系。

该碑自发现以后，对其进行研究的主要有：

K. Tabaldiyev, Noviye drevnetyurkskiye runicheskiye nadpisi Kochkorskoy i Talasskoy dolin, Trudi Fakulteta Istorii i Regionovedeniya Kirgizskogo Natsionalnogo Universiteta, X, Beškek, 2002, s. 137.

R. Alimov-K. Tabaldiyev, A new old Turkic runic inscription on a boulder from Talas, Journal of Turkish Studies/Türklük Bilimi Araštirmalari, Feschrift on Honour of Orhon Okay I, Harvard University, Volume 30/I, 2005, s. 121-125.

F. Yildirim, E. Aydin, R. Alimov, Yenisey-Kirgizistan YazitlarI ve Irk Bitig, BilgeSu,2013, 298-299.

R. Alimov, Tanri Dagi yazitlarI, Kömen, 2014, 140-144.

塔拉斯第十四碑（Talas–XIV）

塔拉斯第十四碑（Talas-XIV）拓片

（1）öt(ü)g : tašï : äsiz anïγa

öt(ü)g : taš-ï :　äsiz　anïγa

请求石 -3sg.POSS　MOOD　他 -DAT

这是为他的请求石碑啊！

（2）özi : qulï aγïlïγï : qalmad[ï]

öz-i :　qul-ï　aγïlïγ-ï :　qalmad[ï]

自己 -3sg.POSS 奴隶 -3sg.POSS 财物 -3sg.POSS 剩下 -3sg.PAST

他自己、他的奴隶和财物都没有留下。

（3）äsiz : kiši anta ač : ingäkü : anta ač [q]almïš

äsiz : kiši anta　ač : ingäkü :　anta　ač　[q]almïš

MOOD 人那 -LOC 饿牛犊 -3sg.POSS 那 -LOC 饿成了 -3sg.PAST

呜呼哀哉！他的妻子在那饿着，他的牛犊在那饿着。

（4）(i)li : atïsï bilä

(i)l-i :　atï-sï　bilä

国家 -3sg.POSS　侄子 -3sg.POSS　一起

他的国家和侄子

（5）qalmïš

qal-mïš

剩下 -3sg.PAST

剩下了。

参考文献

[1] 成一农编：《嘉庆重修大清一统志》城墙资料汇编，北京：中国社会科学出版社，2016 年。

[2]《清高宗实录》，台北：华文书局，1969 年。

A study of the Old Turkic runic inscriptions in Talas river basin

Zhang Tieshan

[Abstract] More than 50 inscriptions in the Old Turkic runic have been found in the Talas river basin. In this paper, we select 13 inscriptions which are well preserved and have a large number of words for research, which provides new information for the academic circles of our country.

[Key words] Talas river basin; Old Turkic runic script; Inscriptions

（通信地址：100081，北京，中央民族大学中国少数民族语言研究院）

华夏称号“王”在暾欲谷碑中的出现 *

白玉冬

【提要】暾欲谷碑第 20 行（第 1 碑东面第 1—2 行）中换写作 W s i N B W nt T W 的部分，学术界释读意见不一，多按固有名词来处理。鉴于回鹘文文献中汉语“王”音译作 oo，此处文字可以转写作 oosïn bunta atu，意思是在那里（或在那时）射杀其王。该段内容讲述的是万岁通天元年（696）和神功元年（697）突厥对契丹的奔袭和征服。

【关键词】暾欲谷碑；王；契丹

北方草原、叶尼塞河流域与中亚地区出土的胡汉语碑刻，是记录中国历史和相关地区人民历史及其与中原天朝政权间关系史的珍贵资料。关于其中的鲁尼文碑刻，国际上虽然有百年以上的研究历史，但由于受语言、文字、宗教等诸多因素的影响，时至今日仍然有不少文意晦涩、难以释清之处。虽然这些问题不大，但直接影响到碑文内容释读，甚至往往与碑文反映的重大历史背景有关。在充分掌握非汉文史料基础上，取其精华，从内外两面展现和构建中华民族历史，这是新时代民族语言文字和民族历史研究的关键之所在。兹以后突厥汗国暾欲谷碑中之一例试做讨论。

暾欲谷碑第 19—20 行（第 1 碑东面第 1—2 行）讲述暾欲谷率领军队出征山东平原（šantuŋ yazï，实指今京津冀—辽宁一带）和海滨（taluy ög ü z），摧毁了 23 个城镇。之后的文字，学术界公认换写作 W s i N B W nt T W: y W R T D a:Y T W Q L W R r t i: ①，接下来谈到唐朝可汗和十箭可汗是他们的敌人。关于上引换写部分，笔者下载查看大阪大学

基金项目：国家社科基金重大项目“北朝至隋唐民族碑志整理与研究”（18ZDA177），中央高校基本科研业务费专项资助项目“胡语和境外汉语碑刻与唐代西北地区历史”（2112ujbkyjh004）的阶段性研究成果。

作者简介：白玉冬，兰州大学敦煌学研究所研究员。

①关于鲁尼文字的换写（transliteration）和转写（transcription），学术界无统一方式。兹据森安孝夫 1999 年模式。见森安孝夫、オチル：《モンゴル国現存遺跡・碑文調査研究報告》，丰中：中央ユーラシア学研究会，1999 年，第 119—120 页。文中引用其他学者的换写与转写时，均按此方式改写。

综合学术博物馆网上公开的暾欲谷碑拓片图版①，并实地探查②，文字确切无误。不过，就其释义而言，学术界意见不一。其代表性的转写和相关译文，可归纳如下③。

序号	姓名	转写	译文	出处
1	拉德洛夫	Usïn bundatu(?) yurtta yatu qalur ärti	Er zerstörte drei und dreissig Städte und setzte sich an der Jurte Ussyn-Bundatu fest：他摧毁了33座城市，并居住在 Ussyn–Bundatu 营房内	W. Radloff, “Die Inschrift des Tonjukuk”, in: *Die Alttürkischen Inschriften der Mongolei*, vol. 2, St. Petersburg: Eggers, 1899, pp. 10–11 第 20 行。
2	汤姆森		Dreiundzwanzig Städte verwüstete er und blieb im Lager zu Usïn Bundatu(?)liegen：他摧毁了 23 座城市，并滞留在 Usin Bundatu 的营地（？）	V. Thomsen, “Alttürkische Inschriften aus der Mongolei,”*Zeitschrift der Deutschen Morgenländischen Gesellschaft*, Band 78, 1924, p. 165 第 19 行。
3	汤姆森		Twenty-three towns did he lay waste, and made his camp in Usin Bundatu(?)：他摧毁了23座城市，并在 Usin Bundatu 设置了营地	Sir E. D. Ross, “The Tonyukuk Inscription: Being a Translation of Professor Vilhelm Thomsen’s final Danish redering”, *Bulletin of the School of Oriental Studies,* vol. 6, 1930–32, p. 39 第 19 行
4	奥尔昆	usïn bundatu yurtda yatu qalur ärti	Usın Bundatu(?) yurtta yata kalır idi：他在 Usın Bundatu(?) 营帐内休息	H. N. Orkun, *Eski Türk Yazıtları*, vol. 1, Istanbul: DevletBasımevi, 1936, p. 106.
5	小野川秀美	usïn bundatu yurtda yatu qalur ärti	ウシンブンダツユルトニテ息コヒ留マリイタリ：在 Usïn Bundatu 营帐请求休息停留了	小野川秀美《突厥碑文譯註》，《満蒙史論叢》第4期，1943年，第71页。
6	马洛夫	usïn buntatu yurtda yatu qalur ärti	Ониразрушили Двадцатьтригорода иосталисьн ажительствовземлеУсынбундату：他们摧毁了 23 座城市，留居在 Usïn Buntatu 的土地上。	С. Е. Малов, *Памятники древнетюркской письменности. Тексты и исследования*,Москва-Ленинград: ИздательствоАкадемиянаукСССР, 1951, pp. 62, 66, 第 19 行。

① https://db.museum.osaka-u.ac.jp/jp/database/GstLogin.htm。

② 调查日期为 2018 年 8 月 8 日，2019 年 8 月 10 日。

③ 除下表列出者之外，另有 M. Sprengling. Tonyukuk’s Epitaph: An Old Turkish Masterpiece Introduction, Text, Annotated Scientific Translation, Literary Translation and Transliteration. *The American Journal of Semitic Languages and Literatures*. vol. 56, no. 1, pp. 1-19, 365-383。惜只给出第一碑西面和南面的转写和译文。

续表

序号	姓名	转写	译文	出处
7	阿勒陶	usïn buntatu yurtda yatu qalur ärti	In dem Usyn-Bundatu Wohnsitz wohnend verblied er (? —es?): 他住在 Usyn Bundatu 的住所中去世（？ 一它？ ）	P. Aalto, "Materialien zu den alttürkischen Inschriften der Mongolei, gesammelt von G. J. Ramstedt, J. G. Granö und P. Aalto", *Journal de la Société Finno-ougrienne*, vol. 60, no. 7, 1958, pp. 36-37.
8	吉罗	usïn buntatu yurtda yatu qalur ärti	Laissant abêtir son esprit, on restait à se reposer sur la terre natale：让他的精神呆滞，我们停留在了我们的故土修养	R.Giraud, *L'inscription de Bain Tsokto, Édition Critique*, Paris: Adrien Maisonneuve, 1961, pp. 55, 62.
9	特金	usïn buntatu yurtda yatu qalurärti	having not been able to sleep enough, he（i.e. the kagan）was stuck at the camp：由于未能睡足，他（即可汗）滞留在营帐内	T. Tekin, *A Grammar of Orkhon Turkic,* Bloomington:Indiana University, 1968, pp. 250, 285.
10	芮跋慈	usïn buntatu yurtda yatu qalurärti	Usïn Buntatu blieb [tot]im verlassenem Lager liegen:Usin Buntatu 死于被遗弃的营地内	V. Rybatzki, *Die Toñuquq Inschrift,* Szeged: University of Szeged, 1997, pp. 52, 100-101.
11	裕勒麦孜	usïn buntutu yurtda yatu qalurärti	Akıllarını başlarından alıp ortalıkta yatar hale getirdim: 我从他们的头脑中获取心智，并让他们躺在周围	M. Ölmez, *Orhon-Uygur Hanlığı DönemiMoğolistan'daki Eski Türk Yazıtları*,Metin-Çeviri-Sözlük. Ankara: BilgeSu, 2012, pp. 179, 186 第 19 行
12	韩儒林		彼掠夺 23 城，建营于 Usïn Bundatu（？）	韩儒林《突厥文〈暾欲谷碑〉译文》，《禹贡》第 6 卷 7 期，1936 年，收入氏著《蒙元史与内陆亚洲史研究》，兰州：兰州大学出版社，2012 年，第 235 页。
13	岑仲勉		彼建营于 Usïn Bundatu（？）	岑仲勉《突厥文碑注释》，载氏著《突厥集史》，北京：中华书局，1958 年，第 859 页。
14	耿世民	usïn buntatu yurtda yatu qalurärti	诸城成为一片废墟	耿世民《古代突厥文碑铭研究》，北京：中央民族大学出版社，2005 年，第 99 页 19 行。
15	芮传明		由于未能睡足，他（即可汗——笔者）滞留在营帐内	芮传明《古突厥碑铭研究》，上海：上海古籍出版社，1998 年，第 279 页；《古突厥碑铭研究（增订本）》，上海：商务印书馆，2017 年，第 243 页

上表中，第 2、3、12、13、15 的作者未给出转写。其中，第 2 和第 3 的译文分别是汤姆森（V. Thomsen）丹麦文的德译文和英译文，也是第 12、13 中译文的蓝本，第 15 的中译文主要参照的是第 9 特金（T. Tekin）的英译文。受条件所限，笔者未能查阅汤姆森的丹麦文译注。不过，据铃木宏节介绍，汤姆森在丹麦文译注中并未给出暾欲谷碑的转写[①]。据第 2 和第 3 的译文，推定得出其转写应为 usïnbundatu yurtta yatu qalur ärti。以上转写中，第 2 个词在第 1—5 中作 bundatu，在第 6—10 和第 14 中作 buntatu，在第 11 中作 buntutu。这是因为以下两点所致。第一，鲁尼文字⊙早年被读作 nd，后被更正为 nt；第二，第 11 的作者裕勒麦孜把⊙（nt）分读成 N 和 T，并将后者 T 与之后的 T 复原成动词 tut-（抓住，保持）。

造成学者们释读不一的根本原因是对 usïn buntatu 的理解多有不同。拉德洛夫、汤姆森、奥尔昆、小野川秀美、马洛夫、阿勒陶、韩儒林、岑仲勉视作地名，芮跋慈视作人名，吉罗、特金、裕勒麦孜解释作短语，耿世民未予以翻译。在古典文献的解读上，当遇到难以释清的疑难字词时，视其为专用名词，不失稳妥。不过，如果这一专用名词，其存在无法获得佐证，或在语义上无法释清，则不得不令人怀疑。usïn buntatu 即属此例。无论结果如何，按短句进行释读的吉罗、特金、裕勒麦孜，为这一问题的解决提供了一条新的思路，值得肯定。

名词 us 具有智慧、判断力之义[②]。据吉罗给出的词注，us 还包括信息之义，buntat- 是与 munduz（笨拙）、munu-/mono-（变得愚笨）相关的动词，具有“使……愚蠢”之义[③]。故他把 usïn buntatu 译作“让他的精神呆滞。”不过，克劳森（G. Clauson）词典 *An Etymological Dictionary of Pre-Thirteenth Century Turkish*（Oxford University, 1972）并未收入 buntat-。不同于吉罗，特金是把 u 视作名词睡眠，buntat- 视作减少。此译法也是他一贯的译法[④]。裕勒麦孜的译文“我从他们的头脑中获取心智”，看来多少受到了吉罗的影响。虽然动词 buntat- 的存在颇令人怀疑，且 bun 的头脑之义尚需要例证[⑤]，但上述三种意见均聊备一说。笔者注意到，暾欲谷碑东面第 1—2 行中，前引换写的前面

---

①铃木宏節：《トニュクク碑文研究史概論》，载森安孝夫主编：《シルクロードと世界史》，21 世纪 COE プログラムインターフェイスの人文学，丰中：大阪大学，2003 年，第 117 页。

②G. Clauson, *An Etymological Dictionary of Pre-Thirteenth Century Turkish*, Oxford: The Clarendon Press, 1972, p. 240.

③R.Giraud. *L'inscription de Bain Tsokto, Édition Critique*. pp. 89-90.

④T. Tekin. *Les inscriptions de l'Orkhon: Kul Tighin, Bilghé Qaghan, Tounyouqoug* (*Dil ve Edebiyat Dizisi* 2). Simurg : T. C. Kültür Bakanliği, 1995, pp. 86-87; T. Tekin. *Orhon Yazıtları: Kül Tigin Bilge Kağan Tunyukuk*. İstanbul: Simurg Yayıncılık, 1995, pp. 86-87.

⑤bun（基础，来自粟特语 pwn）参见 G. Clauson. *An Etymological Dictionary of Pre-Thirteenth Century Turkish*. p. 374.

部分是：

qaγanïma ötünüp sülätdim.

我向我的可汗陈述后让进军了。

šantuŋ yazïqa taluy ögüzkä tägürtim.

我让（军队）进抵到了山东平原与海滨。

üč otuz balïq sïdï.

他们（即军队）摧毁了 23 座城市。

在上引文第二句中，使役动词 tägür-（让抵达）的接受对象并未被标出。据文义，此接受对象可推定为军队。接下来的第三句中，动词 sï-（摧毁）的主语未被标出，但该词后续有第三人称语尾 –ï。虽然存在单数和复数的可能，但根据文义，此第三人称语尾 –ï 应是复数形，代指军队。如此，其后面的一句，即前人多转写作 usïn buntatu yurtda yatu qalur ärti 中，结尾的第三人称语尾 –i 同样充当主语，代表军队。概言之，进抵山东平原和海滨地区的后突厥汗国军队，摧毁了 23 座城市后，又进行了某一活动并滞留在了营帐内。

如特金之意见，单独一个鲁尼文字 W 转写作 u（睡眠），合乎常理。然在暾欲谷第 1 碑东面第 1 行，即前引部分的前面，"向山东（诸）城"（šantuŋ balïqqa）写作 S nt W ŋ B L ïQ a，是以一个文字 ▷(ïQ) 表示连写的 2 个 q。此类以一个文字表示重叠的同一音的现象，在鲁尼文碑文中还有多例，兹不赘引。这样，W 还可以转写作 oo、uu、ou 或 uo 等。再看 B W nt T W，前人给出的 buntatu 或 buntutu 皆无可厚非，问题在于这两种复原在语法语义上均难以释清。此处笔者提议转写作 bunta atu，bunta 即"在那里，在那时"，atu 是动词 at–（投掷，射击）的副动词。如此，W s i N B W nt T W: y W R T D a:Y T W Q L W R r t i: 可转写作 oosïn bunta atu yurtda yatu qalur ärti。

B. Csongo 曾专门讨论唐代回鹘文文献中的汉语音[①]。由于其依据的材料均属于新疆出土晚唐以后五代宋元时期的回鹘文文献，故把这些汉字音全部归为唐代汉语音不免有牵强之嫌。虽然如此，他的研究仍有参考价值。据其归纳，在回鹘汉字音中，中古汉语宕摄字的 –ng 存在三种音。第一，–ng 消失，元音圆唇音化；第二，圆唇元音发生鄂化；

①B. Csongor. "Chinese in the Uighur Script of the T'ang-Period". *Acta Orientalia Academiae Scientiarum Hungaricae*. vol. 11, no. 2, 1952, pp. 73-121.

第三，元音保持不变，–ng 保留完整形式或有可能转变成 – γ①。此类汉语音的不同，或许只能从汉语方言上得到答案②。由于俄藏回鹘文文献研究进展缓慢，B. Csongo 并未能够充分利用这部分文献。是故，就属于宕摄的王字而言，他只给出了一个回鹘语音 vang。实际上，王字在回鹘语中还存在另外 2 种语音。在庄垣内正弘研究的俄藏回鹘文标记汉文佛典，元人释智汉译的《圣妙吉祥真实名经》的残片 SI Kr. IV 817 文书中，清净王换写为 [sy sy] ww③；以多见于晚期回鹘佛典的草书体回鹘文写成的《礼忏文》残片 SI 4bKr. 175 文书中，释梵王、诸王、龙王的换写分别是 syk v'n wn[k]、cww wnk、lwnk wnk④。元仁宗延祐三年（1316），高昌回鹘亦都护纽林的斤被元廷封为高昌王⑤。在武威出土的亦都护高昌王世勋碑回鹘文面中，汉文高昌王被音写作 qao čang ong⑥。以上例子中，换写的 wnk 和 ww 即可分别转写为 ong 和 oo。其中的 ong，还见于碑文时代。如，阙特勤碑东面第 31—32 行 2 次记录的 W ŋ T W T W uQ > ong totoq 即汉字王都督的音写⑦。如前所述，出现王（oo）之音写的《圣妙吉祥真实名经》系元人释智汉译，那么其回鹘文译本不可能早于元代，应在元代或其之后不久。阿不都热西提据前面介绍的庄垣内正弘研究，提出在较早时期回鹘语文献当中王被音写为 oo⑧。笔者以为王字的回鹘文之音写 oo 的来源存在两种可能。其一是元代汉语音，其二是唐宋以来的汉语音。在考虑唐宋西北方音的时候，日本汉字音会给我们很大启发。在日本汉字中，以现代汉语音 ang、eng、ing、ong 为韵母的汉字中，除种、瓶、梦、浜外，全部对应日语长音，其中包括王（oo）⑨。而日本汉字的长音公认源自隋唐汉语音。这种 –ng 韵尾转为长音的现象，恐怕是隋唐政治核心，即长安一带的方音所带来的。考虑到王虽然最初是指古代

①B. Csongor, "Chinese in the Uighur Script of the T'ang-Period", *Acta Orientalia Academiae Scientiarum Hungaricae*, vol. 11, no. 2, 1952,pp. 95-96.

② 相关考述，参见 B. Csongor, "Chinese in the Uighur Script of the T'ang-Period," pp. 94-97.

③ 第 5 行，见庄垣内正弘：《ロシア所蔵ウイグル文献の研究——ウイグル文字表記漢文とウイグル語仏典テキスト——》,《ユーラシア古文献研究叢書》第 1 辑，京都：京都大学大学院文学研究科，2003 年，第 24 页，图版见同书テキスト E　SI Kr. Ⅳ 817。

④ 分别为第 20、22、29 行。见庄垣内正弘：《ロシア所蔵ウイグル文献の研究——ウイグル文字表記漢文とウイグル語仏典テキスト——》，第 34-35 页，图版见同书テキスト L　SI 4bKr. 175。

⑤ 亦都护高昌王世勋碑汉文面明确记录此事，见黄文弼：《亦都护高昌王世勋碑复原并校记》，新疆社会科学院考古研究所编《新疆考古三十年》，乌鲁木齐：新疆人民出版社，1983 年，第 458—461 页。

⑥ 残碑第 3 栏第 50 行、第 4 栏第 1 行、第 5 栏第 18 行。参见耿世民：《回鹘文亦都护高昌王世勋碑研究》，《考古学报》1980 年第 4 期，第 517—520 页。

⑦T. Tekin. *A Grammar of Orkhon Turkic*. pp. 235, 268；耿世民：《古代突厥文碑铭研究》，第 129—130 页。

⑧ 阿不都热西提·亚库甫：《古代维吾尔语赞美诗和描写性韵文的语文学研究》，上海：上海古籍出版社，2015 年，第 264 页。

⑨ 王保田：《汉语韵母与日语汉字音读的对应规律》，《江苏大学学报（社会科学版）》2002 年第 4 期，第 71—72 页。

的最高统治者，但秦汉以后成为封建皇族或功臣封爵的勋称，该称号流传到北方地区不足为奇。

综上几点，笔者以为暾欲谷碑第 20 行的 W s i N B W nt T W: y W R T D a:Y T W Q L W R r t i: 应转写为 oosïn bunta atu yurtda yatu qalur ärti，译作“他们在那里（或在那时）射杀其王并滞留在了营帐内（或留居在了故土？）”，该段描述的是后突厥汗国军队进军山东诸城和海滨，摧毁 23 城的战绩。关于上述突厥的“东征”，学术界观点不一[①]。芮传明考述万岁通天元年（696）和神功元年（697）突厥对契丹的奔袭和征服是这次战役的重要组成部分[②]。虽然其关于 yašïl ögüz（绿河）即西拉木伦河的看法等尚存在疑问，但笔者大体赞同其意见。史料记录契丹首领被唐廷封王是在开元二十二年（734）[③]，而暾欲谷碑约建于后突厥汗国毗伽可汗（716—732）在位早期，故此处“射杀其王”的“王”很难对号入座。不过，《旧唐书》卷八十三《薛仁贵传》记录薛仁贵在显庆二年（657）“俄又与辛文陵破契丹于黑山，擒契丹王阿卜固及诸首领赴东都，以功封河东县男”[④]。看来，勋称王在唐朝册封契丹首领之前流传到契丹不无可能。当然，此处的王（oo）也有可能是古突厥人对汉语王字的单纯借用，并不意味当时的契丹首领或唐朝边地有人称王或被封为王。重要的是，我们从后突厥汗国碑文中找到了一条借用华夏称号“王”的实例。

小结

笔者此前在蒙古西部发现的回鹘文乌兰浩木碑文中，释读出了汉语高昌王的回鹘文音写 Qočo oo[⑤]。此外，鲁尼文叶尼塞碑铭中亦存在王的音写。结合蒙古语和契丹语中的王之音写，可以说中古时期王字在北方民族语言中的流传并非个案。其历史学背景及其意义值得深入挖掘。

---

① 相关研究归纳见芮传明：《古突厥碑铭研究》，上海：上海古籍出版社，1998 年，第 27—28 页；芮传明：《古突厥碑铭研究（增订本）》，上海：商务印书馆，2017 年，第 22—23 页。

② 芮传明：《古突厥碑铭研究》，上海：上海古籍出版社，1998 年，第 33—45 页；芮传明：《古突厥碑铭研究（增订本）》，上海：商务印书馆，2017 年，第 25—37 页。

③《旧唐书》卷八《玄宗上》，开元二十二年条言“乙巳，幽州长史张守珪发兵讨契丹，斩其王屈烈及其大臣可突干于阵，传首东都，余叛奚皆散走山谷。立其酋长李过折为契丹王。”见北京：中华书局，1975 年，第 200 页。

④《旧唐书》，北京：中华书局，1975 年，第 2780 页。

⑤ 白玉冬、吐送江·依明：《有关高昌回鹘历史的一方回鹘文墓碑——蒙古国出土乌兰浩木碑释读与研究》，《敦煌吐鲁番研究》第 20 卷，2021 年。

参考文献

[1] 阿不都热西提·亚库甫：《古代维吾尔语赞美诗和描写性韵文的语文学研究》，上海：上海古籍出版社，2015 年。

[2] 白玉冬、吐送江·依明：《有关高昌回鹘历史的一方回鹘文墓碑——蒙古国出土乌兰浩木碑释读与研究》，《敦煌吐鲁番研究》第 20 卷，2021 年。

[3] 岑仲勉：《突厥文碑注释》，载氏著《突厥集史》，北京：中华书局，1958 年。

[4] 耿世民：《回鹘文亦都护高昌王世勋碑研究》，《考古学报》1980 年第 4 期。

[5] 耿世民：《古代突厥文碑铭研究》，北京：中央民族大学出版社，2005 年。

[6] 韩儒林：《突厥文〈暾欲谷碑〉译文》，《禹贡》第 6 卷 7 期，1936 年，收入氏著《蒙元史与内陆亚洲史研究》，兰州：兰州大学出版社，2012 年。

[7] 黄文弼：《亦都护高昌王世勋碑复原并校记》，新疆社会科学院考古研究所编《新疆考古三十年》，乌鲁木齐：新疆人民出版社，1983 年。

[8] 芮传明：《古突厥碑铭研究》，上海：上海古籍出版社，1998 年。

[9] 芮传明：《古突厥碑铭研究（增订本）》，北京：商务印书馆，2017 年。

[10] 王保田：《汉语韵母与日语汉字音读的对应规律》，《江苏大学学报（社会科学版）》，2002 年第 4 期。

[11] 小野川秀美：《突厥碑文譯註》，《満蒙史論叢》第 4 期，1943 年。

[12] 鈴木宏節：《トニュクク碑文研究史概論》，载森安孝夫主编：《シルクロードと世界史》，21 世纪 COE プログラムインターフェイスの人文学，丰中：大阪大学，2003 年。

[13] 庄垣内正弘：《ロシア所蔵ウイグル文献の研究——ウイグル文字表記漢文とウイグル語仏典テキスト——》，《ユーラシア古文献研究叢書》第 1 辑，京都：京都大学大学院文学研究科，2003 年。

[14] 森安孝夫、オチル：《モンゴル国現存遺跡・碑文調査研究報告》，丰中：中央ユーラシア学研究会，1999 年。

[15]B. Csongor. "Chinese in the Uighur Script of the T'ang-Period". *Acta Orientalia Academiae Scientiarum Hungaricae*. vol. 11, no. 2, 1952.

[16]G. Clauson. *An Etymological Dictionary of Pre-Thirteenth Century Turkish*. Oxford: The Clarendon Press, 1972.

[17]H. N. Orkun. *Eski Türk Yazıtları*. vol. 1, Istanbul: DevletBasımevi, 1936.

[18]M. Ölmez. *Orhon-Uygur Hanlığı Dönemi Moğolistan'daki Eski Türk Yazıtları*. Metin-Çeviri-Sözlük. Ankara: BilgeSu, 2012.

[19]M. Sprengling. "Tonyukuk's Epitaph: An Old Turkish Masterpiece Introduction, Text, Annotated Scientific Translation, Literary Translation and Transliteration". *The American Journal of Semitic Languages and Literatures*. vol. 56, no. 1.

[20]P. Aalto. "Materialien zu den alttürkischen Inschriften der Mongolei, gesammelt von G. J. Ramstedt, J. G. Granö und P. Aalto". *Journal de la Société Finno-ougrienne*. vol. 60, no. 7, 1958.

[21]R. Giraud. L*'inscription de Bain Tsokto, Édition Critique*. Paris: Adrien Maisonneuve, 1961.

[22]С.Е.Малов. *Памятники древнетюркской письменности. Тексты и исследования.* Москва-Ленинград: ИздательствоАкадемиянаук СССР, 1951.

[23]Sir E. D. Ross. "The Tonyukuk Inscription: Being a Translation of Professor Vilhelm Thomsen's final Danish redering". *Bulletin of the School of Oriental Studies*. vol. 6, 1930-32。

[24]T. Tekin. *A Grammar of Orkhon Turkic*. Bloomington: Indiana University, 1968.

[25]T. Tekin. *Les inscriptions de l'Orkhon: Kul Tighin, Bilghé Qaghan, Tounyouqouq* (*Dil ve Edebiyat Dizisi* 2). Simurg : T. C. Kültür Bakanliği, 1995.

[26]T. Tekin. *Orhon Yazıtları: Kül Tigin Bilge Kağan Tunyukuk*. İstanbul: Simurg Yayıncılık, 1995.

[27]V. Thomsen. "Alttürkische Inschriften aus der Mongolei". *Zeitschrift der Deutschen Morgenländischen Gesellschaft*. Band 78, 1924.

[28]V. Rybatzki. *Die Toñuquq Inschrift.* Szeged: University of Szeged, 1997.

[29]W. Radloff. "Die Inschrift des Tonjukuk", in: *Die Alttürkischen Inschriften der Mongolei.* vol. 2, St. Petersburg: Eggers, 1899.

The Emergence of the Chinese Title "王（Wang）" in the Tonyuquq Inscription

Bai Yudong

[Abstract] In the 20th line of Tonyuquq Inscription (lines 1-2 to the east of the first inscription), there are different opinions on the interpretation of the part transcribed as "W s i N B W nt T W". Deal with it according to proper nouns. In view of the transliteration of Chinese "王（wang）" as oo in Uighur documents, the text here can be transcribed as "oosïn bunta atu", which means shooting his king there (or at that time). This paragraph describes the Turkic attack and conquest of Khitan in the first year of 万岁通天 Wansuitongtian (696) and the first year of 神功 Shengong (697).

[Key words] Tonyuquq Inscription; King; Khitan

（通信地址：730000，兰州，兰州大学敦煌学研究所）

类型学视域下的鄂尔浑—叶尼塞碑铭条件标记研究*

崔　焱

【提要】鄂尔浑—叶尼塞碑铭中的条件标记主要通过动词形式的动词词干缀接 -sar/-sär 来标记。碑铭语言条件句较为依赖分句和主句构成的充分条件的逻辑关系；在句法位置上，分句在前，主句在后，位置关系较为固定；在句法表现上，将来时对于条件语义范畴的组成具有重要意义；就语义层面而言，条件分句具有假设性、时间性等特征，条件主句具有主观性特征；就语用层面而言，条件句表达说话者强烈的主观态度。

【关键词】类型学；鄂尔浑—叶尼塞碑铭；条件标记

标记理论最初由 Trubetzkoy,N.S[①] 提出，其后，沈家煊[②] 将标记理论用于汉语研究，并对其作出定义："标记理论是指一个范畴内部存在的某种不对称的现象。" 本文对标记的定义采用沈家煊的判别标准，将条件标记认定为：表达非条件关系的一种不对称形式。与现实句相比，条件句需要更深层的主观逻辑分析，而人的主观分析易产生歧义，那么就不得不在语言上添加更多的形式以帮助人们清晰地理解语义，因而条件标记形式应运而生。

从跨语言的角度来看，条件句的标记手段（也是主从小句连接的手段）主要有：独立连接词、动词形式、语序和语调，其中以前三种最为常见。动词形式手段包括附着形式 (clitics)、词缀 (affixes) 以及内部屈折。鄂尔浑—叶尼塞碑铭语言的条件句标记手段使用动词形式的词缀手段，由动词词干缀接 -sar/-sär 构成。

本文将在类型学的视野下，通过分析鄂尔浑—叶尼塞碑铭语言动词的条件式，同时与回鹘文献语言及现代突厥语族诸语言的类比，讨论突厥语族语言条件式的发展变化。

基金项目：辽宁省社会科学规划基金一般项目"类型学视域下的鄂尔浑—叶尼塞碑铭语言研究"（L20BYY07）的阶段性研究成果。

作者简介：崔焱，辽宁师范大学讲师。

①Trubetzkoy,N.S 提出标记理论用于总结音位："一对音位对立中，其中一个成分的特点是具有标记，而另一个成分则没有这种标记。"

② 沈家煊：《汉语词类的主观性》，《外语教学与研究》2015 年第 5 期。

并从条件语义范畴逻辑、句法、语义及语用四个方面来分析碑铭语言的条件标记内涵。

一、鄂尔浑—叶尼塞碑铭语言动词的条件式

动词的式主要是从形式上划分出来的范畴，指一种由动词的形态表现的在命题内容之外跟说话人的主观态度有关的范畴。式除了基本的种类外，还可能有更加细微的小类，体现说话人更加细微的态度差异。有些学者将基本式下面的式叫作“口气”，以区别于体现为基本式的“语气”，这是可取的思路。例如，据陈宗振研究，西部裕固语在直陈式下面就有“普通”和“确定”两种“口气”，后者要带特定的词缀，这是用形态手段表现的口气。

条件—结果关系（包括汉语语法学所说的条件关系假设关系）实现为句法上的主从句关系（状语从句和主句），通常由句法、连词等手段表示。但是，在突厥语族语言里，条件句（包括假设句）的谓语动词要使用一种区别性的式形态，以标明句子内容为说话人假设，而非客观现实，具有非现实性（irrealis)，因而有别于直陈式所体现的命题内容的现实性。如哈萨克语动词的条件式就是在词干后加 –sa 或 –se，再加人称和数的成分，如：

(eger)kino k⌀r-se-ŋiz（看 – 条件式 – 人称单数尊称）barona（您要是看电影就去吧。）

鄂尔浑—叶尼塞碑铭语言的条件标记由动词词干缀接 –sar/–sär 构成。具体统计鄂尔浑—叶尼塞碑铭文献中的条件式的肯定与否定形式出现次数情况如下表：

碑铭名称	肯定形式条件式（-sar/-sär）	否定形式条件式（-masar/-mäsär）	带人称的条件式	总计
阙特勤碑	8	2	0	10
毗伽可汗碑	2	1	0	3
暾玉谷碑	16	6	0	22
合计	26	9	0	35

由上表可以看出碑铭时期动词条件式 -sär/-sar 之后没有人称附加成分，而句中的人称则通过句法手段即通过句中的人称代词表示，或者是通过在结句的动词之后表示。

现代突厥语族诸语言动词的条件式经历了较长的发展过程，从古代突厥碑铭文献时期的不带人称附加成分的初始形式即 –sar/–sär 形式，发展到现代多数突厥语的带人称附加成分的 –sa/–sä 及其变体形式，经历了复杂的分化过程。

古代突厥语时期的动词条件式虽然已经出现，但与现代突厥语相比，使用频率还不

高，没有出现专用的条件连接词。条件式的截短形式（-sa/-sä）出现于10—11世纪。[①]例如，在《福乐智慧》和玛合穆特喀什噶尔的著作中：bolsa（若是），ïmïtsa（若推进），qïldï ärsä（他若做），tersä（若搜集）。[②]条件式最初的人称形式是完整的，如：

单数

第一人称 barsa(r) män

第二人称 barsa(r)sän 和 bara(r)iŋ

第三人称 barsa(r)

复数

第一人称 barsa(r)mïz 或者 barsa(r)q

第二人称 barsa(r)-ïŋ-sïz

第三人称 barsa(r)

这些附加成分在发生紧缩和不同的语音变化的同时，由最初的条件意义，引申到愿望或假定的专门意义。

条件式 -sa（-sar）在回鹘文献语言里除表示本身的条件意义外，还可以表示原因。如：yel bolsa（由于有风），temür bolsa（由于是做铁的）。[③]

王远新曾总结突厥语动词条件式发展的基本过程[④]：

初始时期（古代突厥文碑铭文献语言）

完整的肯定形式：-sar/-sär

完整的否定形式：-masar/-mäsär

分化发展时期（中古突厥语）

（1）高昌回鹘文献语言

完整的肯定形式：-sar/-sär

简化的肯定形式：–sa/–sä

带谓语性人称的完整肯定形式：–sarmən/–särmän

带简化形式人称的简化肯定形式：–sam/–säm

完整的否定形式：-masar/-mäsär

① 马洛夫在《拉伯古兹》一书里发现了上述观察形式的完整变体形式，按照16—17世纪抄本把它当成特殊的形态结构（-sa是祈使式的形式，-r是将来时副动词形式的附加成分）。参见拉德洛夫《回鹘文文献集》，列宁格勒，1928年，第226页。

②《福乐智慧》卷二，圣彼得堡，1900—1910年，第71、75、110、127页。

③ 苏联科学院收藏的巴黎国立图书馆的《乌古斯可汗的传说》手稿复印本，第16页。

④ 王远新：《突厥历史语言学研究》，北京：中央民族大学，1995年，第217页。

简化的否定形式：-masa/-mäsä

带谓语性人称的完整否定形式：-masarmən/-mäsärmän

带简化形式人称的简化否定形式：-masam/-mäsäm

（2）喀拉汗王朝突厥书面语言

简化的肯定形式：-sa/-sä

带简化形式人称的简化肯定形式：-sam/säm

带谓语性人称的简化肯定形式：-samən/-sämän

带连接词 ägär-qali 的简化肯定形式：ägär…-sa/-sä；qali…-sa/-sä

简化的否定形式：-masa/-mäsä

带简化形式人称的简化否定形式：-masam/-mäsäm

带谓语性人称的简化否定形式：-masamən/-mäsämän

现代突厥语时期，从形式上看大多数现代突厥语族语言动词条件式的完整形式为：动词 +-sa/-se（条件式附加成分）+ 人称附加成分。由于语音对应、语音和谐律及语言发展的不平衡性导致现代突厥语族语言动词条件式有着构成上的差异：

语言名称	动词条件式形式
多数现代突厥语	动词 +-sa/-se+ 人称
柯尔克孜语	动词 +-sa/-se/-so/-sö+ 人称
阿尔泰语	动词 +-sa/-se、-so/--sö、-za/-ze、-zo/-zö+ 人称
哈卡斯语	动词 +-sa/-se、-za/-zö+ 人称
图瓦语	动词 +-sa/-se、-za/-ze+ 第三人称 动词 +-sə/-si、-zə/-zi+ 第一、二人称
巴什基尔语	动词 +-ha/-hɛ+ 人称
西部裕固语	动词 +-sa/-se
撒拉语	动词 +-sa/-se
雅库特语	动词 +-tar/-dar、-lar/-nar+ 谓语性人称

虽然各语言表示时范畴的语法意义基本一致，但在形态变化、语言形式上有着很大的差别，与此同时又可以从语言发展史上找出其与碑铭语言的共同渊源关系，构成了各语言动词时范畴的可对比性和相对应性。

二、鄂尔浑—叶尼塞碑铭标记型条件语义范畴逻辑、句法、语义及语用分析

鄂尔浑—叶尼塞碑铭的条件标记可从四个维度分析其特色。（1）就逻辑层面而言，碑铭语言条件句较为依赖分句和主句构成的充分条件的逻辑关系，条件标记的位置符合“联系居中原则”。（2）就句法层面而言，碑铭语言条件句(包括假设句)的谓语动词要使用一种区别性的式形态；在句法位置上，分句在前，主句在后，一般位置关系不可调换；在句法表现上，将来时对于条件语义范畴的组成具有重要意义。（3）就语义层面而言，条件分句具有假设性、时间性等特征，条件主句具有主观性特征。（4）就语用层面而言，条件句表达说话者强烈的主观态度。

（一）逻辑关系分析

条件句成立的逻辑基础是充分条件的逻辑关系。所谓充分条件，逻辑学上定义为：如果 A 能推出 B，那么 A 就是 B 的充分条件。李小五（2003）[①] 进一步重申了充分条件的定义：“满足‘若 A 则 B’的逻辑语义形式，就是充分条件。”这是因为条件句中的条件语义关系以复句的形式呈现，从逻辑角度进行分析，即可分析为条件分句在任何条件下都可以使主句成立，这一逻辑基础是条件句成立的关键。

客观世界任何动作的完成都需要时间。一般来说，若两个有必然相关性的事项在时间链条上依次发生，那么我们称前一个事项为条件，后一个事项为结果。

客观事物发展的规律是在一定的条件作用下产生一定的结果，在逻辑顺序上条件在先，结果在后。在语序上，条件陈述句中，一般条件分句处于结论分句之前。如：

bu yolïn yorï-sar（走 - 条件式）, yaramacï.（如果走这条路就不合适。）— 暾 1D23

sän bir tod-sar（饱 - 条件式），ačsïq ömäz（你们一旦饱食，就不考虑饥饿。）— 阙 N8

ötükärn yïš olur-sar（坐 - 条件式）, bäŋgü il tuta olurtacïsän（如果你们住在于都斤山，你们就能牢坐你们的江山。）— 阙 N8

Dik“联系项居中原则”认为，联系项的优先位置为：1. 在两个被联系成分之间；2. 如果联系项位于某个被联系成分上，则它会在该被联系成分的边缘位置。以上仅是一条倾向性的原则，这里的联系项指连词、介词、格标记、从属小句的引导词等连接成分。在包含条件标记的条件分句中，联系项不仅没有违反第一条原则，而且毫无例外地遵循了第二条原则，位于条件分句句尾这一边缘位置。

条件标记在碑铭语言动词条件标记的位置不外乎两种：条件分句句首和条件分句句

① 李小五：《条件句逻辑》，北京：人民出版社，2003 年，第 10—11 页。

尾，此两种句法位置都符合 Dik“联系项居中原则”中所谓的“被联系成分的边缘位置”。

后期回鹘语文献和现代突厥语族诸语言中表达条件语义的标记形式较为丰富，有连词标记、指称性助词标记、从句体标记、时间直指词标记、语气词标记等。丰富多样的标记形式的使用，使条件句的语义关系较为明晰。如：

回鹘文献语言附加成分 -sa 的多种意义是跟其他形式相配合而产生的结果，如：跟情态词 keräk 相配合，如：

men Uyɣurnïŋ qaɣanï bolamän kim yerni tört bolunïnuŋ qaɣanï bolsam keräk turur（我是回鹘人的可汗，应该是四方世界土地的统治者）；同助动词 bol- 相配合，如：qaɣanda bedizini amasa bolur（始终应该叫作最完善的）；tïtïq söksä bolmas（不应该责备语言）；ïdsa bolur（应该派遣）。

同副词 tep 配合，yeküкä ašazuq alïq kelsä dep...（把食物拿来供使用）。

数词 nečä（几个）附加于条件式形式之前可以表示任何条件的否定意义，如：nečä bersä dun' ya tügär，alɣïnïr.（世界无论给多少，总会有终止，有消失。）nečä tirisä，ahïr ölüm tutqučï.（无论活多久，最后还是要死的。）

与古代碑铭语言相比，这一时期的动词条件式使用范围更广，使用频率更高，表达的意义也更为丰富。

在维吾尔语中，在条件式动词后，如果结合 keräk“必需、应该”一词，则又表示可能等意义。例如：

u mädʒliskä barsa keräk.（他可能去开会。）

u ejtqɑn bolsɑ kerɛk.（他可能是说过。）

bu poloni jimigän bolsa keräk.（他可能没有吃过这种抓饭。）

维吾尔语条件式可带能动标志。它的能动式是在动词词干后缀接附加成分 -ata/-älä 或 -jala/-jälä，再加条件式附加成分和人称标志构成。例如：

bär-älä-sä-m → bärälisäm （如果我能去）

käl-älä-sä-ŋ → kelälisäŋ （如果你能来）

条件句的逻辑表示两个事件同时发生，或是把前一分句所表示的事件背景化，这两种功能都是复句本身通过移位或是重叠不能表达的。条件语义表达极为依赖充分条件表示的推理关系，充分条件逻辑基础是条件语义明晰的关键。

（二）句法分析

碑铭语言的条件语义范畴的句法结构可以从组成、位置、句法表现三个维度进行分析。

1. 句法组成

碑铭语言条件句句法组成，包括两个部分，即条件分句和条件主句，如：

ötükän yir olorup arqïš tirkiš ïd-sar（派 - 条件式）, näŋ buŋuɣ yoq.（如果你们住在于都斤山这地方，〈从这里〉派出商队，那就没有忧虑。）—阙 N8

条件分句是条件语义的根源，因为条件句的假设性语义特征来源于条件分句，条件语义的等级也依赖条件分句进行划分，而主句在条件句中只是增强了条件语义的论断性。

碑铭语言的条件句标记主要集中在分句标记之上，如：

ol yärgärü bar-sar（去 - 条件式），türk bodun öltäči sän.（如去那地方，突厥人民你就将死亡。）— 阙 N8

bir kiši yaŋïl-sar(犯错 - 条件式), uɣuši bodunï bišükinge tägi qïdmaz ärmiš.(一人有错，连其族人、人民、后辈都不饶恕。）— 阙 N6

以上例句，分句谓语动词后缀加条件式标记，主句不使用标记。在表达条件语义关系的过程中，条件标记是必不可少的，标记的使用使得条件语义关系更加明晰，让听话者更容易理解条件语义关系，而对条件语义的形成并不起决定性的作用。

2. 句法位置关系

鄂尔浑 — 叶尼塞碑铭语言的条件分句只能位于条件主句之前，且分句与主句之间，有语音停顿。

条件句中偏句前置的原因，Greenberg①、Comrie②、张金桥、莫雷③、王春辉④等从不同的角度进行过论证。王春辉认为：“不同语言中条件小句前置源于条件句的假设性和对比性。”

碑铭语言的条件分句和主句之间具有很强的因果关系。在语义关系上，两汉汉语条件分句和主句之间是条件与结论、条件与结果的关系，这是一种紧密的因果关系。即前面的条件必然会使后面的结果出现，是不可逆转的。如：

bintägi : bar är-sär（是 - 条件式）: nä buŋï : bar ärtäči ärmiš :（只要有〈像我〉这样的

①Greenberg J.H. Some universals of grammar with particular reference to the order ofmeaningful elements.In Greenberg J.H. (ed.),*Universal of Language (Second edition)*.Cambridge,MA:MIT Press, 1966.

②Bernard Comrie. *Conditionals*.Cambridge:Cambridge University Press,1986,pp.83-84.

③ 张金桥、莫雷：《汉语假设条件复句的心理表征项目互换效应研究》，《心理科学》2005 年第 1 期。

④ 王春辉：《汉语条件句标记及其语序类型》，《语言科学》2010 年第 3 期。

人，就不会有什么不幸！）— 暾 2D57

kül tigin yoq är-sär（是 - 条件式）, qop öltäči ärtiŋiz!（要是没有阙特勤的话，你们都将死掉！）— 阙 B10

句法操作的手段有三类：添加、移位、重叠。句法操作的位置有三个，分别是句首、谓头、句尾，这三个位置对属于全局功能语法范畴的句法操作比较敏感，因此被称为三个敏感位置[①]。如上例，碑铭语言的动词条件标记后置于条件分句句尾，条件主句之前。

象似性在语言中体现在诸多方面，其中时间象似性被众多学者所关注。Givón 的“线性次序原则”认为，在一段紧密结合的话语里，句子的顺序倾向于和它们所描述的事件出现的时间顺序相对应。戴浩一研究了汉语的时间象似性，提出了“时间顺序原则（PTS）”，认为两个句法单位的相对次序决定于它们所表示的概念领域里的状态的时间顺序[②]。

Comrie 认为条件句分句间的线性顺序反映了分句时间指示上的顺序，即条件小句的时间指示通常是在结果分句之前，或者至少不会在结果分句之后，所以 Comrie 的象似是时间顺序上的象似。除此之外，Comrie(1986:86) 还提到一点，也可以看作是另一个象似性表现。Comrie 提出条件分句和结果分句之间存在着因果关系是条件句的典型特征之一，因此 Comrie 认为条件分句前置于结果分句的语序倾向，可能是对两分句之间原因在结果之前的关系的象似性反映。

但对于这种顺序，碑铭语言中也有一例特殊：

nä ayayin : tidi : kälir är-sär（是 - 条件式）: köörü（我能向你说些什么呢？如果他们来的话。）— 暾 1B32

条件分句置于主句之后，虽然主句的时间指示是在分句之后，但是语序是后置的。

3. 句法表现

在碑铭语言条件语义范畴中，条件式表示说话者对行为动作的假设或提出的条件等虚拟语气的动词形式，主要用于条件关系复句，作为主句动词谓语所指动作实现的条件。条件式没有时的区别，它仅表示将来的意义。如：

taɣda sïɣun ät-sär（叫 - 条件式）…（当山上传来鹿叫声时……）— 毗 X5

är-sär（是 - 条件式）bäŋgü tašqa urtum（我把所有的话都刻写在〈这〉永久的石碑上。）— 毗 B8

条件式的否定是由动词词干缀接否定词缀 -ma/-mä 再缀接 -sar/-sär 来构成。表示 üzä

① 徐杰：《句子的三个敏感位置与句子的疑问范畴 —— 跨语言的类型比较》，单周尧、陆镜光：《语言文字学研究》，北京：中国社会科学出版社，2005 年，第 223—234 页。

② 张敏：《认知语言学与汉语名词短语》，北京：中国社会科学出版社，1998 年，第 159—160 页。

täŋri bas-ma-sar（压 - 否定 - 条件式），asra yir tälin-mä-sär（裂 - 否定 - 条件式）.（当上面上天不塌，下面大地不裂。）— 毗 D18

än iniligü: bunča: bašlayu: qazɣan-m[a-sar]（努力 - 否定 - 条件式）:türük: bodun: öltäči: ärti: yoq: boltačï:（如果以我和我弟一起为首的人不如此努力的话，突厥人民将灭亡。）— 毗 D33

回鹘语言时期，如果过去时确定式跟带有条件式的助动词 er- 相结合，则表示非现实条件的意义，如：ölür erdi ärsä qamaɣ iglägän kiši qalmaɣay erdi ruzï yegän（如果一切病人都死了，就剩不下享受起码生活资料的人了），ölümgä aicïq qildï ersä otäm otačï turu qalɣay erdi ulam（如果药物有效的话，那么所有的医生是会长生不老的）。①

在带 -ar 的形动词和句子中作主要成分用的助动词 er- 相结合时，非现实的条件意义只能由一种条件式形式来表示。如：küyär erdim otta küzätmäsä ol（如果不拯救他，我将焚身于火中）。②

有时，这种带有 er- 的条件形式的综合结构具有条件形式的一般意义。如 udïr erdiŋ ersär tur（如果你睡醒了，就起来吧！）③

维吾尔语的多次过去时，在许多情况下，这种过去时如果与条件式连用，它所表达的仅仅是对过去可能发生的行为的一种估计、虚构的愿望。如：

u bu järeä bolsa, qandaqla bolmisun birär amal tapqan bolatti.（他要是在这儿，好歹也能拿个主意。）

ägär putum aʁrimiʁan bolsa, män pijadä qajtattim.（假若不是脚疼，我就步行回来了。）

u waqitta u kälmigän bolsɑ , män bazarʁa bɑrottim.（那时候如果他不来，我就去市场了。）

（三）语义分析

条件句的构成包括分句和主句，分句和主句在语义上具有不同的语义特征，主要表现为条件句分句具有假设性；条件句主句具有较强主观性。龚波（2010）在论述假设句语义特征时，将假设句的语义基础概括为“主观假定性、对比性、指称性、推断性”，龚波对语义特征的分析较为全面，这是条件句成立表现出来的语义特征。下面具体分析碑铭语义的条件句分句和主句的语义特征。

1. 条件分句语义分析

条件分句是条件句的重要组成部分，条件语义主要来源于条件分句。总的说来，分

①《福乐智慧》卷二，圣彼得堡，1900—1910 年，第 21、127 页。
②《福乐智慧》卷二，圣彼得堡，1900—1910 年，第 101、110 页。
③《福乐智慧》卷二，圣彼得堡，1900—1910 年，第 45 页。

句具有假设性、时间性等特征。

条件分句具有假设性，条件分句的假设性是从语义角度探究条件分句的语义特征。王春辉（2010）[①]对假设性进行了定义："条件句尤其是条件小句中所提到的情形实现的可能性。"不同学者将其概括为不同的等级，罗晓英（2006）将其划分为两个等级："一是违实假设；二是可能假设。违实假设是指'假设的内容都是不可能成为事实或者说与已然事实相反的情况'。可能假设是指'假设前项提出的条件是否是事实或者是否成为事实是未知的，结果存在多种可能性'。"如：

yazï qonayïn ti-sär（说 - 条件式），türk bodun üläsig anta ańïɤ kiši anča bošgurur är-miš（是 - 过去时）（并要住在平原时，恶人就这样教唆部分突厥人民道：）— 阙 N7

上例是对过去时间发生的动作的假设，är-miš（是 - 过去时）表示过去时间标记。

üzgäli : učuz : yuyqa : qalïn bol-sar（成为 - 条件式）: topulɤuluq : alp ärmiš : yinčgä yoɤun bol-sar（成为 - 条件式）: üzgülük alp ärmiš :（要是薄的东西变成厚的，透就难了；要是细的变成粗的，要折断就难了。）— 暾 1X14

上例是对将来时间发生的动作的假设。

条件分句的假设性可以表示另一动作发生的条件和环境。

条件分句具有时间性。在一个条件复句中，条件分句所表示的是事件一般背景信息，主句则是新信息。从语用上来看，话题正是一个背景信息，而说明部分恰好在提供一个新信息，这符合句子的信息传递结构。通常，旧信息与新信息之间通过停顿、提顿词等起到引进新信息、强化话题的作用。条件复句中，位于条件分句句末的时间词恰好处于此位置，这一特殊的句法位置为其进一步虚化为话题标记提供了条件。刘丹青指出了话题标记的四种来源，其中，时间名词必须经历条件句标记这个阶段才能成为话题标记[①]，江蓝生认为话题标记与假设助词是通用的，话题是预设说明的对象，而假设是以一个虚拟的条件为话题，二者之间有本质上的相似性[②]。

qačan 〈na〉ŋ är-sär（是 - 条件式）: ölürtäči köük : üčägün : qabïsïp :（让我们三家联合出兵吧！）— 暾 1D21

空间是三维的，而时间是一维的，人类在交际时所使用的语言只能在时间链条上依次展开，在一个包含两个或两个以上事件的语言结构中，按照时间象似性原则，通常发生在前的或是处于背景的事件语序上在前，后发生的事件语序上在后。

① 刘丹青：《话题标记从何而来？——语法化中的共性与个性续论》，沈家煊、吴福祥、马贝加：《语法化与语法研究（二）》，北京：商务印书馆，2005 年，第 107—130 页。

② 江蓝生：《时间词"时"和"後"的语法化》，《中国语文》2002 年第 4 期。

如：közdä yaš käl-sär （来 - 条件式）tidä köŋültä , sïɣït käl-sär（来 - 条件式）yanturu saqïntïm.（眼睛流泪，我努力控制它，心情悲痛，去抑制它。）— 阙 B11

közdä yaš kälsär（眼睛流泪）在先，进而 tidä köŋültä（我努力控制它），遵循时间顺序。由此可见，遵循语言的象似性已经可以明示分句之间的时间关系了，表示时间的时态现象成为羡余，由于经济性的影响，其要么脱落，要么语法化。

语言事实是，其虚化为条件标记（-sär）。

时间、空间是人类认识客观世界的基本立足点，那么语言中应普遍存在表示时间的词语。此外，Greenberg 人类语言的 45 条普遍特征中，第 14 条就指出“条件陈述句中的正常语序是条件句处于结论之前”。这表明，在人类普遍认知规律的作用下，映射于语言中的条件复句在语序上符合时间象似性原则。如此看来，从时间范畴到条件范畴的映射应在现代突厥语族诸语言中也存在。

时间词用作条件复句的关联词语，在突厥语族语言中是广泛存在的。如在图瓦语中，表示时间关系的“manafai”可以用作条件标记。如：

Ioopu I kaa kalaga nee au loopu manafai e fia faipati koe ki eii.（如果你想和 loopu 说话，我就给他打电话。）

2. 条件主句语义分析

条件句主句语义中具有较强的主观性。龚波（2010）将主观性的语义特征概括为论断性，并认为：“假设句是论述句中的一类，具有很强的论断性。假设句从不用于描述事实，只用于论述和判断。”本文认为条件句主句是具有论断性的结构。论断性指：句子语义用于表示认识的结果，而不用于表示叙述。论断性主要体现在主句采取的形式上。如：

ïrak är-sär（是 - 条件式）yablaq aɣï birür aɣuq är-sär（是 - 条件式）ädgü aɣï birür.（凡住远处的给坏的礼物，凡住近处的给好的宝物。）— 暾 1X13

碑铭语言条件句的分句和主句之间的关系可以分析为状语从句和主句的关系。条件分句常常被认定为背景信息，条件主句才是句义信息的重点。

条件句是语言研究中的重要组成部分，自语法研究初期就受到了广泛关注。在外部形式上，条件句与认知系统、逻辑关系和思维方式都存在密切的关系，它是客观外部世界的主观表达形式，是多学科的集合体。在内部组成上，条件句由分句和主句共同构成，具有多样的搭配形式，形成了不同的句法、语义特征，这是因为条件语义关系具有极强的主观性，在其影响下产生的条件语义表达式具有明晰的语义内涵。

鄂尔浑—叶尼塞碑铭语言代表了早期突厥语族的语言面貌，是突厥语族语言研究的源泉，通过碑铭语言与后期回鹘文献语言以及现代突厥语族语言条件式发展脉络的梳理，能够清楚地展现出条件式的演变过程。碑铭语言条件式具有鲜明的语义范畴逻辑基础，碑铭语言条件句句法组成，包括两个部分，即条件分句和条件主句，分句具有假设性、时间性等特征，主句则具有较强的主观性。

参考文献

[1]A. 冯·加班著，耿世民译：《古代突厥语语法》，呼和浩特：内蒙古教育出版社，2004 年。

[2] 爱德华·萨丕尔著，陆卓元译：《语言论》，北京：商务印书馆，1985 年。

[3] 布龙菲尔德著，袁家骅、赵世开、甘世福译：《语言论》，北京：商务印书馆，2004 年。

[4] 伯纳德·科姆里著，沈家煊译：《语言共性和语言类型》，北京：华夏出版社，1989 年。

[5] 陈宗振：《中国突厥语族语言词汇集》，北京：民族出版社，1990 年。

[6] 程世良：《现代维吾尔语语法》，乌鲁木齐：新疆人民出版社，1996 年。

[7] 程世良：《突厥比较语言学》，乌鲁木齐：新疆人民出版社，1997 年。

[8] 戴维·克里斯特尔著，沈家煊译：《现代语言学词典》，北京：商务印书馆，2007 年。

[9] 李增祥：《突厥语言学基础》，北京：中央民族大学出版社，2011 年。

[10] 刘丹青讲授，曹瑞炯整理：《语言类型学》，上海：中西书局，2017 年。

[11] 陆丙甫、金立鑫主编：《语言类型学教程》，北京：北京大学出版社，2015 年。

[12] 张伯江、方梅：《汉语功能语法研究》，南昌：江西教育出版社，1996 年。

[13]Bernard Comrie,Martin Haspelmath and Balthasar Bickel. *The Leipzig Glossing Rules: Conventions for interlinear morpheme-by-morpheme glosses.* Department of Linguistics of the Max Planck Institute for Evolutionary Anthropology, Gemany.

[14]Bernard Comrie. *Aspect: An Introduction to Verbal Aspect and Related Problems.* Cambridge: Cambridge University, 1976.

[15]Bernard Comrie. *Language Universals and Linguistic Typology: Syntax and Morphology (the second edition).* Chicago: The University of Chicago, 1989.

[16]A. M. 谢尔巴克：《新疆十至十三世纪突厥语文献语言语法概论（动词部分）（续）·动词的构词法》，《突厥语研究通讯》1989 年第 2 期。

[17]赵明鸣：《关于〈突厥语词典〉中的一种宾格附加成分 -n》，《民族语文》1998 年第 6 期。

[18]阿布都沙拉木·许库尔·诺亚：《古代突厥—回鹘碑铭文献的叙述特点》，《民族文学研究》2008 年第 1 期。

[19]阿不都热西提·亚库甫：《古代维吾尔语摩尼教文献语言结构描写研究》，中央民族大学博士学位论文，1996 年。

[20]王春辉：《汉语条件标记及其语序类型》，《语言科学》2010 年第 6 期。

[21]李贤卓：《从类型学看汉语“时”类条件标记》，《外国语》2015 年第 2 期。

[22]张欣：《两汉汉语标记型条件语义范畴研究》，吉林大学博士学位论文，2020 年。

[23]董秀英：《汉语假设句的从句和主句标记共现情况考察》，《南京师范大学文学院学报》2016 年第 2 期。

[24]董秀英、程波涛：《“如果说”假设句的主句标记使用情况考察》，《南昌大学学报（人文社会科学版）》2016 年第 1 期。

[25]董正存、赵梅赏：《时间范畴到条件范畴的映射》，《廊坊师范学院学报（社会科学版）》2008 年第 5 期。

[26]董正存:《无条件构式的省缩及其句法－语用后果》,《中国语文》2013 年第 4 期。

Typological Perspective Study on Conditional Marking of Orkhon-Yenisei Inscription

Cui Yan

[Abstract] The conditional markings in the Orkhon-Yenisei inscriptions are mainly marked by the verb stem suffix -sar/-sär. Inscriptions language conditional sentences are more depend on the logical relationship of sufficient conditions formed by clauses and main clauses. In the syntactic position, the clause is in the front, the main clause is in the back, and the positional relationship is relatively fixed. In terms of syntactic performance, the future tense is of great significance to the composition of conditional semantic categories. In terms of semantics, conditional clauses have the characteristics of hypotheticism and timeliness, while conditional clauses have the characteristics of subjectivity. On the pragmatic level, conditional sentences express the speaker's strong subjective attitude.

[Key words] Typology; Orkhon-Yenisei Inscription; condition marking

（通信地址：116029，大连，辽宁师范大学）

第三章　回鹘式蒙古文文献研究

论元代汉蒙合璧《孝经》的回鹘式蒙古文书写特征 *

包乌云

【提要】元代是我国汉籍蒙古文译本兴盛的时期，但现在发现的元刻汉籍蒙古文译本仅有现藏于北京故宫博物院图书馆的汉文蒙古文合璧《孝经》残本，共37张（1b–38a），每张有a、b双面。这里指的蒙古文是13—16世纪时期的回鹘式蒙古文。本文将对元代汉蒙合璧《孝经》残本的回鹘式蒙古文进行深入研究，系统分析其文字书写特征。

【关键词】元代；汉蒙合璧《孝经》；回鹘式蒙古文

一、关于元代汉蒙合璧《孝经》残本

《孝经》是中国古代儒家汉语经典著作，成书于秦汉之际，传说是孔子之作，但也有不同说法。据《元史》记载，元大德十一年（1307），中书右丞 Bolodtemür 曾用元朝国字八思巴字蒙译《孝经》并呈送给皇帝，但该版本的《孝经》未能传世。

现存汉蒙合璧《孝经》残本[①]，是《孝经》汉文原文与蒙译回鹘式蒙古文合璧版本，其中，汉文的文字书写方向以及行序与回鹘式蒙古文书写习惯相同，文字书写方向为“从上到下”，每行排序方向为“从左到右”。再有，根据语句将《孝经》原文分成约200段[②]，每一段原文后，写有回鹘式蒙古文书写的蒙译内容。该汉蒙合璧《孝经》中的蒙译部分也是回鹘式蒙古文文献中保存较完整的一份珍贵文献。至于该蒙译《孝经》的回鹘式蒙古文版本，是不是《元史》中提到的用国字蒙译《孝经》的转写还是重新翻译的蒙译这一问题，目前学界尚无明确结论。

现存元刻汉蒙合璧《孝经》的蒙古语翻译水平非常高，蒙译文既忠于汉语原作，又

基金项目：国家社科基金项目“丝绸之路沿线回鹘式蒙古文文献整理研究”（16XYY029）阶段性研究成果。
作者简介：包乌云，内蒙古师范大学教授。
① 以下简称“蒙译《孝经》”。
② 其中现存的1b–38a内容的分段数共196段，丢失的那一页（1a）原文的分段数不确定，大约4—6段。

经典流畅，体现了元代较高的汉译蒙翻译水平，也成为汉蒙翻译史上非常珍贵的文献资料。

现存汉蒙合璧《孝经》残本封面以及序号为 1a 的页码已丢失，因此至今无法确定蒙译书名，史书也未记载。后人根据不同情况，总结了几种蒙译书名，一是根据《孝经》中出现的“孝”字的蒙译 taqimdaqu，译作《tahimdaqu bicig》或《tahimdaqu nom》；二是根据《孝经》中“孝”的蒙古语常用词汇译作《acilaltu nom》等。

二、关于元代蒙译《孝经》的文字

据《元史》第二十二卷大德十一年（1307）八月辛亥日记载，“中书（右）[左]丞孛罗铁木儿以国字译孝经进，诏曰：此乃孔子之微言，自王公达于庶民，皆当由是而行。其命中书省刻板模印，诸王而下皆赐之”[①]。意为中书省左丞[②]Bolodtemur 向皇帝敬献用国字译写的《孝经》，但此书迄今尚未被发现。其中的“国字”指元世祖忽必烈命八思巴创制的八思巴蒙古文[③]；译者为蒙古人 Bolodtemur，起初为中书省左丞，后又作为中书省右丞，其名字的汉文转写有“孛罗铁木儿”“波罗帖木儿”“孛鲁帖木儿”等不同写法。

然而现存蒙译《孝经》是用回鹘式蒙古文译写的。众所周知，元代常用的蒙古文主要有回鹘式蒙古文和八思巴蒙古文两种，其中，八思巴蒙古文是创制于 1269 年的元代国字，而回鹘式蒙古文的使用时间更早，现存最早时期的回鹘式蒙古文文献是刻于 1225 年、现藏于俄罗斯圣彼得堡市艾尔米塔什博物馆的《成吉思汗石文》（又称《也松哥碑文》）。据《元史》记载，《孝经》的蒙译是在元代用八思巴字记录的，而对于现存汉蒙文合璧《孝经》的回鹘式蒙古文译本，则不见记载，译者和蒙译时间还不能确定。在明末太监刘若愚所著《酌中志》中，记录有“内版书目”，其中有一条为“《达达字孝经》一本，四十二叶”，说明蒙译《孝经》在明代还印过，但是利用元板重印，还是重新雕版，则尚待研究[④]。照那斯图先生对现存汉蒙合璧《孝经》提出了不同的意见，认为此书应是《酌中志》所记的“达达字孝经”，很可能是明洪武年间宫中所刻。而蒙古国学者 Х.Лувсанбалдан 曾提出不同的观点，从蒙译《孝经》的蒙古语、蒙古文特征入手，

①[明]宋濂等撰：《元史》，北京：中华书局，1976 年，第 486 页；照那斯图：《八思巴字和蒙古语文献 I 研究文集》，日本东京，1990 年，第 109 页。

②[明]宋濂等撰，王石庄主译：《元史》二，呼和浩特：内蒙古人民出版社，2017 年，第 419 页。

③ 通常叫八思巴字。

④ 史金波、黄润华：《中国历代民族古文字文献探幽》，北京：中华书局，2008 年，第 169 页。

认为其是元末、明初刻本[①]。

围绕现存汉蒙合璧《孝经》中的蒙译《孝经》是元刻还是明刻这一问题，未曾见明确记载，因此，对蒙译《孝经》的回鹘式蒙古文书写规则的深入研究，为揭示蒙译《孝经》的译写年代提供了一定的理论根据。下面将从文字书写特征入手，对蒙译《孝经》的回鹘式蒙古文书写规则与元、明时期其他回鹘式蒙古文文献的书写规则进行对比研究，探索蒙译《孝经》的译写时代。

三、蒙译《孝经》回鹘式蒙古文的文字书写特征

（一）蒙译《孝经》回鹘式蒙古文书写规则与元、明时期其他回鹘式蒙古文文献的书写规则的相同之处[②]

从蒙译《孝经》的回鹘式蒙古文的元音词首形式来看，与现行蒙古文有明显的差别，而与元、明两代其他回鹘式蒙古文书写形式基本相同。例：aq-a（兄）:105\509[③]。

回鹘式蒙古文中，词末辅音 s 的书写形式有两种，其中，半截形式与现行蒙古文有明显区别。蒙译《孝经》的词末辅音 s 的书写特征也是半截形式，与元、明两代其他回鹘式蒙古文书写特征基本相同。例：degedüs（祖先）:113\505。

回鹘式蒙古文中，阳性辅音 q 的词首、词中形式与现行蒙古文有明显区别。蒙译《孝经》中辅音 q 的词首、词中形式与元、明两代其他回鹘式蒙古文的书写形式基本一致。例：qoyar（二）:87\483；joqis（合适）109\482。

回鹘式蒙古文中，辅音 m 的词中书写形式有两个短牙，与现行蒙古文有明显区别。蒙译《孝经》中的书写形式，与元、明两代其他回鹘式蒙古文书写形式相同。例：tüšimel（臣）:109\481。

“日”（üdür）在回鹘式蒙古文中的写法与现行蒙古文 (edür) 中的写法是有区别的。蒙译《孝经》和明代回鹘式蒙古文中均以 üdür 出现。如：üdür（日）：96\488。

词语“未”（ese）在回鹘式蒙古文中一般分开写，这一点与现行蒙古文明显不同。蒙译《孝经》和明代回鹘式蒙古文中，均以分开形式出现。如：es-e（未）：97\589。

①Лувсанбалдан Х. *Ачлалт номын тухай*（*Хоёр дахь хэвлэл*）. УЛААНБААТАР,2015,p.10.

② 这里只列举一部分的例子。

③ 例子前面的拉丁字母是蒙译《孝经》回鹘式蒙古文中的词语，括号中是该词的汉译，阿拉伯数字为道布编《回鹘式蒙古文文献汇编》的页码，前面的阿拉伯数字指《孝经》蒙译中的例子，斜杠后面的阿拉伯数字指明代时期回鹘式蒙古文例子。下同。

综上所述，蒙译《孝经》回鹘式蒙古文书写规则，与元、明时期回鹘式蒙古文的书写规则基本相同，但经过仔细观察，也能看出其不同之处。

（二）蒙译《孝经》回鹘式蒙古文的文字书写特征

词尾辅音 n 或词尾元音 a\e，在蒙译《孝经》的回鹘式蒙古文中一般以竖写形式出现，但在行内空间狭小时会用横写体，用法较活，而元刻《入菩提行经注疏》里几乎是竖写形式。

与之相比，明代的回鹘式蒙古文文献中，上述形式除了极少数有竖写体之外，绝大多数是横写体。因此，在词尾辅音 n 或词尾元音 a\e 的回鹘式蒙古文书写特征方面，本文所指蒙译《孝经》与元代木刻《入菩提行经注疏》以及其他元代时期的回鹘式蒙古文文献的书写形式更接近。

“皇帝”一词，在元代回鹘式蒙古文文献中一般以 qan\qaqan 两种形式出现，而在本文所指蒙译《孝经》回鹘式蒙古文中几乎以 qan 形式出现。与此相异，在明代回鹘式蒙古文中基本以 qaqan 形式出现。因此，在“皇帝”一词的书写方面，蒙译《孝经》似乎更接近元代回鹘式蒙古文的特征。

蒙译《孝经》回鹘式蒙古文中，阳性辅音 q 与 n 均以无点的形式出现。回鹘式蒙古文文献中，阳性辅音 q 与 n 的书写有两种情况，一种是有点的书写形式，另一种是无点的形式，这方面元、明时期的回鹘式蒙古文文献并无明显区别。

基于上述特征，不难看出蒙译《孝经》的回鹘式蒙古文文字书写规则在很多方面具有明显的元代特征，因此，针对其是元刻还是明刻这一问题，我们初步认为，现存汉蒙文合璧《孝经》残本为元代的可能性更大一些。

参考文献

[1] 道布：《回鹘式蒙古文文献汇编》（蒙古文），北京：民族出版社，1983 年。

[2] 史金波、黄润华：《中国历代民族古文字文献探幽》，北京：中华书局，2008 年。

[3][明]宋濂等撰：《元史》，北京：中华书局，1976 年。

[4][明]宋濂等撰，王石庄主译：《元史》二，呼和浩特：内蒙古人民出版社，2017 年。

[5] 照那斯图：《八思巴字和蒙古语文献 Ⅰ 研究文集》，日本东京，1990 年。

[6]Лувсанбалдан Х. *Ачлалт номын тухай*（*Хоёр дахь хэвлэл*）. УЛААНБААТАР,2015.

Study on the Uyghur Mongolian Writing Characteristics of the Chinese-Mongolian *The Classic of Filial Piety* in the Yuan Dynasty

Bao Wuyun

[Abstract] The Yuan Dynasty was a period when Chinese-Mongolian translations of Chinese books flourished, but the only Chinese-Mongolian translation of Chinese booksin the Yuan Dynasty discovered so far is the fragment of *The Classic of Filial Piety*, which is now preserved in the library of the Palace Museum, Beijing. There are 38 pieces (double-sided) in total (from 1b to 38a). The Mongolian writing referredto hereis the Uyghur Mongolian of the 13th to 16th centuries.This paper will conduct an in-depth study on the Uyghur Mongolian of the fragment of Chinese-Mongolian *The Classic of Filial Piety* complied in the Yuan Dynasty and a systematic analysison its writing characteristics.

[Key Words] Yuan Dynasty；Chinese-Mongolian *The Classic of Filial Piety*；Uyghur Mongolian

（通信地址：010022，呼和浩特，内蒙古师范大学）

第四章　满文文献研究

《钦定四库全书·琴谱合璧》再探

邓 晶

【提要】《钦定四库全书·琴谱合璧》于乾隆五十四年（1789）成书，是清代内阁侍读学士和素根据明代琴家杨抡所撰《太古遗音》和《伯牙心法》合译而成。杨抡，明末琴歌派琴人之一，号桐庵，又号鹤浦，江宁人，其琴学著作丰富。《钦定四库全书·琴谱合璧》除了收录与古琴演奏有关的琴论、指法等文字论述，以及《汉宫秋月》《梅花三弄》《客窗夜话》《捣衣》《楚歌》等六十余首古琴曲谱外，更以满汉合璧歌词对应减字谱的形式呈现。它不但是一部珍稀的琴学文献，还是一部集诗词歌赋于一身的诗词文献，其诗文的辞藻华丽，文体丰富，所蕴含的文学性和艺术性丝毫不逊色于其他诗词文本。因本书的译者为清代康熙朝满洲人、内阁侍读学士、御试清文第一名的翻书房总裁和素，所以可以推断该书的满文翻译代表了当时的最高水平。本文列举书中的诗、词、歌、赋、锦句、熟语，并利用现代翻译体系对之进行分类。对该文献进行研究，归纳其中的语法现象，揭示其中的翻译技巧，探讨其中的思维方式，以期丰富目前满汉互译工作的技术手段。

【关键词】文体；诗词；翻译；对偶

《钦定四库全书·琴谱合璧》成书于清乾隆五十四年（1789），是一部集古琴的制作、形制、修理、调律、调式、定弦、保养、演奏、读谱、记谱、琴谱收集、注释等相关知识于一身的大型琴谱集。它不但通过大量的说明文字讲解了古琴演奏的知识，还阐述了作者在乐律学上的观点，进而明确了中国传统的五声音阶在古琴演奏上的重要意义，并且把它巧妙地与中国的传统医学理论相结合，指出五声调式音阶的运用，不但能够很好地表达乐思，同时也兼具治病疗伤的功能。众所周知，古琴是我国古代文人文化中最

作者简介：邓晶，中国满文书法研习会会员。

具代表性的乐器之一。古代士大夫阶层对古琴艺术的要求，直接反映了这个阶层的人们对音乐的审美、对装饰的审美、对环境的审美以及他们对各种美的要求，进而反映了中国古代知识分子对“美”的概念。多少年来我国的音乐研究人员在做中西方音乐比较研究时发现，中西方音乐在音乐表达等方面存在着很大的差异。这些差异体现在速度标记、段落形式、音乐表情诸多方面。但是，当《钦定四库全书琴谱合璧》一书呈现在你面前的时候，你会惊奇地发现古琴演奏的艺术要求与西方古典音乐的艺术要求有着惊人的一致性。

《钦定四库全书·琴谱合璧》不但是一部珍稀的琴学文献，同时还是一部集诗词于一身的诗词文献，所蕴含的文学性和艺术性丝毫不逊色于其他诗词文本。由于本书的译者为清代康熙朝满洲人、内阁侍读学士、御试清文第一名的翻书房总裁和素，因而该书的满文翻译代表了当时的最高水平。翻译是一种灵活性相当强的工作，他要求译者不但要会灵活运用两种语言，同时还要知晓他们之间在表达用法上的差异，并且能熟练地应用这些差异为自己服务。尤其是如何将母语译成非母语，这一点就显得更加重要了。虽然翻译受到原文意思的影响和约束，不可以漫无边际地发挥、扩展，但是原文的约束主要是针对意义、意思，而不是来自语法和词汇。搞清这个原则，你的翻译就会自然、顺畅。本文将通过对古籍的分析，结合文中的实例，揭示其中的翻译技巧。

纵观全书，可以分成若干文体。接下来，我们就对该书中的文体进行归类。

一、涉及不同文体的翻译

《钦定四库全书·琴谱合璧》所涉及的文章体裁有如下数种，从语言形式上分有词、赋；从内容上分又可以分为：序、说、叙、法、须知、启蒙、捷要等应用文和论、考、辨考、论考等议论文。

（一）序及通论类文章如下

序：太古遗音序、礼乐序。

词：赞琴词。

赋：上古琴赋、听琴赋。

叙：鹤浦自叙。

说：和弦间勾说。

论：太古琴论、五音统论、五士操论。

考：宫意考、商意考、角意考、徵意考、羽意考。

论考：五音论考、十三徽论考、七弦论考。

审辨：五音审辨。

（二）应用文一类中，可按不同的用途分类

演奏类说明文：指法捷要、指有五功、指有五能、指有五病、身有五谬、指下十善、操琴有十戒 、鼓琴有十二欲、琴有五变、琴有三等、放琴坐席要法、鼓琴鸣弦要法、琴有七要。

指法类说明文：造替指法、古人抱琴势、弹琴须知、弹琴启蒙、杨氏减字法、手指讳号图。

琴形类说明文：琴之象形、琴面诸称 、琴背诸称、琴背选刻字样、诸琴图谱、琴轸不等价。

保养类说明文：辨真断纹、辨伪造断纹、选看琴弦法、上新旧琴弦法、打琴弦绳头法、做绒扣线须法、上琴弦要法、和弦间勾说、调弦入弄、挂琴要法。

环境类说明文：琴有十四宜弹、琴有十四不宜弹、琴弹十友、琴有九不祥、琴有二十疵。

乐谱类说明文：太古遗音。

（三）议论文一类中，可按不同的用途分类

探讨音律问题的议论文：五音审辨。

探讨调式问题的议论文：五音论考、五音统论。

琴徽使用方面的议论文：十三徽论考。

琴弦演奏方面的议论文：七弦论考。

中国传统五声的议论文：宫意考、商意考、角意考、徵意考、羽意考。

由此可知此书涉及两大文体，即说明文和议论文。说明文阐述了琴的使用和修理保养，以及在演奏上需要注意的问题；议论文通过立论阐述了作者关于音乐理论上的见解。例如：各个调式给听众所带来的不同感受，以及作曲上经常使用的实例等。在满文的翻译上，译者采用直译的方法，译文句式简明、语法精炼。

（四）文体名称的翻译

采用汉满对照及罗马转写的形式列出：

文体		举例	
汉语名称	满文罗马转写	汉语名称	满文罗马转写
序	šutucin	《太古遗音序》	julgei ulha mudan i xutucin
词	uculen	《赞琴词》	kituhan be maktaha uculen
赋	fujurun	《上古琴赋》	dergi julgei kituhan i fujurun

续表

文体		举例	
汉语名称	满文罗马转写	汉语名称	满文罗马转写
说	gisurehengge	《和弦间勾说》	sirge qcabure giyan geo be gisurehengge
叙	girurehengge	《鹤浦自叙》	hoo pu beye be gisurehengge
颂	maktacun	《颂君德》	alifi han i erdemu be maktarangge
法	arga	《上琴弦要法》	kituhan i sirge be hawaitara oyongge arga
须知	urunakū sarangge	《弹琴须知》	kituhan fithere de urunakū sarangge
启蒙	ulhiburengge	《弹琴启蒙》	kituhan fithere be ulhiburengge
捷要	jorihangge	《指法捷要》	oyonggo fa be jorihangge
论	leolen	《太古琴论》	dergi julgei kituhan i leolen
考	kimcin	《宫意考》	gung i Kao kimcin
审辨	kimcime ilgaburengge	《五音审辨》	sunja jilgan be kimcime ilgaburengge
论考	leoleme baicahangge	《五音论考》	sunja mudan be leoleme baicahangge

二、古籍中涉及的翻译

(一)丰富的音译词汇

音译法是一种译音代义的翻译方法，在实际应用中有着广泛的用途和使用价值。在翻译理论中它属于典型的“异化翻译”①。即在一种语言中出现另外一种语言的发音。在我们的实际生活中这种翻译方法是很常见的，在我们每天使用的汉语中就大量存在。例如：巧克力、夏普、康拜因等。它是比照着“归化翻译”来定义的。所谓“归化翻译”是指把原有的外民族语言本土化。某些汉语词汇的归化翻译，我们每天都在不知不觉地大量使用，例如，“My God!”翻成：“我的天呐！”这就是典型的归化翻译所形成的效果。归化翻译的好处在于可以让读者迅速进入所熟悉的母语语境。而异化翻译则是瞬间把读者带到了非母语语境。在某些母语语汇欠缺，且在短时间内又无法及时补充的语言中，异化翻译无疑是提高语汇量，实现精准表达的不二之选。虽然他们的差异是显而易见的，但是两者联合使用所形成的效果无人能敌。在《钦定四库全书·琴谱合璧》一书中，存在着大量的音译词。众所周知满文的形成时间较短，女真民族的语言早在数千年前已经形成，但是封建统治下落后的生产关系以及女真族所处的地理位置一直束缚女真人经济

① 归化和异化这对翻译术语是由美国著名翻译理论学家劳伦斯韦努蒂（Lawrence Venuti）于1995年在《译者的隐身》中提出来的。

文化生活的发展，这就直接导致其文化认知上的欠缺，因此女真语中涉及文化教育、音乐美术等精神层面的词汇数量非常有限。对于这些欠缺的词汇，无疑直接音译是丰富满语词汇最有效的手段。虽然这样做会把满语推到万劫不复的境地，但在当时，比起发明新词汇来，用译音的方法是最为行之有效的丰富词汇的手段。这些音译词保留了汉语本来的发音，从而正确地传达了著书者的原意。这些词汇除了音译的人名和地名以外，还有乐器的部位以及词牌和曲牌名称。

1. 不改变语音的音译词汇

按照汉语词汇发音的音译词这一类词汇的数量巨大，它们广泛地分散于书籍的各处，主要是为了完整地表达汉语的词义。下面截取了部分地名、人名、乐器部位名称以及词牌名：

地名	峄阳	i yang	金陵	gin ling	西蜀	si šu	绵州	miyan jeo
人名	宓子	mi dzi	神农	šen nung	伯牙	be ya	钟子	jung dzi
乐器部位名称	池沼	C’y joo	龙池	lumg C’y	凤沼	fung joo	吟揉	yen žeo
词牌名称	顿相忘	dun siyang wang	阳春	yang cun	源深际	iovan šen ji	听琴吟	ting cin yen ucun

2. 改变部分语音的音译词汇

这些词语主要是以音名和调名为主。下面所列出的单词是中国五声音阶的调名和音名。这些词汇的出现应该同清乾隆时期所推行的“国语骑射”的文化政策有关。主要就是为了不让更多的汉语音译词汇进入满语中，并且使所音译的译词更加符合满语的语音特点和发音习惯，对译词进行“满化修正”，因而得出如下译词。这些词汇看起来是满文词汇，但按读音一听就知道是来自汉语的音译词。从翻译理论上分析，应该说乾隆皇帝把业已形成的满文“异化翻译”词汇，修改成“归化翻译”词汇。但是笔者认为，这种改革仅仅停留在词汇上，如果能够进入文章表达的层面，满语文的衰落也许会稍稍滞后一些。

汉语	宫	商	角	徵	羽
汉语音译	gung	šang	giyo	Jy	yu
满语化翻译	gunghun	šangsin	giyomo	Jytu	yumKa

3. 音译的音乐词汇

汉语词汇	满文翻译的罗马字转写
弦	sirge
丝	Sy sirge
闰	anagan
和弦	sirge be acaburengge
清角	cing giyo
主音	uju
正声	jingkini jilgan
泛音	fa yen
段落	meyen
节奏	lashalara acaburengge
音量	jilgan urkin
音律	mudan alioi
泛音起	fan ki
泛音止	fan Jy
结束句	dubei meyen

上述音乐词汇中，“清角”“泛音止”“泛音起”“泛音”等词汇都是完全音译的词汇，音乐术语里，与“正声”相对的是“泛音”。正声的翻译是意译，译文是：真正的声音。而泛音则是音译。“主音”一词的翻译既考虑到它是调式中所有音的核心，又考虑到它在调式音阶中处于第Ⅰ级音的客观事实，所以译词非“乌珠”莫属。“乌珠”既是“首领”，又是“调式中的主音”的意思。

4. 同词不同意的词汇翻译

参看上表词典中的译释，sirge 一词本身就具有“丝”“弦”之意。该词在本书中的出现率极高，而且用法灵活。词语翻译的要点就是要时时刻刻结合语境考虑选词用字，但是这一点很不容易做到，因为来自各方面的干扰较多。同样一个词语处在不同语境，其翻译可以被理解成不同的意思。然而为了彻底区分“丝”“弦”“丝弦”这三个概念，就出现了：“弦”=sirge；“丝”=sysirge 的用法。这也是异化译法和归化译法相结合后产生的强大功能的具体表现。详见如下例句：

满文词汇同词不同“义”的 sirge（译作：丝或弦）

① sirge umeis amba jakvnju emu sirge be acabufi arahangge.

弦最大者弦用八十一丝。

② gunggun i ilhi ,sirge nadanju juwe sirge be acabufiarahangge.

仅次于宫弦用七十丝。

③moo usiha niyengniyeri forgon de acanambi.sirge ninju duin sirge be acabufi arahangge.

木星应春之节，弦用六十四丝。

④ Sy sirge be urebufi sirge obuha.

炼丝为弦。

5. 同一音译词上接缀不同的前缀以区别词义

众所周知，演奏中国音乐除了需要五音还需要有十二律的参与。十二律的确定与律吕密切相关。中国古代用竹管制成的器具校正乐律，以管的长短（各管的管径相等）来确定音的不同高度。从低音管算起，成奇数的六个管叫作“律”；成偶数的六个管叫作“吕”。按照中国古代的传统，奇数为阳，偶数为阴。在满文中“阿”转写 a 是阴阳之“阳”的意思，而“额”转写 e 是阴阳之“阴”的意思。阳为律，阴为吕。所以可以得出如下结论：

律： a + lioi = alioi

吕： e + lioi = elioi

6. 发音相同、以不同写法来区别词义的音译词汇

满文是拼音文字，按常规来讲，它的拼写决定着它的发音，然而拼音文字的满文也会因为不同的书写方式而改变其中的词义。这样的现象在本书中也有出现，虽然数量不多，但使用巧妙，起到了四两拨千斤的作用，应该引起大家的重视。这恰恰说明古代的语言文字工作者因长期受汉语文的影响，也在为区分文章中出现的同音不同意的汉字词汇而寻找方法。结合以往笔者在其他满文文献中的一些发现，现在特别将几个典型例子列举如下：

汉语词汇	皇帝	黄帝	稻子	罕都	汉朝	圣旨
满文转写	hūwangdi	hūwang di	handu	handu	han gurun	han i hese
写法区别	单词连写	单词分写	固有写法	n 用词中形音节首形式	han 中 n 用词尾形加左点的形式	满文固有写法

上述这些词汇都是在音译的基础上，对其进行适当的修改后得来的译词。上述种种做法既区分了同音汉字音译满文时的不同意义，又不会使原有的词汇被误解。可谓一箭双雕，既简便又科学，同时还解决了大量汉语词汇直接进入满语后导致的满语汉化的问题，我们不能不说这是古代满汉语翻译家们的一大贡献。

（二）文章中所涉及的直译

本书为一本琴学典籍，讲述音乐的篇幅占了多半，纵观本书中的直译词汇，其中对十二律名的翻译可谓经典之作。作者没有像翻译其他词汇一样直接音译十二律的律名，而是根据十二律相生相克的生成关系来对其进行翻译。

五音之中，黄钟声调最洪亮。宫属于中央黄钟，黄钟的翻译就是：dulimbai fulhun。dulimbai 汉语是中央的、中部的意思。fulhun 是由 fulhurembi(萌发、根由) 一词派生出来的名词。而且如果我们约定黄钟为中央 C,那么他们的半音阶关系为：黄钟、大吕、太簇、夹钟、姑洗、仲吕、蕤宾、林钟、夷则、南吕、无射、应钟，然后再回到黄钟，所以黄钟为中央萌发之律。从另外一个角度考虑，十二律亦是用三分损益法求得的，乐学中有五音七声十二律，并有音阶中以宫为主的观念，因此黄钟被翻译成为：dulimbai fulhun 就是再恰当不过的了。而律和吕的翻译，前文已经提到是按照计算数据的奇数偶数来确定 lioi 字前面是加 a 还是 e 的。

十二律各个律名翻译如下所示：

汉语十二律名	满文十二律名转写
黄钟	dulimbai fulhun
太簇	amba duwalinaba
姑洗	bolgobure obohon
蕤宾	niyahara i yalun
夷则	ebdere i deribun
无射	lakcan i isirabun
大吕	amba alioi
夹钟	hafitara fulhun
仲吕	dulimbai elioi
林钟	šutuha fulhun
南吕	šanggan i elioi
应钟	acabun fulhun

此外，还有古籍中出现了其他音乐文献中罕见的表情术语词汇。这些词汇也多以副词或连动修饰（类似状语的结构）的形式出现，很显然是提醒所有演奏动作的。

汉语词汇	满文罗马转写
声音雄浑	jilgan i mudan etuhun amba
和平陈厚	hūwaliyasun necin ujen lur seme
隐含吟揉	yen noo oburengge be sereburakū
结尾处再减慢	dubei meyen de geli elhe obu
流动感，圆润地	teng seme akū, muhūn i
有节制地，宜缓	kemun i , elhe obu
适情　酌情	gūnin de acabumbi
快慢淡浊	cila sula nitan moco
缓急轻重	elhe hahi weihuken ujen
铿锵地	kaling kiling seme
透彻细小而高	hafu šuwe narhūn ajigen bime den

三、古籍中熟语和短语的翻译

《钦定四库全书·琴谱合璧》中翻译成满文的熟语和短语有相当的数量。这也是该书具有可研读性的一大原因。笔者从中截取部分短语分析如下：

A 部分

世道兴衰	jalan i wesime wasimbi
男女之别	haha hehe i ilgabun
尊卑有别	wesihun fusuhūn i ilgabun bi
锦帐罗裳	junggin i jalpan ceri i jibehun
项羽别姬	siyang ioi ioi gi ci fakcambi
圣人雅乐	enduringge niyalma fujurungga kumun
昭君辞汉	joo giyūn han gurun i ejen ci delhembi
天人之合	abka niyalmai hūwaliyasun de acanambi

B 部分

风送晓烟	erde šanggiyan edun de deyembi
玉笛晚吹	yamji gui ficakū be ficaha
正身修心	gūnin be tob obume beyebe dasambi
洒泪泣香妃	siyang fei yasai muke eyeme songgombi

上述 A 部分的短语都是以顺译的形式翻译而成，天人之合、尊卑有别、世道兴衰、男女之别、锦帐罗裳、项羽别姬、圣人雅乐无一例外都是直译，语义明了，语法清晰。例如：尊卑有别直译为：尊卑的区别有； 世道兴衰翻译成：世道的升降； 男女之别就是：男人与女人的区别等。

上述 B 部分的短语则是采用变序译法，就是改变汉语的顺序，变序翻译的主要原因有三，即语法、修辞和习惯。例如：风送晓烟，汉语直译是：风让早晨的烟霭飞走。由于语言习惯的原因，这里使用变序翻译，译成：早晨的烟霭被风吹走。玉笛晚吹，变序译成：晚上把玉的笛子吹了。正身修心，变序译成：把心端正，修正自己的身子。洒泪泣湘妃，变序译成：湘妃流泪哭泣。仔细分析上述种种，无不存在精妙之处，值得今人研习探究。

此外还有部分短语，其汉语中的一部分或是一类器物的雅称，或是某个特定语境中事物的雅称或婉称等而并非我们看到的字面含义。所以还是按照这个原则，凡是词语的翻译一定会有语境，任何翻译都不可摆脱语境而单独存在。参看如下各例：

丝桐雅乐	kituhan i fujurungga kumun
千古圣贤	jalan i enduringge mergese
风韵清远	mudan jilgan bolgo
雅致山林	alin bujan be buyembi
刻羽鸣弦	kitahan fithembi

这里的“丝桐”和“刻羽”都是对古琴的雅称。“鸣弦”是弹奏的别称。

四、诗词歌赋中对偶句的翻译

满族、锡伯族、蒙古族和其他民族一样，都拥有优美的口传艺术。其中，对联的产生和传承也应追溯到很早以前。但是，自产生以来只有口口相传，并没有人系统地研究它或赋予它新的生命，直到清王朝建立以后，才开始出现贴门上的对联，此后随着满族与汉族文化融合的逐渐加深，这门艺术日趋成熟。对联这门艺术，缘于对偶句的产生。满文对偶句与汉文对偶句有相近之处，都要求意思对仗，押韵工整。满文的工整押韵体现在头韵、腰韵、尾韵上。受作品的限制，目前可见到的以满文创作的工整、对仗的对偶句不多，大都是译作作品（汉翻满）的翻译，所以不工整的对仗更加多见一些。要知道，如果要求译作作品对仗工整，那就是很高的要求了，首先是原文上下联的启首单词，必须要翻译成同一音节开始的。译作是翻译现有的对联原文，也就是按照他人的思路，创作自己的对联作品，这不但需要博大的词汇量，还需要很好的语法功底，押韵同样可以通过语法实现，其难易程度可见一斑。但是因为满文属于阿尔泰语系，还是有它自己的特点的。对偶不仅仅表现在词汇上，更多地可能表现在语法上和发音上（参见下例）。通过下面的例子我们不难发现这种特点。对偶起头的地方在满足词义的情况下，尽量采用同一音节开始的词汇。例如：sigan 和 sirge；erde 和 edun。结尾处也同样在满足词义的要求后，尽量选用最后一个音节相同的词汇。例如：bahanaha 和 songgobuha，若句子的中部也能通过助词或动词的某种形态来押韵，则可认定为工整对仗。总之，满文的对仗与汉文的平仄对仗还是存在很大区别的。

凤沼长四寸以合四气。

fung joo sangga golmin duin jurgun,duin sukdun de acanambi.

龙池长八寸以通八风，

lung C'y sangga golmin jakūn jurgun, jakūn edun be hafumbumbi

听之有志义之思

dongjici jurgan be memerere gūnin bi

玩之有龙鸾之状

tuwaci muderi garunggū i arbun bi.

刻羽鸣弦防孙登之玩乐。

kituhan fitheme sun deng ni sebjelere sargašara be alhūdaha.

披裘带索追启期之旷怀

dahū nereme futa umiyeleme ki ki i sulfa gūnin be amcaha.

一声清，八月秋高鸿雁鸣，

emu jilgan bolgo ojoronggge, jakū biyai bolori forgon i niongniyaha guwendere adali.

一声浊，四月黄梅和雨落

emu jilgan tumin ojorongge, duin biyai suwayan jušuru aga de suwaliyame tuhere adali.

吹律者识南风之下，

sigan be fulgiyerengge julergi edun i wasika be bahanaha,

动弦者来北郭之悲。

sirge be acigiyarangge be Go be songgobuha.

押韵是形成对偶句的基础，目前比较常见的满文韵文作品（也可以称为“韵文叙事诗”）就是乾隆皇帝创作的河源诗。乾隆四十七年（1782），乾隆皇帝再次命令阿弥达祭告河神，探访黄河真源。而后他根据阿弥达所奏河源情况转写了这首叙事性的《河源诗》。部分内容节选如下：

微岳曰有五，	daci colhon sunja sehe bime,
微渎曰有四，	dade bihenduin deme ulahabi.
四渎河局一，	damu hvwang ho bira emu bilten ofi,
宏功赞天地。	da gungge abka na de aisilahabi.
金堤护九曲，	enteke akdun dalan uyun mudangga be karmaha bime,
迩年每有事，	ere udu aniya kemuni baita bihebi,
瓠子计已竭，	erei weilen hū dzi ho bira be sibure gese ofi,
灵源致虔祭。	ede ferguwecuke sekiyen de gingguleme wecebuhebi.
因遣侍卫往，	uttu ofi hiya be unggifi,
穷途名必至，	urunakū sekiyen de isinakini seme baihanabuha,
归来新图呈，	uthai marifi iqe nirugan be ibebure jakade,

旧图成未备。	udu ba fe nirugan de acanarakū ohobi.
……	
阿勒坦谓黄金,	ede altan oci uthai aisin,
郭勒则河义,	ere gool sere gisun bira sehebi,
更西得巨石,	erei wargi ergide amba wehe bifi,
询蒙古名字。	emgeri fonjici inu monggo gebu bihebi.
阿勒坦噶达素,	altan gadasu seme gebulehengge,
北极星名意,	amargi i hadaha usiha de duibulehebi,
司水见道经,	amba muke be dahangge doose nomun de acaha ofi,
不约古今契。	absi ferguwecuke julge te ishunde acahabi.
再上则赤壁,	erei dergi ekiyen de biyooran ekcin bifi,
壁端天池积,	ekcin i dele abkai bilten gese omo bi,
俪泉作金色,	ere šeri qi suwayan muke fusihvn eyeme,
真源信无二。	ereni teni yargiyan sekiyen be bahafi saha.

从上文不难看出,诗词首尾押韵工整,句子与句子之间并未全部对仗,但是为了押韵,乾隆皇帝不惜引入蒙古语词汇入诗,来满足押韵的要求。例如：altan 和 amargi，前者为蒙古语“金”，后者是满语“北”的意思。既满足了押韵的需要，也使文章在节律上朗朗上口，蒙满两种语言相互借用、相得益彰，由此可见乾隆皇帝的语言功力和文学素养。

赞琴词

kituhan be kamtaha uculen

疏疏密密十三星

seri fisin i juwan ilan usiha bi

大大小小七条弦

amba ajigen nadan sirge bi

一声清，八月秋高鸿雁鸣。

emu jilgan bolgo ojoronggge, jakū biyai bolori forgon i niongniyaha guwendere adali.

一声浊，四月黄梅和雨落。

emu jilgan tumin ojorongge, duin biyai suwayan jušuru aga de suwaliyame tuhere adali.

一声喜，虞舜堂前奉甘旨。

meu jilgan urgunjerengge,ioi šūn ama eme de sain jacuhūngge be alibure adali.

一声悲，孔泣颜回天丧子。

emu jilgan usacuka ojorongge, kungdzi yan hūi be songgome abka mimbe gukubuhe.

《钦定四库全书·琴谱合璧》中的诗词是本书的一大亮点，除了谓语动词后置之外，书中其他部分皆采用顺译的翻译方法。此前笔者在《翻译词联诗赋》中见过大量对偶句，其他的文献中对偶句还是少之又少的。例如：

年年岁岁花相似　aniya aniya emu adali ningge ilha.

岁岁年年人不同　aniya aniya adali akūngge niyalma.

百花堆锦砌　hacingga ilha ilaci alha bulha.

万鸟弄笙簧　geren gasha guwendeci jiji jaja.

参看上述《赞琴词》的汉文翻译：大大小小七条弦，疏疏密密十三星。这是一组非常工整的对偶句。大大小小对疏疏密密，七条弦对十三星。而要想将它翻译成如此工整的满文几乎是不太可能的。满文中对对偶句和诗词的要求很高，一般来说要求压头韵、腰韵和尾韵。所谓压头韵就是每句话开头的那个音节要一致，然后腰韵就是句子中顿的部分，而压尾韵就是每句话最后一个单词的最后一个音节要统一起来。《赞琴词》中的对偶巧妙地利用了琴上的徽记等物品，以存在句的形式直接表达了。直译就是：稀稀疏疏的十三颗徽记星（琴上）有，大大小小的七条弦（琴上）有。那么 bi 这个单词就是押韵词了。因此这两句虽然汉文对得工整，但满文的翻译上只能压尾韵，虽然对仗不太严整，但是大意甚好，而且“大大小小”这四个字的翻译相当准确。

接下来的一组对偶句：一声清，八月秋高鸿雁鸣；一声浊，四月黄梅和落雨。因为都有“一声”即“emu jilgan”这个词，所以满文翻译也有了头韵 e，因句子的中顿停留在“清”和“浊”之后，所以 ojorongge 是词句的腰韵，原文中的“八月秋高鸿雁鸣”和“四月黄梅和落雨”，在汉文中看似是景色描写，实际是借助描写的形式在做比喻，因为汉文省略了比喻词，所以满文在翻译的时候要采用加译的形式。如此一来满文的 xxxx adali，就被放在了句尾，正好形成了这组对偶句的尾韵 adali。所以说这个对偶句的翻译，不但严整，而且巧妙地利用了比喻词来充当尾韵。类似的例子还有《听琴赋》，为了节省篇幅，在此就不一一列举介绍了。

综上所述，《钦定四库全书琴谱合璧》一书运用了多种翻译方式，创造性地翻译了大量的音乐词汇，诸如：五音、七乐、韵主、调头、十二律位名等，并揭示了律吕一词在造字时的科学依据。尤其是对律位名称的翻译，足见译者在音乐和满文上的造诣。同时涉及对同音汉字的满文译法，译者对大量的熟语、短语进行了翻译，用词精当，贴切生动，因此该书是当代满文教学的优秀参考资料。除此之外，也填补了目前辞书中某些词汇的空白，在此基础上，译者还翻译了诗词歌赋中相当数量的对偶句。这些对偶句对满文对偶句的实际应用起到了指导和示范作用，具有很强的现实意义。《钦定四库全书·琴谱合璧》一书是我国满汉合璧文献中的经典之作，此次本人仅对书中涉及满文翻译和中国传统音乐相关的部分进行了研究，由于时间仓促，疏漏之处还望各位方家批评指正。

参考文献

[1] 安双成主编：《满汉大词典》，沈阳：辽宁民族出版社，1993 年。

[2] 崔宰宇：《汉清文鉴简编》，北京：民族出版社，2005 年。

[3] 高宁：《日汉互译教程》，天津：南开大学出版社，1995 年。

[4] 胡增益主编：《新满汉大词典》，乌鲁木齐：新疆人民出版社，1994 年。

[5] 季永海：《满文语法》，北京：中央民族大学出版社，2011 年。

[6] 姜夔：《乐理基础习题集》，北京：中央音乐学院出版社，2005 年。

[7] 李重光：《音乐理论基础》，北京：人民音乐出版社，1962 年。

[8] 缪天瑞：《中国音乐词典》（续编），北京：人民音乐出版社，1992 年。

[9] 缪天瑞：《音乐百科词典》，北京：人民音乐出版社，1998 年。

[10] 王永新：《王永新教授长笛教学笔记》，北京：中央音乐学院，内部资料。

A Further Exploration of *The Complete Works of Imperial Four Libraries and The Combination of Musical Scores For Guqin In Manchu and In Chinese*

Deng Jing

[Abstract] *The complete works of imperial four libraries and The combination of musical scores for Guqin in Manchu and in Chinese* was completed in the 54th year of Qianlong. It was translated by the Qing Dynasty cabinet scholar He Su based on *Taigu Yi Yin* and *Boya Xin Fa* written by Yang Lun, a Guqin player in the Ming Dynasty. Yang Lun, one of the Guqin players of QinGePai in the late Ming Dynasty, is also known as Tongan and Hepu. He is a native of Jiangning, and his works on Guqin are abundant. In addition to the textual description on Qin Theory, Fingering, Hand Style, and Qin Style related to the performance of Guqin, and more than 60 scores of Guqin music such as *autumn moon in the Han Palace*、*plum blossom three lanes*、*night talk in the guest window*、*mashing clothes*、*Chu song*, the book also presents the form of Guqin scores corresponding to the lyrics of Manchu and Chinese. It is not only a rare literature related to the Qin study, but also a poetry literature integrating poetry and songs. Its poetry is gorgeous in rhetoric and rich in style, and its literariness and artistry are not inferior to other poetry literature. Because the translator of this book was a Manchurian in the Kangxi's reign of the Qing Dynasty, a Bachelor of the cabinet of ministers, and the top scholar in the imperial examination of Qing literature, who was the general leader of the National Translation Office - Hesu, it can be inferred that this book has reached the peak level at that time. This paper lists the forms of poems, words, songs, Fu, brocade sentences and idioms in the book through excerpts and classifies them using modern translation systems. This paper sums up the grammatical phenomena, reveals the translation skills, probes into the thinking mode, and studies the document, with a view to enriching the technical means in the current Manchu Chinese translation work.

[Key words] style; poetry; translation; dual

（通信地址：100069，北京，中国满文书法研习会）

第五章　藏文文献研究

《甘珠尔》尾题及译跋之研究

——以台北版为例

胡进杉

【提要】《藏文大藏经》分为佛说的《甘珠尔》和后代论师注疏的《丹珠尔》两大部，它不仅是一部佛学丛书，也是一套藏族文化的百科全书，对于目录学、语言翻译乃至西藏社会、宗教、文化、科学等方面都有着难以估量的价值。但学界向来对《藏文大藏经》的研究，偏重经典义理之探讨及整套《藏文大藏经》宏观的论述，而对每部经典正文之末所附的尾题与译跋之研究较少着墨。本文拟以台北版《甘珠尔》为例，分析《藏文大藏经》尾题和译跋的内容与特色，阐明其在藏传佛教译经史中的重要地位。

【关键词】甘珠尔；尾题；译跋；台北版

一、前言

藏传佛教是藏族文化的精髓，而《藏文大藏经》[①]又为藏传佛教之法宝，乃各教派的理论依据，它不仅是一部佛学丛书，也是一套藏族文化的百科全书。《藏文大藏经》凝聚了藏族人民的聪明才智，也是藏族人民生产活动的见证，在目录学、语言翻译乃至社会、宗教、文化、科学等方面都有着难以估量的价值[②]。其内容分为佛陀亲自演说的经典——《甘珠尔（བཀའ་འགྱུར།）》，相当于《汉文大藏经》的经藏和律藏；以及后代大德解释演绎《甘珠尔》的论典——《丹珠尔（བསྟན་འགྱུར།）》，相当于《汉文大藏经》的论藏。

历代中央政府和藏族地方政权刻印过数十种不同版本的《藏文大藏经》，1991年台北南天书局编印了《西藏大藏经》（台北版），全书西式装订共72册，包括《甘珠尔（བཀའ་

作者简介：胡进杉，台北故宫博物院研究员。

① 又称《西藏大藏经》。

② 周润年：《藏文〈大藏经〉的特色及其价值》，《蒙藏季刊》第189卷第4期，第80—92页。

འགྱུར།）》20 册（1—20），《丹珠尔（བསྟན་འགྱུར།）》33 册（21—53）及属于宁玛派的《旧译经续（སྙིང་མ་རྒྱུད་འབུམ་དང་བཀའ་མ།）》19 册（54—72）。其中的《甘珠尔》和《丹珠尔》是复制《德格版（སྡེ་དགེའི་པར།）》。《德格版》为德格土司却吉・登巴泽仁（ཆོས་ཀྱི་བསྟན་པ་ཚེ་རིང་།）于清雍正七年（1729）至乾隆二年（1737）命人所编校刊印，该版编纂校勘详审，雕印精良，是诸版《藏文大藏经》中的善本。

学界对《藏文大藏经》的研究偏重经典义理的探讨及整套《藏文大藏经》宏观的论述，而对于每部经典正文之末所附的经尾经题与译跋的研究较少着墨，本文拟针对《甘珠尔》中尾题与译跋的部分提出讨论，阐明藏文佛典翻译的梗概，也借以抛砖引玉，希望学界能重视这方面的研究。

二、经典之外在形式

此二十册《甘珠尔》共收录经典 1111 部[①]，若扣除重出之经典 259 部，实则 852 部。其内容依序分为戒律（འདུལ་བ།）、般若（ཤེས་ཕྱིན།）、华严（ཕལ་ཆེན།）、宝积（དཀོན་བརྩེགས།）、诸经（མདོ་སྡེ།）及密续（རྒྱུད།）六大类。而就每部经典的格式，可分为下列诸项：

经首经题（以下简作经题）：于经典首端所标示的该经典的名称，包括梵文经题[②]和藏文经题，如 No.15《圣五百颂般若波罗蜜多经》梵文经题为「ཨཱརྱ་པཉྩ་ཤ་ཏི་ཀཱ་པྲཛྙཱ་པཱ་ར་མི་ཏཱ།」，藏文经题为「འཕགས་པ་ཤེས་རབ་ཀྱི་ཕ་རོལ་ཏུ་ཕྱིན་པ་ལྔ་བརྒྱ་པ།[③]」。

礼敬语：属于戒律类的经典，礼敬语为“顶礼一切智（ཐམས་ཅད་མཁྱེན་པ་ལ་ཕྱག་འཚལ་ལོ།）”，属于般若等五大类的经典则为“顶礼一切佛菩萨（སངས་རྒྱས་དང་བྱང་ཆུབ་སེམས་དཔའ་ཐམས་ཅད་ལ་ཕྱག་འཚལ་ལོ།）[④]”。

卷次：有些单卷的经典，于礼敬语之前，会刻上“一卷（བམ་པོ་གཅིག་པ།）”字样，而卷帙较多的经典，则都是以“卷第一（བམ་པོ་དང་པོ།）”起始，其他卷次则依序于正文中标示。

---

① 笔者曾详加比对经文，实际上计 1107 部。

② 有些经典并非直接译自梵文，而是由汉文、勃律文译本再译者，偶尔也会冠上该语种经题的藏文音译，如：No.552《圣上妙金光明最胜经王大乘经（འཕགས་པ་གསེར་འོད་དམ་པ་མཆོག་ཏུ་རྣམ་པར་རྒྱལ་བའི་མདོ་སྡེའི་རྒྱལ་པོ་ཐེག་པ་ཆེན་པོའི་མདོ།）》译自汉本，无梵文经题，而冠以藏文拼音之汉文经题“ཏཱ་ཤེན་ཀྱིན་ཀང་མིང་ཙུའི་ཤེན་ཝང་ཀྱིན།（大乘金光明最胜王经）”，见 18//102/37.1（No.552 为台北版该经典之编号；而 18//102/37.1，// 前之数字为台北版册数，// 与 / 间之数字为该册之页数，/ 后之数字为藏式页之页码与行数，18//102/37.1 即台北版第 18 册第 102 页之藏式页第 37 页第 1 行，以下类推）；No.824《一切如来密意智胜义心要金刚庄严本续瑜伽成就教言总集明经大乘现观法门庄严经（དེ་བཞིན་གཤེགས་པ་ཐམས་ཅད་ཀྱི་ཐུགས་གསང་བའི་ཡེ་ཤེས་དོན་གྱི་སྙིང་པོ་རྡོ་རྗེ་བཀོད་པའི་རྒྱུད་རྣལ་འབྱོར་གྲུབ་པའི་ལུང་ཀུན་འདུས་རིག་པའི་མདོ་ཐེག་པ་ཆེན་པོ་མངོན་པར་རྟོགས་པ་ཆོས་ཀྱི་རྣམ་གྲངས་རྣམ་པར་བཀོད་པ་ཞེས་བྱ་བའི་མདོ།）》译自勃律（བྲུ་ཤའི་ཡུལ།）文，无梵文经题，而用藏文拼写勃律文经题“ཧན་པན་རིལ་ཧྲིལ་ཕི་བྲུ་ཕི་ཧྲིལ་ཧི་ཏ་སིད་ཙན་ཙབ་ཧྲང་པང་རིལ་ཙབ་སི་སུ་བད་རེ་ཞི་ཧྲལ་པའི་མ་ཀྱང་ཀུའི་དང་རོང་ཏི།”，见 19//351/172.1。

③7//372/207.1

④ 此项敬语规定始于前弘期墀惹巴仅赞普（ཁྲི་རལ་པ་ཅན། 815-836），见王辅仁：《西藏佛教史略》附录四引法尊法师《西藏前弘期佛教》一文，台北：佛教出版社，1985 年，第 263 页。

正文：即经典的本文，一般以“如是我闻，一时……（འདི་སྐད་བདག་གིས་ཐོས་པ་དུས་གཅིག་ན།）”起首，“……于世尊所说皆大欢喜（བཅོམ་ལྡན་འདས་ཀྱིས་གསུངས་པ་ལ་མངོན་པར་བསྟོད་དོ།）”结尾。

经尾经题（以下简作尾题）：即在正文之后重述经首藏文经题，或者该经题的其他异名，最后加上“终（རྫོགས་སོ། 或 འོ།）”字作结。

译跋：为该部经典之译校者或《甘珠尔》编辑者所作的跋语，除少数经典缺译跋外，大部分的经典均附有尾题及译跋，如：No. 13《圣般若波罗蜜多摄颂（འཕགས་པ་ཤེས་རབ་ཀྱི་ཕ་རོལ་ཏུ་ཕྱིན་པ་སྡུད་པ་ཚིགས་སུ་བཅད་པ།）》之尾题作“《圣般若波罗蜜多摄颂》终”，译跋：“印度堪布毗德牙噶拉辛哈 (བིདྱཱ་ཀ་ར་སིང་ཧ།) 及主校译师贝戒 (དཔལ་བརྩེགས།) 合译校定。”

No.46《圣宣说净治无边门大乘经（འཕགས་པ་སྒོ་མཐའ་ཡས་པ་རྣམ་པར་སྦྱོང་བ་བསྟན་པའི་ལེའུ་ཞེས་བྱ་བ་ཐེག་པ་ཆེན་པོའི་མདོ།）》之尾题作「《圣大宝积法门品十万颂》中《圣宣说净治无边门品第二》终」，译跋：“印度堪布苏任陀菩提（སུ་རེན་དྲ་བོ་དྷི།）及主校译师僧人贝戒罗企他（དཔལ་བརྩེགས་རཀྵི་ཏ།）合译校定①。”

有时数部经典有共通的译校者，且编排上属同一部类，相邻在一起，各部经典虽各有较简略的译跋，但最后一部之译跋往往总结前几部，并较为详尽，如：No. 43《大吉祥经（བཀྲ་ཤིས་ཆེན་པོའི་མདོ།）》之译跋：“以此福德业，我未成佛前，愿生生世世，具上药般若，受用得富足，施众皆解脱。《圣转法轮经》《说本生因缘》《杨柳宫经》《大集会经》《弥勒经》《慈观经》《说五戒功德经》《长老耆梨阿难陀经》《调伏难陀优婆难陀龙王兄弟经》《上座大迦叶经》《日经》《月经》《大吉祥经》此十三部经者，乃南瞻部洲中央圣地印度之菩提道场金刚座往东北行约百逾缮那之蕃（བོད།）区，位于雪山之中藏娘柔（རྒྱང་ཞང་རོ།）市集之古谋（འགུར་མོ།）地方，神圣天成世间自在寺（འཕགས་པ་རང་བྱུང་འཇིག་རྟེན་དབང་ཕྱུག་གི་གཙུག་ལག་ཁང་།）之寺主，虔信正觉薄伽梵教法，具吉祥富足，种种政务有大权势，已得圣善地位之霞鲁派（ཞ་ལུ་པ།）祥．札巴坚赞笃汴夏（ཞང་གྲགས་པ་རྒྱལ་མཚན་དྷ་དཔེན་ཤ།）之敕命，菩提道场金刚座往南行约六百逾缮那僧伽罗（སིང་ག་གླིང་པ།）地方，婆罗门族出家近圆精通三藏之班智达阿难达室利 (ཨ་ནན་ཏ་ཤྲཱི།) 谨遵其命作口授，多闻译师释迦比丘尼玛坚赞贝桑布（ཉི་མ་རྒྱལ་མཚན་དཔལ་བཟང་པོ།）于诸译师住锡之吉祥解脱林大寺（གཙུག་ལག་ཁང་ཆེན་པོ་དཔལ་ཐར་པ་གླིང་།）翻译并校定”②。

三、尾题之特色

《甘珠尔》中有少部分的经典缺少经题，其经名只有依靠尾题来判定，另有部分经

①9//29/198.6–7

②7//423/567.1–7

典其经题和尾题基本相同，仅字词有略微差异：

（1）经题和尾题内容一致，只是尾题多加些修饰词，使经名更为明确，如：

No.12《圣八千颂般若波罗蜜多经（འཕགས་པ་ཤེས་རབ་ཀྱི་ཕ་རོལ་ཏུ་ཕྱིན་པ་བརྒྱད་སྟོང་པ།）》，尾题多加“薄伽梵母（བཅོམ་ལྡན་འདས་མ།）”而成《薄伽梵母圣八千颂般若波罗蜜多经》①，突显般若为佛母之理念。

No.21《薄伽梵母般若波罗蜜多心经（བཅོམ་ལྡན་འདས་མ་ཤེས་རབ་ཀྱི་ཕ་རོལ་ཏུ་ཕྱིན་པའི་སྙིང་པོ།）》，尾题加上“大乘（ཐེག་པ་ཆེན་པོ།）”而成《薄伽梵母般若波罗蜜多心要大乘经》②，强调此经属于大乘经典。

No. 38《耆梨阿难陀经（རིའི་ཀུན་དགའ་བོའི་མདོ།）》尾题多加“长老（ཚེ་དང་ལྡན་པ།）”，而成为《长老耆梨阿难陀经》③。

No.40《大迦叶经（འོད་སྲུང་ཆེན་པོའི་མདོ།）》之尾题加上“上座（གནས་བརྟན།）”而成《上座大迦叶经》④。

此二经表明耆梨阿难陀与大迦叶之身份与德行。

No.66《圣显示神变大乘经（འཕགས་པ་ཆོ་འཕྲུལ་ཆེན་པོ་བསྟན་པ་ཞེས་བྱ་བ་ཐེག་པ་ཆེན་པོའི་མདོ།）》，尾题加“天子商主请问”而作《天子商主请问显示大神变品（ཆོ་འཕྲུལ་ཆེན་པོ་བསྟན་པ་ལྷའི་བུ་དེད་དཔོན་གྱི་ཞུས་བྱ་བའི་ལེའུ།）》⑤，提出本经的请主。

No.311《圣说十一想经（འཕགས་པ་འདུ་ཤེས་བཅུ་གཅིག་བསྟན་པའི་མདོ།）》，尾题加“世尊遗教”，作《世尊遗教说十一想经（འདུ་ཤེས་བཅུ་གཅིག་བསྟན་པ་བཅོམ་ལྡན་འདས་ཀྱི་ཞལ་ཆེམས།）》⑥。

（2）经题和尾题不同，即本经除了经题的名称外，还有其他名称，如：

No.37《五学功德经（བསླབ་པ་ལྔའི་ཕན་ཡོན་གྱི་མདོ།）》，尾题作《演说五戒功德经（ཚུལ་ཁྲིམས་ལྔའི་ཡོན་ཏན་བསྟན་པའི་མདོ།）》⑦。

No.64《圣电得菩萨所问大乘经（འཕགས་པ་གློག་ཐོབ་ཀྱིས་ཞུས་པ་ཞེས་བྱ་བ་ཐེག་པ་ཆེན་པོའི་མདོ།）》，尾题作《说无尽藏品（མི་ཟད་པའི་གཏེར་བསྟན་པའི་ལེའུ་ཞེས་བྱ་བ།）》⑧。

No.123《佛藏法字（སངས་རྒྱས་ཀྱི་མཛོད་ཀྱི་ཆོས་ཀྱི་ཡི་གེ།）》，尾题作《佛说佛藏经（སངས་རྒྱས་ཀྱིས་བཤད་པ་སངས་རྒྱས་ཀྱི་མཛོད།）》⑨。

No.206《清净食养大乘经（ཟས་ཀྱི་འཚོ་བ་རྣམ་པར་དག་པ་ཞེས་བྱ་བ་ཐེག་པ་ཆེན་པོའི་མདོ།）》，尾题作《清净

①7//342/571.1
②7//384/291.1-2
③7//422/557.1
④7//423/563.6
⑤9//349/134.6-7
⑥15//132/314.3-4
⑦7//421/551.4
⑧9//334/34.4
⑨11//427/424.7

活命经（འཚོ་བ་རྣམ་པར་དག་པའི་མདོ།）》①。

以上说明这些经典有两个不同的经名。

又如 No.214 和 No.215 经题均作《教诫国王大乘经（རྒྱལ་པོ་ལ་གདམས་པ་ཞེས་བྱ་བ་ཐེག་པ་ཆེན་པོའི་མདོ།）》，但前者之尾题作《教诫频婆娑罗王大乘经（རྒྱལ་པོ་གཟུགས་ཅན་སྙིང་པོ་ལ་གདམས་པ་ཞེས་བྱ་བ་ཐེག་པ་ཆེན་པོའི་མདོ།）》②，后者的尾题则作《教诫婆蹉国王优陀延大乘经（བད་སའི་རྒྱལ་པོ་འཆར་བྱེད་ལ་གདམས་པ་ཞེས་བྱ་བ་ཆེན་པོའི་མདོ།）》③。因此两部经典名称虽一样，但比对其尾题，方知佛演说的对象是不同的。

另外，某些经典也会有两个以上不同的名称，如 No.220《制止破戒佛藏大乘经（སངས་རྒྱས་ཀྱི་སྡེ་སྣོད་ཚུལ་ཁྲིམས་འཆལ་བ་ཚར་གཅོད་པ་ཞེས་བྱ་བ་ཐེག་པ་ཆེན་པོའི་མདོ།）》，尾题列了其他四个经名：《经分别（མདོ་སྡེ་རབ་ཏུ་རྣམ་པར་འབྱེད་པ་ཞེས་བྱ་བ།）》《能夺大乘经（རྣམ་པར་འཐག་པ་ཐེག་པ་ཆེན་པོའི་མདོ་ཞེས་བྱ་བ།）》《佛藏经（སངས་རྒྱས་ཀྱི་སྡེ་སྣོད་ཅེས་བྱ་བ།）》和《制止破戒经（ཚུལ་ཁྲིམས་འཆལ་བ་ཚར་གཅོད་པ་ཞེས་བྱ་བ།）》④。

而密续的尾题，有时比经题更加详尽，对照起来，经题犹如本经经名的略称，而尾题则为全称，其例子如：

No.361《略说灌顶经（དབང་མདོར་བསྟན།）》之尾题作《略说世界品中最胜不动灌顶成就法第五品（འཇིག་རྟེན་ཁམས་ཀྱི་ལེའུར་ལེའུ་ལྔ་པ་མཆོག་ཏུ་མི་འགྱུར་བའི་དབང་གི་སྒྲུབ་ཐབས་མདོར་བསྟན་པ།）》⑤。

No.369《无上现诠本续（མངོན་པར་བརྗོད་པའི་རྒྱུད་བླ་མ་ཞེས་བྱ་བ།）》，尾题名《无上之无上现诠本续中秘密更秘密胜乐大本续王（མངོན་པར་བརྗོད་པའི་རྒྱུད་བླ་མའི་བླ་མ་ལས་གསང་བ་ལས་གསང་བའི་བདེ་མཆོག་གི་རྒྱུད་ཀྱི་རྒྱལ་པོ།）》⑥。

No.414《无浊本续王（རྒྱུད་ཀྱི་རྒྱལ་པོ་རྙོག་པ་མེད་པ་ཞེས་བྱ་བ།）》，尾题名《吉祥妙乐能悟本续加持大次第空行母瓔珞律仪无浊细轨（དཔལ་བདེ་བ་དམ་པ་རྟོགས་པར་བྱེད་པ་དང་ལྡན་པ་ཞེས་བྱ་བའི་རྒྱུད་བྱིན་གྱིས་བརླབ་པའི་རིམ་པ་ཆེན་པོ་མཁའ་འགྲོ་མ་དྲྭ་བ་སྡོམ་པའི་བརྟག་པ་རྙོག་པ་མེད་པ་ཞེས་བྱ་བ།）》⑦。

No.438《二十一度母礼赞及功德经（སྒྲོལ་མ་ལ་ཕྱག་འཚལ་བ་ཉི་ཤུ་རྩ་གཅིག་གིས་བསྟོད་པ་ཕན་ཡོན་དང་བཅས་པ།）》，尾题之名作《佛说正等觉赞诵薄伽梵度母经（བཅོམ་ལྡན་འདས་མ་སྒྲོལ་མ་ལ་ཡང་དག་པར་རྫོགས་པའི་སངས་རྒྱས་ཀྱིས་བསྟོད་པ་གསུངས་པ།）》⑧。

（3）有些经典归属于或出自某一大部类经典，尾题之前往往会列出该部类经典之名称，如：

①13//115/189.7
②13//148/419.2-3
③13//149/422.1-2
④13//198/154.6-7
⑤16//6/41.4-5
⑥16//106/739.5
⑦16//270/522.2-3
⑧16//390/86.6

出自大宝积经类的：No.58《圣为具寿难陀说处胎大乘经（འཕགས་པ་ཚེ་དང་ལྡན་པ་དགའ་བོ་ལ་མངལ་ན་གནས་པ་བསྟན་པ་ཞེས་བྱ་བ་ཐེག་པ་ཆེན་པོའི་མདོ།）》，尾题作“《འཕགས་པ་དཀོན་མཆོག་བརྩེགས་པ་ཆེན་པོའི་ཆོས་ཀྱི་རྣམ་གྲངས་ལེའུ་སྟོང་ཕྲག་བརྒྱ་པ།（圣大宝积法门品十万颂）》中《说处胎会》第十三会终”[①]；No.59《圣为难陀说入胎大乘经(འཕགས་པ་ཚེ་དང་ལྡན་པ་དགའ་བོ་ལ་མངལ་དུ་འཇུག་པ་བསྟན་པ་ཞེས་བྱ་བ་ཐེག་པ་ཆེན་པའི་མདོ།）》，尾题作“《圣大宝积法门品十万颂》中《为具寿难陀说入胎品》第十四品终”[②]，等等。

出自大集经类的：No.148《圣虚空藏菩萨所问大乘经（འཕགས་པ་ནམ་མཁའི་མཛོད་ཀྱིས་ཞུས་པ་ཞེས་བྱ་བ་ཐེག་པ་ཆེན་པོའི་མདོ།）》，尾题作“《大集会品（འདུས་པ་ཆེན་པོའི་ལེའུ།）》中所出《圣虚空藏菩萨所问大乘经》终[③]”；No.152《圣海意菩萨所问大乘经（འཕགས་པ་བློ་གྲོས་རྒྱ་མཚོས་ཞུས་པ་ཞེས་བྱ་བ་ཐེག་པ་ཆེན་པོའི་མདོ།）》之尾题作“《大集品法门（འདུས་པ་ཆེན་པོའི་ལེའུའི་ཆོས་ཀྱི་རྣམ་གྲངས།）》中所出《圣海意菩萨所问品第五（འཕགས་པ་བློ་གྲོས་རྒྱ་མཚོས་ཞུས་པ་ཞེས་བྱ་བའི་ལེའུ་སྟེ་ལྔ་པ།）》终[④]”；No.175《圣无尽意菩萨所说大乘经（འཕགས་པ་བློ་གྲོས་མི་ཟད་པས་བསྟན་པ་ཞེས་བྱ་བ་ཐེག་པ་ཆེན་པོའི་མདོ།）》尾题作“《大集经十万品》中所出《无尽意菩萨所说大乘经》终[⑤]”等。

出自华严部类的：No.187《圣说佛法不可思议经（འཕགས་པ་སངས་རྒྱས་ཀྱི་ཆོས་བསམ་གྱིས་མི་ཁྱབ་པ་བསྟན་པ།）》的尾题作：“《大方广耳严经十万品（སྙན་གྱི་གོང་རྒྱན་རྒྱས་པ་ཆེན་པོའི་མདོ་ལེའུ་འབུམ་པ།）》中所出《说不可思议佛法品第二十九》终”[⑥]。

属于密续之经典也有类似的情形，如：No.360《文殊智慧萨埵胜义名号真实赞（འཇམ་དཔལ་ཡེ་ཤེས་སེམས་དཔའི་དོན་དམ་པའི་མཚན་ཡང་དག་པར་བརྗོད་པ།）》出自《圣大瑜伽本续幻化网一万六千颂三昧网品（འཕགས་པ་རྣལ་འབྱོར་ཆེན་པོའི་རྒྱུད་སྒྱུ་འཕྲུལ་དྲ་བ་སྟོང་ཕྲག་བཅུ་དྲུག་པ་ཏིང་ངེ་འཛིན་དྲ་བའི་ལེའུ།）》[⑦]；No.364《吉祥时轮本续心要（དཔལ་དུས་ཀྱི་འཁོར་ལོ་ཞེས་བྱ་བའི་རྒྱུད་ཀྱི་སྙིང་པོ།）》即《吉祥善妙本初佛所说一万二千颂中吉祥时轮（དཔལ་དམ་པ་དང་པོའི་སངས་རྒྱས་སྟོང་ཕྲག་བཅུ་གཉིས་པ་ལས་གསུངས་པ་དཔལ་དུས་ཀྱི་འཁོར་ལོ་ཞེས་བྱ་བ།）》之《无二方便智慧六和合支分之成就法别出一品（ཐབས་དང་ཤེས་རབ་གཉིས་སུ་མེད་པ་སྦྱོར་བ་ཡན་ལག་དྲུག་པའི་སྒྲུབ་ཐབས་བཀོལ་བའི་དུམ་བུ།）》[⑧]；No.365《灌顶章（དབང་གི་རབ་ཏུ་བྱེད་པ།）》出自《三万余颂吉祥时轮本续（དཔལ་དུས་ཀྱི་འཁོར་ལོའི་ཚིགས་སུ་བཅད་པ་སུམ་བཅུ་ལྷག་པའི་སྟོང་ཕྲག་གཅིག་པ །）》[⑨]；No.373《生起吉祥上乐金刚大本续王（དཔལ་བདེ་མཆོག་འབྱུང་བ་ཞེས་བྱ་བའི་རྒྱུད་ཀྱི་རྒྱལ་པོ་ཆེན་པོ།）》，乃《吉祥呬噜迦现诠大本续

①9//229/474.7

②9//232/497.7

③12//181/659.6–7

④12//218/230.6–7

⑤12//416/348.6–7

⑥13//55/381.7

⑦16//4/26.4–5

⑧16//42/291.5–6

⑨16//43/299.6–7

三十万颂（དཔལ་ཧེ་རུ་ཀ་མངོན་པར་བརྗོད་པའི་རྒྱུད་ཆེན་པོ་འབུམ་ཕྲག་གསུམ་པ།）》所出《生起俱生本尊细轨（ལྷན་ཅིག་སྐྱེས་པ་འབྱུང་བའི་རྟོག་པ།）》中所集《一切瑜伽母之秘密读诵而成就生起吉祥律仪大本续王（རྣལ་འབྱོར་མ་ཐམས་ཅད་ཀྱི་གསང་བ་ཀློགས་པས་འགྲུབ་པ་དཔལ་སྡོམ་པ་འབྱུང་བའི་རྒྱུད་ཀྱི་རྒྱལ་པོ་ཆེན་པོ།）》[1]。

四、译跋之特色

《甘珠尔》既为佛亲说的教典，这些经典的作者就都被视为释迦牟尼佛，译跋中不再特别标示[2]，而只著录该经的翻译者和校订者。译跋除此项基本的内容外，也记载了译校本经的一些相关讯息，譬如译校的经过、翻译所据的母本、译校的地点及卷次长短等，可归纳如下几点特色[3]：

（一）释义与赞言

释义即译校者或编辑者对该经典之内容与重要性，作简略的解释，如说 No.314《暗林门经（མུན་གྱི་ནགས་ཚལ་གྱི་སྒོ་ཞེས་བྱ་བའི་མདོ།）》，出自续鬘经（རྒྱུད་ཀྱི་ཕྲེང་བའི་མདོ།），其内容为对撒连渣（ཟ་ལེན་དྲ།）之北方界山"马兰草山（ཨུ་ཤི་རི།）"之赞颂[4]；No.342《长爪梵志所问经（འཕགས་པ་ཀུན་དུ་རྒྱུ་བ་སེན་རིངས་ཀྱིས་ཞུས་པ་ཞེས་བྱ་བའི་མདོ།）》是属于佛初转法轮时所说的经典[5]；No.267《百拜忏悔经（དཔང་སྐོང་ཕྱག་བརྒྱ་པ་ཞེས་བྱ་བ།）》的殊胜，是"吐蕃赞普拉妥妥日年赞（ལྷ་ཐོ་ཐོ་རི་སྙན་ཤལ།）时，此经由空中降至永布拉岗（ཡོ་བྲང་ཡུམ་བུ་བླ་མཁར།）王宫，为佛法传入藏地之先兆，当时并于王之梦中预示过五代将会知晓其经义，而为藏传佛教建立之始[6]。"而 No.846《猛咒总集金刚根本续（དྲག་སྔགས་འདུས་པ་རྡོ་རྗེ་རྩ་བའི་རྒྱུད་ཞེས་བྱ་བ།）》流传的本子，是依据赞普赤松德赞（ཁྲི་སྲོང་ལྡེ་བཙན།）御用之经本抄录而成[7]。

赞言则是针对该经的殊胜性，及其在佛教义理中的地位，以长行或偈颂的形式作一简要之评赞，如说 No.113《妙法白莲华大乘经（དམ་པའི་ཆོས་པད་མ་དཀར་པོ་ཞེས་བྱ་བ་ཐེག་པ་ཆེན་པོའི་མདོ།）》是"一切菩萨之教诫，诸佛之所摄持，为诸佛之大密，诸佛之库藏，与诸佛同类，是诸佛之奥旨，诸佛之菩提心要，乃诸佛所转之法轮，一切佛身之总汇，大善智说归之一乘，为成就胜

①16//195/621.3-5

② 若该经典为后代大师所集，则特别标出，如 No.326《因缘品（ཆེད་དུ་བརྗོད་པའི་ཚོམས།）》之译跋"此《因缘品》为阿罗汉却究（ཆོས་སྐྱོབ།）所集"，见 15//160/505.6-7；又如 No.799《施舍身漏陀罗尼（ལུས་ཀྱི་ཟག་པ་སྦྱིན་པར་གཏང་བའི་གཟུངས།）》为"喇嘛多杰典巴（རྡོ་རྗེ་གདན་པ།）自经续中所摘出"。见 19//284/233.7。

③ 关于据译者、校者的分类统计，来分析其籍贯、时代及各译师所译经典的总数、细目与影响，需另文讨论，此处省略不赘。

④15//136/337.4

⑤15//351/599.4

⑥14//182/10.1-2

⑦20//166/534.7

义之宝典[①]”。而 No.120《圣大般涅槃大乘经（འཕགས་པ་ཡོངས་སུ་མྱ་ངན་ལས་འདས་པ་ཆེན་པོ་ཐེག་པ་ཆེན་པོའི་མདོ།）》则为“一切正法经典之心要，犹如后续，乃甚深难证之唯一法源，是如来之要旨，导师之契经[②]。”No.824《一切如来密意智胜义心要金刚庄严本续瑜伽成就教言总集明经大乘现观法门庄严经（དེ་བཞིན་གཤེགས་པ་ཐམས་ཅད་ཀྱི་ཐུགས་གསང་བའི་ཡེ་ཤེས་དོན་གྱི་སྙིང་པོ་རྡོ་རྗེ་བཀོད་པའི་རྒྱུད་རྣལ་འབྱོར་གྲུབ་པའི་ལུང་ཀུན་འདུས་རིག་པའི་མདོ་ཐེག་པ་ཆེན་པོ་མངོན་པར་རྟོགས་པ་ཆོས་ཀྱི་རྣམ་གྲངས་རྣམ་པར་བཀོད་པ་ཞེས་བྱ་བའི་མདོ།）》是“现观大乘一切法之明镜，一切教敕之批注，所有如来之妙密密意[③]。”又说诸种不同之论释及《中观》见皆发祥于 No.128《圣法性自性空中不动各别显现一切经（འཕགས་པ་ཆོས་ཉིད་རང་གི་ངོ་བོ་སྟོང་པ་ཉིད་ལས་མི་གཡོ་བར་ཐ་དད་པར་ཐམས་ཅད་ལ་སྣང་བའི་མདོ།）》[④]。以及“能显大瑜伽，智慧之自性，即轮涅本性，与金刚无二，合集于此续，导师名普集，实称经中义。”的 No.447《智金刚普集本续（ཡེ་ཤེས་རྡོ་རྗེ་ཀུན་ལས་བཏུས་པ་ཞེས་བྱ་བའི་རྒྱུད།）[⑤]》。至于最为稀有，尊贵如日月的 No.451《吉祥一切如来秘密大瑜伽尊胜平等无二本续王吉祥最胜金刚最初细轨（དཔལ་དེ་བཞིན་གཤེགས་པ་ཐམས་ཅད་ཀྱི་གསང་བ་རྣལ་འབྱོར་ཆེན་པོ་རྣམ་པར་རྒྱལ་བ་ཞེས་བྱ་བ་མཉམ་པ་ཉིད་གཉིས་སུ་མེད་པའི་རྒྱུད་ཀྱི་རྒྱལ་པོ་རྡོ་རྗེ་དཔལ་མཆོག་ཆེན་པོ་བརྟག་པ་དང་པོ།）》乃最胜秘密之瑜伽，开示详明真实无疑，为生起教法之明灯[⑥]。

（二）回向誓愿

回向誓愿即把译校本经的功德回向给一切众生，基本上用偈颂体，如：No. 31《转法轮经（ཆོས་ཀྱི་འཁོར་ལོ་རབ་ཏུ་བསྐོར་བའི་མདོ།）》至 No.37《五学功德经（བསླབ་པ་ལྔའི་ཕན་ཡོན་གྱི་མདོ།）》等都愿“此经如日月普照大地[⑦]。”No.43《大吉祥经（བཀྲ་ཤིས་ཆེན་པོའི་མདོ།）》则说“我未成佛前，愿生生世世，具上药般若，受用得富足，施众皆解脱[⑧]。”又如 No.474《吉祥红阎魔敌本续王（དཔལ་ལྡན་གཤིན་རྗེ་གཤེད་དམར་པོའི་རྒྱུད་ཀྱི་རྒྱལ་པོ་ཞེས་བྱ་བ།）》译者仁青竹（རིན་ཆེན་གྲུབ།）希望“以译此续之福德，灭除罪恶之根枝，如意成办教法事，愿成究竟妙金刚[⑨]。”No.476《吉祥月密明点大本续王（དཔལ་ཟླ་གསང་ཐིག་ལེ་ཞེས་བྱ་བ་རྒྱུད་ཀྱི་རྒྱལ་པོ་ཆེན་པོ།）》的译者仁青桑布（རིན་ཆེན་བཟང་པོ།）也说“以随宜翻译福德，愿众生心得安乐[⑩]。”而翻译 No.491《圣秘密宝珠明点经（འཕགས་པ་གསང་བ་ནོར་བུ་ཐིག་ལེ་ཞེས་བྱ་བའི་མདོ།）》的迭瓦谢北贝（བདེ་བར་གཤེགས་པའི་དཔལ།）、衮噶坚赞（ཀུན་དགའ་རྒྱལ་མཚན།）两位译者发愿以译此经的善

---

①11//137/360.4-7
②11//409/301.1-2
③19//409/579.4-5
④11//501/348.3-4
⑤16//459/571.5-6
⑥17//95/661.4-5
⑦7//421/551.5
⑧7//423/567.1-2
⑨17//165/488.-7
⑩17//182/605.7

根，令众生解悟密意早登佛地[①]等等。

（三）劝诫

劝诫即劝勉行者应正确读经，止过行善。如No.1《毗奈耶事（འདུལ་བ་གཞི།）》的译者说“能行极苦之忍辱，佛说是最胜涅槃，出家而伤害他人，则不是真正沙门[②]。”又如译No.360《文殊智慧萨埵胜义名号真实赞（འཇམ་དཔལ་ཡེ་ཤེས་སེམས་དཔའི་དོན་དམ་པའི་མཚན་ཡང་དག་པར་བརྗོད་པ།）》的译师洛追滇巴（བློ་གྲོས་བརྟན་པ།）劝勉读经者要“莫依共法不了义，莫随他人与字句”[③]。

（四）谦辞

谦辞即译校者所作求人指正的谦逊之词，犹如现今作者于书之自序中所说的“著者学识浅薄，错误之处，所在多有，尚祈大家指教。”等语，如译师达摩云丹（དྷརྨ་ཡོན་ཏན།）译完No.372《吉祥空行海瑜伽母大本续王（དཔལ་མཁའ་འགྲོ་རྒྱ་མཚོ་རྣལ་འབྱོར་མའི་རྒྱུད་ཀྱི་རྒྱལ་པོ་ཆེན་པོ་ཞེས་བྱ་བ།）》，于译跋说“我追随诸大智者翻译此经，但有饶益众生之心，并无能力作利他的事业，若是译文中有词义乖迕错误之处，希望世尊、勇父、瑜伽母、空行护法天众以及诸位智者敬请原谅并改正[④]。”翻译No.373《生起吉祥上乐金刚大本续王（དཔལ་བདེ་མཆོག་འབྱུང་བ་ཞེས་བྱ་བའི་རྒྱུད་ཀྱི་རྒྱལ་པོ་ཆེན་པོ།）》的译师曼朗扎(སྨོན་ལམ་གྲགས།)也谦卑地说自己“虽然智劣复少学，但对本续生坚信，仅为自利敢翻译，祈诸圣智能原谅[⑤]。”No.490《一切如来身语意秘密庄严本续王（དེ་བཞིན་གཤེགས་པ་ཐམས་ཅད་ཀྱི་སྐུ་དང་གསུང་དང་ཐུགས་ཀྱི་གསང་བ་རྒྱན་གྱི་བཀོད་པ་ཞེས་བྱ་བའི་རྒྱུད་ཀྱི་རྒྱལ་པོ།）》的译师迭瓦谢北贝（བདེ་བར་གཤེགས་པའི་དཔལ།）和衮噶坚赞（ཀུན་དགའ་རྒྱལ་མཚན།）对于译文的误谬之处，在译跋中亦祈请诸圣者宽宥[⑥]等等。

（五）译校因缘与经过

1. 翻译缘起

有些经典是奉领主之令而翻译，有些是因教派大师之劝请勉励而译，如：

（1）奉国王等之命翻译：No.2《别解脱经（སོ་སོར་ཐར་པའི་མདོ།）》、No.3《律分别（འདུལ་བ་རྣམ་པར་འབྱེད་པ།）》及《比丘尼别解脱经（དགེ་སློང་མའི་སོ་སོར་ཐར་པའི་མདོ།）》均是奉赞普之令，由姿纳迷札（ཛི་ན་མི་ཏྲ།）及焦若·鲁依坚赞（ཅོག་རོ་ཀླུའི་རྒྱལ་མཚན།）所合译[⑦]；No.493《说一切如来圣不动忿怒明王无量威力勇猛调伏细轨（དེ་བཞིན་གཤེགས་པ་ཐམས་ཅད་ཀྱི་ཁྲོ་བོའི་རྒྱལ་པོ་འཕགས་པ་མི་གཡོ་བ་དེའི་སྟོབས་དཔག་ཏུ་མེད་པ་བརྟུལ་ཕོད་པ་འདུལ་བར་

①17//383/304.1

②1//351/603.4

③16//4/26-7

④16//182/528.5-7

⑤16//195/621.4-5

⑥17//374/240.4-5

⑦1//357/40.7

གསུངས་པ་ཞེས་བྱ་བའི་རྟོག་པ།）》是达摩罗追（དྷརྨ་བློ་གྲོས།）奉木雅王（མི་ཉག་རྒྱལ་པོ།）之敕命而译①；No.473《吉祥红阎摩敌本续王（དཔལ་གཤིན་རྗེ་གཤེད་དམར་པོ་ཞེས་བྱ་བ་རྒྱུད་ཀྱི་རྒྱལ་པོ།）》则是衮噶桑波（ཀུན་དགའ་བཟང་པོ།）王命旃陀罗迦提（ཙནྡྲ་ཀཱིརྟི།）所译②。

（2）奉教派大师之鼓励而翻译：No. 31《转法轮经（ཆོས་ཀྱི་འཁོར་ལོ་རབ་ཏུ་བསྐོར་བའི་མདོ།）》是因霞鲁派札巴坚赞笃汴夏（གྲགས་པ་རྒྱལ་མཚན་དུ་དཔེན་ཤ།）大师之劝请，由尼玛坚赞贝桑布（ཉི་མ་རྒྱལ་མཚན་དཔལ་བཟང་པོ།）③翻译；No.376《四瑜伽母和合本续（རྣལ་འབྱོར་མ་བཞིའི་ཁ་སྦྱོར་གྱི་རྒྱུད་ཅེས་བྱ་བ།）》是因陀罗布第（ཨིནྡྲ་བྷུ་ཏི།）敦促藏族译师拉庆云丹巴尔（ལ་ཆེངས་ཡོན་ཏན་འབར།）而翻译④；No.431《吉祥暴恶大忿怒独勇本续王（དཔལ་གཏུམ་པོ་ཁྲོ་བོ་ཆེན་པོའི་རྒྱུད་ཀྱི་རྒྱལ་པོ་དཔའ་བོ་གཅིག་པ་ཞེས་བྱ་བ།）》则是承仁青坚赞（རིན་ཆེན་རྒྱལ་མཚན།）及喜饶辛给（ཤེས་རབ་སེང་གེ།）之劝请并作为施主，由扎巴坚赞（གྲགས་པ་རྒྱལ་མཚན།）翻译⑤。

2. 译校之过程

有些译跋翔实记录了经典译校的经过，如：

No. 12《圣八千颂般若波罗蜜多经（འཕགས་པ་ཤེས་རབ་ཀྱི་ཕ་རོལ་ཏུ་ཕྱིན་པ་བརྒྱད་སྟོང་པ།）》的译跋，仔细记载了本经先后经过八次译校的过程："释迦塞那（ཤཱ་ཀྱ་སེ་ན།）、阇那悉第（ཛྙཱ་ན་སིདྡྷི།）及主校译师僧人达摩陀希拉（དྷརྨ་ཏཱ་ཤཱི་ལ།）等译定；其后，印度堪布苏把师陀（སུ་བྷཱ་ཥི་ཏ།）及译师比丘仁青桑布（རིན་ཆེན་བཟང་པོ།）依注释本再译；其后，印度堪布大班智达吉祥燃灯智（དཱི་པཾ་ཀ་ར་ཤྲཱི་ཛྙཱ་ན།）及主校译师比丘仁钦桑布又对勘摩竭陀（ཡུལ་དབུས།）之注释本加以改正校订；其后，大班智达吉祥燃灯智及译师种·杰瓦穷乃（འབྲོམ་རྒྱལ་བའི་འབྱུང་གནས།）二人于纪昧涅塘（ཀྱི་སྨད་གཉེ་ཐང།）的大草原宣讲《八千颂》时，又大略勘定；后译师种·杰瓦穷乃于惹畛寺（ར་སྒྲེང་གཙུག་ལག་ཁང་།）又比对三种梵本，再勘定二次，其后译师本人宣讲此经又做了些微之勘定；最后，大译师释迦比丘罗丹喜饶（བློ་ལྡན་ཤེས་རབ།）又搜集迦湿弥罗及摩竭陀两地梵本多种，予以勘定"。

No.848《本续王辑略时轮释疏即无垢光随入根本本续一万二千颂（བསྡུས་པའི་རྒྱུད་ཀྱི་རྒྱལ་པོ་དུས་ཀྱི་འཁོར་ལོའི་འགྲེལ་བཤད་རྩ་བའི་རྒྱུད་ཀྱི་རྗེས་སུ་འཇུག་པ་སྟོང་ཕྲག་བཅུ་གཉིས་པ་དྲི་མ་མེད་པའི་འོད་ཅེས་བྱ་བ།）》的译跋也记载了该经三次译校的过程，以及诸译校大师的专长："迦湿弥罗大班智达索摩那他（སོ་མ་ནཱ་ཐ།）及藏族大译师卓地（འབྲོ།）比丘喜饶札（ཤེས་རབ་གྲགས།）合译校定，其后遵具无量殊胜功德之上师胆巴法王（དམ་པ་ཆོས་ཀྱི་རྒྱལ་པོ།）之教敕，及大官爷释迦桑布（ཤཱཀྱ་བཟང་པོ།）之谕令，大智者祥·顿朵迭贝（ཞང་སྟོན་མདོ་སྡེ་དཔལ།）、深解时轮理趣之比丘曲庆达尔（ཚུལ་ཁྲིམས་དར།）详察经义，再殷勤劝请通晓梵文声明论典之译师比丘雄顿（ཤོང་སྟོན།），对勘吉祥萨迦寺之二种中印度梵本善加改正订定，

①17//432/646.5

②17//157/428.6-7

③7//395/365.4-6

④16//210/104.4-5

⑤16//377/685.6-7

复次一切知具德胆巴法王（དམ་པ་ཆོས་ཀྱི་རྗེ།），及具德大时轮师达磨记尔第司利巴得拉（དྷརྨ་ཀཱིརྟི་ཤྲཱི་བྷ་དྲ།）曾仔细思维此经经义，并下令重加译校，通晓梵文声明理论之译师释迦比丘罗哲坚赞（བློ་གྲོས་རྒྱལ་མཚན།）及罗哲贝桑布（བློ་གྲོས་དཔལ་བཟང་པོ།），谨遵其教并承大班智达司替马弟（སྨྲིར་མ་ཏི།）之恩泽，比对多部本续及释续，重译改正并校订”[①]。

No.682《圣不空罥索微细仪轨王（འཕགས་པ་དོན་ཡོད་པའི་ཞགས་པའི་ཆོ་ག་ཞིབ་མོའི་རྒྱལ་པོ།）》的译跋则详列本经补缺及翻译的段落：“此经先前约有四位善巧译师分摊译出，其间渐次散佚终至不全，后大时轮喇嘛却扎贝桑波（ཆོས་གྲགས་དཔལ་བཟང་པོ།）亲出手抄梵本，劝请补缺并希望完全译毕，今谨遵其教敕，第十卷自‘能成就一切事务（ལས་ཀྱི་དོན་སྒྲུབ་པར་བྱེད།）’至‘应行密咒最胜念诵（གསང་སྔགས་བཟླས་པ་མཆོག་གྱིས་ཤིག།）’，第十二卷自‘然而世尊为殊胜义故（བཅོམ་ལྡན་འདས་དོན་ཀུན་དོན་ཁྱད་པར་ཅན་ཀྱི་ཆེད་དུ།）’至‘成持明咒之光耀身（རིག་སྔགས་འཆང་གི་ལུས་འབར་བར་འགྱུར་ཏེ།）’，第十三卷自‘仅听闻此坛城仪轨（དཀྱིལ་འཁོར་གྱི་ཆོ་ག་འདི་ཐོས་པ་ཙམ་དང་།）’至‘若人依量雕刻（མི་གང་ཚད་དུ་བརྐོ་བར་བྱ།）’，第十四卷‘普于莲华、水及白芥子念诵（པད་མ་དང་ཆུ་དང་ཡུངས་ཀར་ལ་ཡོངས་སུ་བཟླས་ཏེ།）’至‘以白布洗涤并于七回中（རས་དཀར་པོས་བཀྲུ་བར་བྱ་ཞིང་ལན་བདུན་དུ།）’，至十五卷间自‘八银香炉（དངུལ་གྱི་སྤོག་ཕོར་བརྒྱད་དང་།）’至‘于一切别样处所行一切如何作意事（གནས་རྣམ་པ་གཞན་ཐམས་ཅད་དུ་ཇི་ལྟར་ཡིད་ལ་བྱེད་པའི་བྱ་བ་ཐམས་ཅད་དུ་བྱེད་དོ།）’，第十六、十七卷间自‘尔时要演说护摩仪轨（དེ་ནས་སྦྱིན་སྲེག་གི་ཆོ་ག་བཤད་པར་བྱ་སྟེ།）’至‘手印仪轨及成就法仪轨（ཕྱག་རྒྱའི་ཆོ་ག་དང་སྒྲུབ་ཐབས་ཀྱི་ཆོ་གའོ།）’，第十七、十八卷间自‘尔时要演说恒常念诵坛城仪轨（དེ་ནས་རྟག་ཏུ་བཟླས་པའི་དཀྱིལ་འཁོར་གྱི་ཆོ་ག་བཤད་པར་བྱ་སྟེ།）’至‘世间怙主光明护摩极解脱（འཇིག་རྟེན་མགོན་པོའི་འོད་ཟེར་གྱི་སྦྱིན་སྲེག་རབ་ཏུ་གྲོལ་ལོ།）’等等缺漏完全补足，并由萨迦比丘仁青竹（རིན་ཆེན་གྲུབ།）译校，书者瑜伽师竹巴贝桑波（གྲུབ་པ་དཔལ་བཟང་པོ།），唯‘普于一切天女（ཀུན་ཏུ་ལྷ་མོ་ཐམས་ཅད་པའོ།）’至‘若劝请所需物（གཏེར་བསྒྲུལ་ན།）’一段，梵本缺”[②]。

3. 简别译者

简别译者即编辑《甘珠尔》者，对经典不同译者的判定，考究不同译者分译的段落，以及品评译文的优劣。例如，说译者不能确定的经典：No.382《吉祥真实和合明点大本续王（རྒྱུད་ཀྱི་རྒྱལ་པོ་ཆེན་པོ་དཔལ་ཡང་དག་པར་སྦྱོར་བའི་ཐིག་ལེ་ཞེས་བྱ་བ།）》原为释迦益希（ཤཱཀྱ་ཡེ་ཤེས།）翻译校订，后来其他藏族译师对译文做部分不同之修改，放进自己名字而除去他人名字，且屏弃自己所不了解之处，故释迦益希又亲自比对四种梵文本续而改正订定[③]；No.0477《总摄一切如来实性大乘经（དེ་བཞིན་གཤེགས་པ་ཐམས་ཅད་ཀྱི་དེ་ཁོ་ན་ཉིད་བསྡུས་པ་ཞེས་བྱ་བ་ཐེག་པ་ཆེན་པོའི་མདོ།）》虽未见有译跋，但传

①20//306/572.7–573.7
②19//17/113.7–114.7
③16//248/367.5–7

为班智达尸罗陀塔伽罗哇尔玛（ཤཱི་ལ་ཀ་ར་ཝརྨ།）及藏族译师仁青桑布（རིན་ཆེན་བཟང་པོ།）合译①；又No.480《胜三世大细轨王（འཇིག་རྟེན་གསུམ་ལས་རྣམ་པར་རྒྱལ་བ་རྟོག་པའི་རྒྱལ་པོ་ཆེན་པོ།）》传为大译师仁青钦布（རིན་ཆེན་བཟང་པོ།）译，但也有人认为此本是玛给洛（མ་དགེ་བློ།）所译②等。

至于考究不同译者分译的段落，以及品评译文的优劣的，如：No.430《吉祥四座详释本续王（དཔལ་གདན་བཞི་པའི་རྣམ་པར་བཤད་པའི་རྒྱུད་ཀྱི་རྒྱལ་པོ་ཞེས་བྱ་བ།）》本为班智达思迷提贾那克尔提（སྨྲྀ་ཏི་ཛྙཱ་ན་ཀཱིརྟི།）初译并注释校订，但全续品目细碎，若合计一起共一百又四品，因此一切智布顿（བུ་སྟོན།）发大誓愿，比对十万本续及旧有善本，加以编校广为订正而流通③；而No.369《无上现诠本续（མངོན་པར་བརྗོད་པའི་རྒྱུད་བླ་མ་ཞེས་བྱ་བ།）》最早是印度堪布大班智达吉祥燃灯智（དཱི་པཾ་ཀ་ར་ཤྲཱི་ཛྙཱ་ན།）与藏族大译师比丘仁青桑布(རིན་ཆེན་བཟང་པོ།)合译并校订，后来大班智达阇那司利（ཛྙཱ་ན་ཤྲཱི།）、译师琼波·却己尊竹（ཁྱུང་པོ་ཆོས་ཀྱི་བརྩོན་འགྲུས།）又再加校订，最后班智达阿难陀（ཨ་ནནྡ།）及小译师（ལོ་ཆུང་།）复予以斟酌损益改正，因此编者认为没有比此本更加精善的了④。

（六）译校地点

在台北版《甘珠尔》译跋中，有确切记录的译校地点，计有西藏、尼泊尔、印度等十八个处所：

萨迦大寺（ས་སྐྱའི་གཙུག་ལག་ཁང་ཆེན་པོ།）：于此译校的经典计有No.362《最胜本初佛所出吉祥时轮本续王（མཆོག་གི་དང་པོའི་སངས་རྒྱས་ལས་ཕྱུང་བ་རྒྱུད་ཀྱི་རྒྱལ་པོ་དཔལ་དུས་ཀྱི་འཁོར་ལོ་ཞེས་བྱ་བ།⑤）》、No.422《吉祥智慧明点瑜伽母最胜希有大本续王（དཔལ་ཡེ་ཤེས་ཐིག་ལེ་རྣལ་འབྱོར་མའི་རྒྱུད་ཀྱི་རྒྱལ་པོ་ཆེན་པོ་མཆོག་ཏུ་རྨད་དུ་བྱུང་བ་ཞེས་བྱ་བ།⑥）》、No.423《吉祥真如明灯大瑜伽母本续王（དཔལ་དེ་ཁོ་ན་ཉིད་ཀྱི་སྒྲོན་མ་ཞེས་བྱ་བའི་རྣལ་འབྱོར་ཆེན་མོའི་རྒྱུད་ཀྱི་རྒྱལ་པོ།⑦）》、No.740《金刚下界大秘密本续（ས་འོག་གི་གསང་བ་ཆེན་པོ།）⑧》、No.0431《吉祥暴恶大忿怒独勇本续王（དཔལ་གདུམ་པོ་ཁྲོ་བོ་ཆེན་པོའི་རྒྱུད་ཀྱི་རྒྱལ་པོ་དཔའ་བོ་གཅིག་པ་ཞེས་བྱ་བ།）》、No.436《护世尊主本续五十颂（རིགས་ཀྱི་འཇིག་རྟེན་མགོན་པོ་ལྔ་བཅུ་པ་ཞེས་བྱ་བ།）⑨》、No.657《圣诸星母陀罗尼（འཕགས་མ་གཟའ་རྣམས་ཀྱི་ཡུམ་ཞེས་བྱ་བའི་གཟུངས།）⑩》等。

当屈大寺（ལྷུང་འཕྲུལ་ཀྱི་གཙུག་ལག་ཁང་ཆེན་པོ།）：No.440《大黑天本续王（ནག་པོ་ཆེན་པོ་ཞེས་བྱ་བའི་རྒྱུད་ཀྱི་རྒྱལ་

①17//223/283. 7
②17//278/115.5-6
③16//366/607.6-7
④17//106/739.5-7
⑤16//37/256.6-7
⑥16//318/272.4
⑦16//320/284.7
⑧19//165/531.5-6
⑨16//386/57.7-58.1
⑩18//309/366.4

པོ།）①》。

大乐轮寺（དཔལ་འཁོར་བདེ་ཆེན་གྱི་གཙུག་ལག་ཁང་།）：No.493《说一切如来圣不动忿怒明王无量威力勇猛调伏细轨（དེ་བཞིན་གཤེགས་པ་ཐམས་ཅད་ཀྱི་ཁྲོ་བོའི་རྒྱལ་པོ་འཕགས་པ་མི་གཡོ་བ་དེའི་སྟོབས་དཔག་ཏུ་མེད་པ་བརྟུལ་ཕོད་པ་འདུལ་བར་གསུངས་པ་ཞེས་བྱ་བའི་རྟོག་པ།）②》。

无比天成寺（དཔལ་མཉམ་མེད་ལྷུན་གྱི་གྲུབ་པའི་གཙུག་ལག་ཁང་།）：No.498《游行三金刚地细轨王（རྡོ་རྗེ་ས་གསུམ་དུ་རྒྱ་བ་ཞེས་བྱ་བའི་རྟོག་པའི་རྒྱལ་པོ།）③》、No.445《大瑜伽本续现说吉祥金刚鬘一切本续秘密心要分（རྣལ་འབྱོར་ཆེན་པོའི་རྒྱུད་དཔལ་རྡོ་རྗེ་ཕྲེང་བ་མངོན་པར་བརྗོད་པ་རྒྱུད་ཐམས་ཅད་ཀྱི་སྙིང་པོ་གསང་བ་རྣམ་པར་ཕྱེ་བ་ཞེས་བྱ་བ།）④》。

桑耶寺（དཔལ་བསམ་ཡས་ལྷུན་གྱི་གཙུ་ལག་ཁང་།）：No.528《薄伽梵母般若波罗蜜多心经（བཅོམ་ལྡན་འདས་མ་ཤེས་རབ་ཀྱི་ཕ་རོལ་དུ་ཕྱིན་པའི་སྙིང་པོ།）⑤》。

迦湿弥罗大甘露生寺（བདུད་རྩི་འབྱུང་བའི་གཙུག་ལག་ཁང་ཆེན་པོ།）：No.678《圣观自在菩萨莲花网根本本续王（འཕགས་པ་སྤྱན་རས་གཟིགས་དབང་ཕྱུག་གི་རྩ་བའི་རྒྱུད་ཀྱི་རྒྱལ་པོ་པད་མ་དྲ་བ་ཞེས་བྱ་བ།）⑥》。

那烂陀寺（དཔལ་ན་ལན་ད།）：No. 743《圣青衣金刚手仪轨陀罗尼（འཕགས་པ་ལག་ན་རྡོ་རྗེ་གོས་སྔོན་པོ་ཅན་གྱི་ཆོ་ག་ཞེས་བྱ་བའི་གཟུངས།⑦）》。

托林寺（ཐོ་ལིང་།）：No.761《善舞药叉大将细轨（གནོད་སྦྱིན་གྱི་སྡེ་དཔོན་གར་མཁན་མཆོག་གི་བརྟག་པ།⑧）》。

解脱林大寺（གཙུག་ལག་ཁང་ཆེན་པོ་ཐར་པ་གླིང་།）：No.32《转法轮经（ཆོས་ཀྱི་འཁོར་ལོ་རབ་ཏུ་བསྐོར་བའི་མདོ།）》至No.40《调伏难陀及优婆难陀龙王经（ཀླུའི་རྒྱལ་པོ་དགའ་བོ་ཉེར་དགའ་འདུལ་བའི་མདོ།）》⑨等九部。

白晶宫（ཕོ་བྲང་ལྡན་དཀར།）：No.220《制止破戒佛藏大乘经（སངས་རྒྱས་ཀྱི་སྡེ་སྣོད་ཚུལ་ཁྲིམས་འཆལ་བ་ཚར་གཅོད་པ་ཞེས་བྱ་བ་ཐེག་པ་ཆེན་པོའི་མདོ།⑩）》。

禅定寺（བསམ་གཏན་གླིང་།）：No.360《文殊智慧萨埵胜义名号真实赞（འཇམ་དཔལ་ཡེ་ཤེས་སེམས་དཔའི་དོན་དམ་པའི་མཚན་ཡང་དག་པར་བརྗོད་པ།⑪）》。

宇洞大天成寺（ཡུ་ཏུང་ལྷུན་གྱིས་གྲུབ་པའི་གཙུག་ལག་ཁང་ཆེན་པོ།）：No.372《吉祥空行海瑜伽母大本续王（དཔལ་

①16//402/171.7
②17//432/646.7
③17//483/352.7
④16//457/554.2–3
⑤18//23/156.3
⑥18//336/555.6–7
⑦19//241/527.7–528.1
⑧19/274/162.6–7
⑨7//423/562.1
⑩13//198/154–7
⑪16//4/26.5–6

མཁའ་འགྲོ་རྒྱ་མཚོ་རྣལ་འབྱོར་མའི་རྒྱུད་ཀྱི་རྒྱལ་པོ་ཆེན་པོ་ཞེས་བྱ་བ།①）》。

尼泊尔之扬布城（ཡམ་བུ།）：No.473《吉祥红阎摩敌本续王（དཔལ་གཤིན་རྗེ་གཤེད་དམར་པོ་ཞེས་བྱ་བ་རྒྱུད་ཀྱི་རྒྱལ་པོ།）②》。

芒隅（མང་ཡུལ།）慈云寺（བྱམས་སྤྲིན་གཙུག་ལག་ཁང་།）：No.835《吉祥呬噜迦大悲游戏最胜深密本续（དཔལ་ཧེ་རུ་ཀ་སྙིང་རྗེ་རོལ་པའི་རྒྱུད་གསང་བ་ཟབ་མོའི་མཆོག་ཅེས་བྱ་བ།③）》。

庞汀（ཕམ་ཐིང་།）：No.412《一切如来心藏要义本续（དེ་བཞིན་གཤེགས་པ་ཐམས་ཅད་ཀྱི་ཐུགས་ཀྱི་སྙིང་པོ་དོན་གྱི་རྒྱུད།④）》。

叶如（གྲུས་ཙ།）香（ཤངས།）地之谢形（ཞིག་ཞིང་།）：No.439《金刚橛根本本续略分（རྡོ་རྗེ་ཕུར་པ་རྩ་བའི་རྒྱུད་ཀྱི་དུམ་བུ།⑤）》。

迦湿弥罗尸林图画自生塔座（དུར་ཁྲོད་འབྲིས་ཀ་རང་འབྱུང་གི་མཆོད་རྟེན་རྩ།）：No.698《圣观自在狮子吼陀罗尼（འཕགས་པ་སྤྱན་རས་གཟིགས་དབང་ཕྱུག་སེང་གེ་སྒྲའི་གཟུངས་ཞེས་བྱ་བ།⑥）》。

卓玛巴如拉克（གྲོ་མ་པ་ཙ་ལག）的蒋铺（རྒྱང་ཕུ།）神山，靠近其山巅之静室：No.371《金刚空行后本续（རྡོ་རྗེ་མཁའ་འགྲོ་ཞེས་བྱ་བའི་རྒྱུད་ཕྱི་མ།⑦）》。

（七）译校所依据的母本

藏文大藏经绝大部分是译自梵文，在译跋中无须著录，但如所依据的母本，有其特殊性，则往往会标示出来，如：

No.361《略说灌顶经（དབང་མདོར་བསྟན།）》是迦湿弥罗索摩那他（སོ་མ་ན་ཐ།）与藏族译师卓·喜饶札巴（འབྲོ་ཤེས་རབ་གྲགས་པ།）合译，后来仁青坚赞（རིན་ཆེན་རྒྱལ་མཚན།）再对照那罗巴（དཔལ་ན་རོ་པ།）之注疏本予以译校并订正[⑧]；又如No.463《现说薄伽梵秘密金刚手本续王（བཅོམ་ལྡན་འདས་ཕྱག་ན་རྡོ་རྗེ་གསང་བ་མངོན་པར་བསྟན་པའི་རྒྱུད་ཀྱི་རྒྱལ་པོ་ཞེས་བྱ་བ།）》是印度哇拉旃陀罗（ཕ་ལ་ཙནྡྲ།）及藏族练琼达摩楚称（སྨན་ཆུང་དར་མ་ཚུལ་ཁྲིམས།）先据香拔拉（ཤམྦྷ་ལ།）之原本合译，后又据中天竺（ཡུལ་དབུས།）梵本及迦湿弥罗（ཁ་ཆེ།）所出之本详加校订[⑨]；至于No.467《吉祥大金刚怖畏本续（དཔལ་རྡོ་རྗེ་འཇིགས་བྱེད་ཆེན་པོའི་རྒྱུད་ཅེས་བྱ་བ།）》乃阿阇黎贝拉立达伐折罗（དཔལ་ལྷ་ལི་ཏ་བཛྲ།）所诵出，印度班智达巴若恰都（བྷ་རོ་ཕྱག་རྡུམ།）口授，

①16//182/528.1
②17//157/428.7
③20//147/403.1-3
④16//268/508.4
⑤16//390/90.5-6
⑥19//49/341.4-5
⑦16//145/272.7
⑧16//6/41.4-6
⑨17//121/180.3-4

藏族译师比丘多杰扎（རྡོ་རྗེ་གྲགས།）翻译[①]；No.368《吉祥上乐本续王略要（རྒྱུད་ཀྱི་རྒྱལ་པོ་དཔལ་བདེ་མཆོག་ཉུང་ངུ་ཞེས་བྱ་བ།）》是由仁青桑布(རིན་ཆེན་བཟང་པོ།)译自迦湿弥罗（ཁ་ཆེ།）本，后来玛巴·却已旺秋（མར་པ་ཆོས་ཀྱི་དབང་ཕྱུག།）再根据摩揭陀（ཡུལ་དབུས།）本校对流传[②]。

此外，藏文佛典也有部分是根据梵文以外的语种再迻译的，译跋中都会清楚地标明，如：No.824《一切如来密意智胜义心要金刚庄严本续瑜伽成就教言总集明经大乘现观法门庄严经（དེ་བཞིན་གཤེགས་པ་ཐམས་ཅད་ཀྱི་ཐུགས་གསང་བའི་ཡེ་ཤེས་དོན་གྱི་སྙིང་པོ་རྡོ་རྗེ་བཀོད་པའི་རྒྱུད་རྣལ་འབྱོར་གྲུབ་པའི་ལུང་ཀུན་འདུས་རིག་པའི་མདོ་ཐེག་པ་ཆེན་པོ་མངོན་པར་རྟོགས་པ་ཆོས་ཀྱི་རྣམ་གྲངས་རྣམ་པར་བཀོད་པ་ཞེས་བྱ་བའི་མདོ།）》是达摩菩提（དྷརྨ་བོ་དྷི།）、达纳罗悉达（དྷ་ན་རཀྵི་ཏ།）及切赞介（ཆེ་བཙན་སྐྱེས།）于勃律（བྲུ་ཤའི་ཡུལ།）市集自勃律文译出并校定[③]。尤其有不少是由汉译佛典再翻译的，也都著录在各经的译跋中，如：No.106《圣入楞伽大乘经（འཕགས་པ་ལང་ཀར་གཤེགས་པའི་ཐེག་པ་ཆེན་པོའི་མདོ།）》是郭·却朱（འགོས་ཆོས་གྲུབ།）法师译自汉本并订正的[④]；No.108《圣入楞伽宝经所出一切佛语心要品（འཕགས་པ་ལང་ཀར་གཤེགས་པ་རིན་པོ་ཆེའི་མདོ་ལས་སངས་རྒྱས་ཐམས་ཅད་ཀྱི་གསུང་གི་སྙིང་པོ་ཞེས་བྱ་བའི་ལེའུ།）》也是郭·却朱参照汉僧圆晖（ཝེན་ཧྭི།）所造之注而译校[⑤]；其他如No.119《圣大般涅槃经（འཕགས་པ་ཡོངས་སུ་མྱ་ངན་ལས་འདས་པ་ཆེན་པོའི་མདོ།[⑥]）》、No.242《圣回向轮大乘经（འཕགས་པ་ཡོངས་སུ་བསྔོ་བའི་འཁོར་ལོ་ཞེས་བྱ་བ་ཐེག་པ་ཆེན་པོའི་མདོ།[⑦]）》、No.341《贤愚经（འཛངས་བླུན་ཞེས་བྱ་བའི་མདོ།[⑧]）》、No.351《圣义成太子经（འཕགས་པ་རྒྱལ་བུ་དོན་གྲུབ་ཀྱི་མདོ།[⑨]）》等也都是译自汉本。

（八）经文卷数

译跋有时也会记录该经的卷数或偈颂的数量，如：

No. 3《律分别（འདུལ་བ་རྣམ་པར་འབྱེད་པ།）》：二万五千颂八十三卷[⑩]。

No.110《圣密严大乘经（འཕགས་པ་རྒྱན་སྟུག་པོ་བཀོད་པ་ཞེས་བྱ་བ་ཐེག་པ་ཆེན་པོའི་མདོ།）》：一万二千颂[⑪]。

No.120《圣大般涅槃大乘经（འཕགས་པ་ཡོངས་སུ་མྱ་ངན་ལས་འདས་པ་ཆེན་པོ་ཐེག་པ་ཆེན་པོའི་མདོ།）》：三千九百颂[⑫]。

---

①17//142/326.6-327.1

②16//71//492.6-8

③19//409/579.7

④10//401/382.7

⑤10//428/568.7

⑥11//366/677.7

⑦13//435/611.7

⑧15//350/595.7

⑨15//456/140.1

⑩1//676/537.6

⑪11//16/110.7

⑫11//409/301.3

No.264《圣大解脱方广忏悔灭罪庄严成佛大乘经（འཕགས་པ་ཐར་པ་ཆེན་པོ་ཕྱོགས་སུ་རྒྱས་པ་འགྱོད་ཚངས་ཀྱིས་སྡིག་སྦྱངས་ཏེ་སངས་རྒྱས་སུ་གྲུབ་པར་རྣམ་པར་བཀོད་པ་ཞེས་བྱ་བ་ཐེག་པ་ཆེན་པོའི་མདོ།）》：七百十二颂即二卷又百十二颂①。

No.271《圣八佛大乘经（འཕགས་པ་སངས་རྒྱས་བརྒྱད་པ་ཞེས་བྱ་བ་ཐེག་པ་ཆེན་པོའི་མདོ།）》：九十一颂②。

No.287《圣正法念处经（འཕགས་པ་དམ་པའི་ཆོས་དྲན་པ་ཉེ་བར་བཞག་པ།）》：三万六千颂③。

No.478《金刚顶秘密大瑜伽本续（གསང་བ་རྣལ་འབྱོར་ཆེན་པོའི་རྒྱུད་རྡོ་རྗེ་རྩེ་མོ།）》：十二卷④。

No.501《圣七如来本愿殊胜方广大乘经（འཕགས་པ་དེ་བཞིན་གཤེགས་པ་བདུན་གྱི་སྔོན་གྱི་སྨོན་ལམ་གྱི་ཁྱད་པར་རྒྱས་པ་ཞེས་བྱ་བ་ཐེག་པ་ཆེན་པོའི་མདོ།）》：八百颂⑤。

五、结语

根据以上分析，可以得到以下三个结论：

（1）尾题的重要性：有些经典缺少经题，只有靠尾题才能得知经名；有些经典既有经题也有尾题，但内容不一，表示这部经典有两个或两个以上不同的名称，根据这不同的名称，可更深入了解此经的旨趣，在数据查询时，碰到不同的异名，而不至于误以为不同的经典；有些尾题，在经名之前著录了该经所属的部类，让读者更易了解该经典的内涵和属性。

（2）译跋的丰富性：译跋除了最基本的记录译经、校经者的姓名外，其内容还提供了很丰富的讯息，如从译校者对经典的释义与赞言，可知该经的义理梗概及其在佛教中的地位；译者的祈愿，令人感受到其善根的无私回向与度世的慈悲；而谦辞则说明译者翻译的诚敬与谦卑的胸怀。至于译校的因缘与过程、所据的母本和翻译的地点，以及经典的卷数，不但可帮助读者考究该经典译传的经过，也是了知《藏文大藏经》形成的步骤，以及建构藏传佛教发展史最珍贵的材料。

（3）与其他版本的《藏文大藏经》比较：前已言及《藏文大藏经》有多种不同的版本，其中《甘珠尔》彼此之间究竟有何差别，这固然可从刊刻的历程、所收经典的部数、全套的函数，以及戒律、般若、华严、宝积、诸经、密续六大类编排的先后次第作宏观探讨⑥，但如果以本版《甘珠尔》之尾题、译跋与其他版本的尾题、译跋作比对，当可得

①14//165/526.7—527.1

②14//186/41.7

③15//65/454.7

④17//261/547.5

⑤17//510/546.6

⑥扎呷：《大藏经概论》，西宁：青海人民出版社，2008年，第56—66页。

出它们之间更精细、更准确的异同，对于《甘珠尔》的形成也势必能获得一个更扎实的论证。例如：No. 12《圣八千颂般若波罗蜜多经》和拉达克所藏的同经写本的译跋就不同，比台北版多了“又萨迦比丘阿里之饶坚巴格西（རབ་འབྱམས་པ།）贝就坚赞（དཔལ་འབྱོར་རྒྱལ་མཚན།）及译师尊者衮噶却桑（ཀུན་དགའ་ཆོས་བཟང་།）二人，依此浊世之一切知大士霞鲁（ཞ་ལུ།）译师贝仁钦却迥桑布（དཔལ་རིན་ཆེན་ཆོས་སྐྱོང་བཟང་པོ།）之口译，比对多种梵藏本经勘正之原本，复与另二梵本及多种藏印本比校，于庚寅铁公虎年星宿月望日，在安乐之源宛如顶上流苏之雪山所庄严之中心详细校正①。”又如 No.267《百拜忏悔经》本版如前文所说，有此经于拉妥妥日年赞时由天空降于王宫等语之译跋，而北京版译跋全缺②，No.418《喜金刚空行母璎珞律仪大本续王（ཀྱེའི་རྡོ་རྗེ་མཁའ་འགྲོ་མ་དྲ་བའི་སྡོམ་པ་རྒྱུད་ཀྱི་རྒྱལ་པོ་ཆེན་པོ།）》的译跋说本经是印度堪布迦耶达拉(ག་ཡ་དྷ་ར།)及藏族译师比丘释迦益希(ཤཱཀྱ་ཡེ་ཤེས།)翻译审阅并校定，之后译师鲜努贝（གཞོན་ནུ་དཔལ།）又再译校补正，但本院所藏的《龙藏经》的译跋却缺少“之后译师鲜努贝又再译校补正”一句③。

总之，《藏文大藏经》卷帙浩繁，内容博大精深，关涉的研究主题有数千种，而探讨《甘珠尔》尾题及译跋，对于藏文佛典的译传、版本和目录学的了知，无疑起到了关键的作用。

参考文献：

[1] 法尊法师：《西藏前弘期佛教》，台北：佛教出版社，1985 年。

[2] 胡进杉编：《龙藏经》（第 1 册），台北：龙冈数位文化股份有限公司，2011 年。

[3] 王辅仁：《西藏佛教史略》，西宁：青海人民出版社，1982 年。

[4] 樱部文镜：《西藏大藏经甘殊尔勘同目录》，京都：日本大谷大学图书馆，1932 年。

[5] 扎呷：《大藏经概论》，西宁：青海人民出版社，2008 年。

[6] 周润年：《藏文〈大藏经〉的特色及其价值》，《蒙藏季刊》第 189 卷第 4 期。

[7] Tadeusz Skorupski. *A Catalogue of The Stog Palace Kanjur*. The International Institute for Buddhist Studies, 1985.

①Tadeusz Skorupski. *A Catalogue of The Stog Palace Kanjur*. The International Institute for Buddhist Studies,1985,p.76.

② 樱部文镜：《西藏大藏经甘殊尔勘同目录》，京都大谷大学图书馆（日本）铅印本，1932 年，第 363 页。

③ 胡进杉编：《龙藏经》（第 1 册），台北：龙冈数位文化股份有限公司，2011 年，第 249—368 页。

A Study on the Final Title and Epilogue of *Kanjur*: Based on the Taipei Version

Hu Jinshan

[Abstract] *Tibetan Tripitsutra* was divided into two parts: *Ganjur*, which was said by the Buddha, and *Tanjur*, which was made by later scholars. It is not only a series of Buddhist books, but also an encyclopedia of Tibetan culture. It has inestimable value for Tibetan society, religion, culture, science, bibliography and language translation. But the academic circles has always been lay particular stress on the study of classical meaning and the macro discussion of the whole Set of *Tibetan Tripitaka*, however, there is less emphasis on the research of the final tithe and epilogue at the end of the text. Based on this topic in Taipei version *Kangyur* as an example, the paper analysis the content and characteristics of the final title and the epilogue, expounds its importance in the history of Tibetan Buddhism translation of classics.

[Key words] *Kanjur*; the final title; epilogue; Taipei version

（通信地址：11143，台北，台北故宫博物院）

故宫博物院藏宗 23541 号丹书克研究 *

李若愚

【提要】宗 23541 号丹书克收藏于故宫博物院，是九世洞阔尔呼图克图 1861 年进献给皇上的藏文写本。本文总结了该丹书克写本的特点，首次公布其全文及尾题，并附以注释，向学界提供了一份新的研究材料，有利于学界加深对丹书克写本与丹书克制度的认识。

【关键词】故宫博物院；丹书克；藏文写本

故宫博物院图书馆收藏了一份洞阔尔呼图克图进献给清代皇帝的藏文丹书克写本，编号为宗 23541，根据故宫博物院图书馆的春花老师研究，在故宫博物院亦藏有编号为宗 23540 的满文本以及编号为宗 23625 的蒙古文本，二者内容一致，今比较满、蒙、藏三种文本，其内容相同，故三者应为一套。

丹书克又称丹舒克、单书克、噶舒克，为藏文 brtan bzhugs 一词的音译，有长寿永生、长久安住之意。清代文献中这样解释丹书克一词："丹书克者，番语谓祝暇为丹，谓奏书为书克。"① 而作为贺礼的丹书克，除了经文之外，另有贡物，《钦定大清会典事例》记载："达赖喇嘛、班禅额尔德尼及京派办事之呼图克图、四噶布伦，各呈进庆贺礼曰丹书克，所贡吉祥佛、金字经、银塔、七宝、八珍。"② 桑丁才仁在《略述清代西藏丹书克的有关问题》一文中将丹书克写法总结为三种形式：一是 brtan bzhugs 或 brtan par bzhugs pa，二是 zhabs brtan，三是将 brtan bzhugs 一词以单词的形式分开使用③。本文

基金项目：国家社科基金一般项目"西夏文佛典文献语法研究"（18BYY202）的阶段性研究成果。
作者简介：李若愚，故宫博物院副研究馆员。
①[清]高宗御制、王杰等奉敕编：《御制诗余集》卷十，载《影印文渊阁四库全书》第 1311 册，台北：台湾商务印书馆，1986 年，第 682 页。
②[清]会典馆编：《钦定大清会典事例》（清光绪二十五年刻本影印），台北：新文丰出版公司，1976 年，第 16945 页。
③ 桑丁才仁：《略述清代西藏丹书克的有关问题》，《中国藏学》1997 年第 1 期。

所讨论的丹书克符合上述形式，其封面全称为 gong ma bdag po chen po'i zhabs brtan smon tshig bzhugs so（皇帝大主人的佛事贺词），侧边墨框内则是其藏文简称 brtan bzhugs。

本文讨论的丹书克经为藏文写本，梵夹装，页面尺寸 32.2 厘米 ×12.1 厘米，墨框尺寸为 23.1 厘米 ×7.2 厘米，左侧框内写有藏文 brtan bzhugs 及藏文页码，页 4 行，共 5 叶，随经附带暗花黄绫单袱，袱上一角缝有捆经带，经带有一象牙经别。

关于该写本的年代，在该写本最后有如下记述：

> ces 'jam dbyangs gong ma bdag po chen po'i zhabs pad bskal pa khri phrag khri phrag gi bar du gyo ba med pa brtan par bzhugs pa'i zhabs brtan smon tshig 'di ni phran chung stong 'khor huthog thu bus [pus] mo sa la btsugs nas gus pa chen po'i phyag dang bcas te lcags mo bya yi lor zla tshes dge bar spyar [sbyar] nas phul pa'o//
>
> 此文殊皇帝大主人足莲万万劫中不动永住之佛事贺词，为小臣洞阔尔呼图克图于辛酉年吉日跪地[①]礼敬，恭敬所作，以为进献。

有清一代，共计有四个辛酉年，分别为康熙二十年（1681）、乾隆六年（1741）、嘉庆六年（1801）、咸丰十一年（1861）。无独有偶，故宫博物院另藏有一份丹书克经文，亦为洞阔尔呼图克图所献，编号为宗 23538，满、蒙、藏三种文本同函且内容一致，其中藏文本为梵夹装，页面尺寸 32.2 厘米 ×12.1 厘米，墨框尺寸为 23.1 厘米 ×7.0 厘米，左侧框内写有藏文 brtan bzhugs 及藏文页码，页 4 行，共 5 叶，随经附带明黄素缎单袱，藏文封面题名为 'jam dbyangs gong ma chen po'i zhabs brtan smon tshig bzhugs so（文殊大皇帝的佛事贺词），并附有黄色题签"洞阔尔呼图克图进丹书克经文"，以及"光绪元年三月二十四日收，杨长春交"。在这份丹书克最后亦有如下记述：

> zhes rje btsun 'jam dpal dbyangs mi'i gar gyi rnam par rol ba/ gong ma bdag po chen po'i zhabs pad bskal pa khri khrag [phrag]khri khrag [phrag] gi bar du gyo pa med par brtan par bzhugs pa'i zhabs brtan smon tshig 'di ni/ phran chung dung [stong] 'khor huthog thu'i bus [pus] mo sa la btsugs nas gus pa chen po'i phyag dang bcas te shing mo phag gi lor chab srid 'phel rgyas khri bzhugs dang po'i zla tshes dge bar sbyar nas phul pa'o//

---

① 跪地，藏文本作 pus mo sa la btsugs，满文本作 nenehe songkoi（依照先例）。

至尊文殊嬉戏人间舞蹈，此皇帝大主人足莲万万劫中不动永住之佛事贺词，为小臣洞阔尔呼图克图[①]依照前例，于乙亥年王政兴旺登基初始之吉日恭敬所作，以为进献。

乙亥年即光绪元年（1875），这与所附的黄色题签时间一致，因此，这里提到的洞阔尔呼图克图应为九世洞阔尔呼图克图土丹吉美嘉措[②]（thub bstan 'jigs med rgya mtsho，1820-1882）。洞阔尔呼图克图土丹吉美嘉措出生不久就被认定为八世呼图克图土丹吉美嘎桑（thub bstan 'jigs med skal bzang，1812-1819）的转世，随后在洛桑土丹拉杰（blo bzang thub bstan rab rgyas, 1797-1858）前受戒，17 岁时到塔尔寺（sku 'bum）学习，并短暂地担任过曲登塘寺（mchod rten thang）的座主，后前往北京，成为驻京呼图克图，经历了道光、咸丰、同治、光绪四朝。对比上述两份藏文丹书克经，其页面尺寸、墨框特征一致，尾题格式与语言风格相似，这些特征都提示我们这两份丹书克经出于一人之手，即九世洞阔尔呼图克图土丹吉美嘉措，其创作的时间应为咸丰十一年（1861）。

丹书克作为一种庆贺之礼，体现了地方宗教势力与清政府的隶属关系，而清政府对丹书克的呈递也非常重视。以哲布尊丹巴呼图克图进献丹书克为例，理藩部须将丹书克及贡物先行恭设于乾清宫，并提前在中正殿演礼，届时参加呈递仪式的人员齐集于乾清宫，俟皇上升座召见，依次跪坐。参与仪式的除了哲布尊丹巴之外，还有驻京各呼图克图及札萨克喇嘛与理藩部的堂官等人。太监喇嘛自案上捧丹书克物件授哲布尊丹巴呼图克图恭捧，呼图克图喇嘛等诵丹书克经，哲布尊丹巴呼图克图捧丹书克物件呈进，皇上亲受，授侍立之御前大臣转授太监喇嘛仍陈案上。逐件呈递毕，该呼图克图等恭递哈达，皇上回赏哈达，并赐座、赏茶，礼毕引出[③]。

从内容上看，丹书克经通常仅为庆贺之词，是对皇帝的歌功颂德与祈福祝愿，并没有什么实际的内容，形式上则多采用藏文偈颂体，使用各种明喻暗喻的手法赞美清朝皇帝的威德，并祈愿皇帝安乐寿考、皇图永固、国泰民安。下面是宗 23541 丹书克经的全部录文及翻译：

---

① 洞阔尔呼图克图，宗 23538 藏文本作 dung 'khor hu thog thu，为 stong 'khor hu thog thu 之讹，宗 23538 及宗 23541 对应的满文本皆作 dong kur，似当据改。

② 除了九世洞阔尔呼图克图土丹吉美嘉措之外，还有一位九世洞阔尔呼图克图（blo bzang thub bstan 'jigs med tshul khrims rgya mtsho，1908-1934/46），详见东谷《历辈东谷人物传》（藏文），北京：中国藏学出版社，2005 年，第 356—409 页。

③ 故宫博物院编：《钦定理藩部则例》（第二册），海口：海南出版社，2000 年，第 300—302 页。

gong ma bdag po chen po'i zhabs brtan smon tshig bzhugs so//
《皇帝大主人的佛事贺词》

mkhyen rab kun la thogs med 'jam dpal dbyangs/
mkha' mnyam 'gro ba'i mar gyur spyan ras gzigs/
bdud dpung rtsad nas 'joms mdzad gsang ba'i bdag/
rigs gsum kun 'dus bla ma'i zhabs la 'dud/
智慧一切无碍妙吉祥，
齐天①众生之母观世音，
根本灭除魔军秘密主②，
礼敬集聚三部③上师足。

dpag yas bskal pa du ma'i snga rol nas/
rlabs chen tshogs gnyis rgya chen bskrun pa'i mthus/
skye dgu spyi gtsug rgyan dub yon gyur pa'i/
sa yi tshangs pa'i bzhed don lhun grub shog/
依自种种无量劫之前，
所生广大二资粮之力，
众生顶饰之地上大梵，
其所欲所求自然天成。

phun sum tshogs pa'i rigs las legs 'khrungs shing/
rtag tu gzhan phan bde la rab tu gzhol/
lus can re ba skong ba'i 'phrin las can/
mi yi dbang po'i zhabs pad brtan gyur cig/
生于圆满完备之种姓，
勤于长久利他之善业，
满足有情所欲之功业，

① 齐天，直译藏文 mkha' mnyam，意思是数量上等同虚空，即无数、无量。
② 秘密主，直译藏文 gsang ba'i bdag，这里指金刚手。
③ 三部，指佛部文殊、莲花部观世音、金刚部金刚手。

祈愿人主足莲长久住。

rab dkar lhag bsam stobs las byung ba yi/
thabs mkhas sbyor ba bzang pos gdul bya'i tshogs/
mi phyed dad pa'i myu gu spel mdzad pa/
mi yi dbang po'i bzhed don lhun grub shog/
极妙之方便善巧加行，
生于极白增上意乐力，
增长所化①不退之信念，
人主之欲求自然天成。

kun gyi gtsug rgyan dam par 'dzin na yang/
khengs dang dregs pa'i nga rgyal kun spangs nas/
dul ba'i mdzad pa'i 'gro kun yid 'phrog pa'i/
mi yi dbang po'i zhabs pad brtan gyur cig/
持执一切最上之顶严②，
灭除自满骄傲与我慢，
柔行挂念一切之众生，
祈愿人主足莲长久住。

byams brtse'i thugs kyis gdul bya bu bzhin skyong/
ye shes spyan gyis shes bya gnas rnams gzigs/
brtson 'grus mchog gis chab srid don mdzad pa'i/
mi yi dbang po'i bzhed don lhun grub shog/
慈悲心护育所化如子，
智慧眼洞察一切外境，
勤勉不懈王政之利益，
人主之欲求自然天成。

---

① 所化，被教化者，即徒众。
② 顶严，即顶饰，指发髻上的装饰，通常用来比喻最珍贵的人或事物。

legs tshogs brgya yis bskrun pa'i rab mdzes sku/
nyan pa'i dbang potshim byed snyan pa'i gsung/
mkhyen brtse'i bdag nyid rnam dag mnga' ba'i thugs/
mi yi dbang po'i zhabs pad brtan gyur cig/
百种妙汇所生极美身，
餍足听闻根器悦耳语，
智慧清净自性具足心，
祈愿人主足莲长久住。

rmad byung dge legs du ma'i stobs kyis ni/
lus can 'gro ba'i dam par mnga' gsol pa/
mi 'jigs gdong lngas btegs pa'i rin chen khrir/
bskal brgya'i bar du mi nyams brtan gyur cig/
依凭种种稀奇妙善力，
封为有情众生之圣贤，
无畏狮子所举之宝座，
祈愿百劫之间不退变。

bslu med mchog gsum dam pa'i byin rlabs dang/
bstan bsrung ma hā kā la la sogs pa'i/
mthu ldan dam can rgya mtsho'i tshogs rnams kyis/
gyel ba med par rtag du grogs byed shog/
真实三宝殊胜之加持，
及并护教玛哈嘎拉①等，
一切具威力之护法神，
祈愿长久饶益不动摇。

mi dbang chen po'i mthu stobs la brten nas/
rgyal khams spyi dang yul phyogs 'di rnams su/

① 玛哈嘎拉，即梵语“大黑”的音译，又译为大黑天，是藏传佛教尤其是格鲁派重要的护法神之一。

mi mthun rkyen ngan par chad nyer zhi nas/

rdzogs ldan gsar ba'i dpal la spyod gyur cig/

凭恃伟大皇帝之威德，

在王土的中央和地方，

静息断除不顺之逆缘，

祈愿受用圆满新吉祥。

就此部丹书克经内容而言，其文学色彩浓烈。作为一份向皇帝进贡的贺词，该丹书克经几乎在每偈中都反复祝愿皇帝能够长久安住，所欲皆得如愿，又以各种明喻暗喻的手法夸赞皇帝种姓圆满、勤于政务、挂念苍生、智慧超群，最后又再次祝愿王政永固、国泰民安。丹书克经作为丹书克制度的一部分，尽管内容上空洞无实，缺乏丰富的历史信息，但具备重大的政治意义与历史意义。它是清代中央与地方宗教势力的链接纽带，也是清代民族间友好关系的见证。

参考文献

[1] 安双成：《满汉大辞典》，沈阳：辽宁民族出版社，2018 年。

[2] 东谷：《历辈东谷人物传》（藏文），北京：中国藏学出版社，2005 年。

[3] 故宫博物院编：《钦定理藩部则例》（第二册），海口：海南出版社，2000 年。

[4] [清]高宗御制、王杰等奉敕编：《御制诗余集》卷十，载《影印文渊阁四库全书》第 1311 册，台北：台湾商务印书馆，1986 年。

[5] [清]会典馆编：《钦定大清会典事例》（清光绪二十五年刻本影印），台北：新文丰出版公司，1976 年。

[6] 桑丁才仁：《略述清代西藏丹书克的有关问题》，《中国藏学》1997 年第 1 期。

[7] 张怡荪：《藏汉大辞典》，北京：民族出版社，1993 年。

Research on the brtan bzhugs of No. Zong 23541 in the Palace Museum

Li Ruoyu

[Abstract] The brtan bzhugs of No. Zong 23541 is in the Palace Museum, which is a Tibetan text written by the 9th stong 'khor huthog thu in 1861. This paper summarizes the characteristics of the brtan bzhugs script, publishes the full text and the final title for the first time, and attaches notes,providing a new research material for the academic community, which is helpful for the academic community to deepen the understanding of the brtan bzhugs script and the brtan bzhugs system.

[Key words] the Palace Museum; brtan bzhugs; Tibetan script

（通信地址：100009，北京，故宫博物院）

藏文古籍《贤者喜宴·噶玛岗仓史》评述

杨　洁

【提要】《贤者喜宴·噶玛岗仓史》是明代藏族高僧巴卧·祖拉陈瓦撰写的史传文学名著《贤者喜宴》中篇幅最多的一卷。对于其史料的引用者很多，主要集中于史学界，但对著作本身的研究者甚少，仅有的几篇文章也只停留在对于史料价值的简要概述上。因而今后应该更加注重该书编纂学方面的理论性研究，同时也要注重语言、文学等方面特点与价值的挖掘。

【关键词】《贤者喜宴》；噶玛岗仓；文献价值

巴卧·祖拉陈瓦（dpav–bo–gtsug–la–vphren–ba）既是明代著名的活佛，也是精通藏族"五明"[①]的学者，一生撰写过几十部著作[②]，内容涉及历史、宗教、天文历算、语言文字，其中，最为后人重视的就是《贤者喜宴》（mkhas–pavi–dgav–ston），其在藏族文献中的地位相当于汉文的《资治通鉴》。《贤者喜宴·噶玛岗仓史》（mkhas–pavi–dgav–ston–karma–sgang–tshang）约占全书内容的三分之一，以大量的原始文献资料记述了元朝初年至明朝末年藏传佛教噶举派的历史及西藏地方历史，还涉及元明中央王朝的治藏政策、汉藏与蒙藏关系以及活佛转世等重要内容，是研究元明时期汉藏关系史以及藏族历史不可缺少的重要史料。为了更好地梳理《贤者喜宴·噶玛岗仓史》的相关研究内容，现从以下三个方面归纳、评述：

作者简介：杨洁，中央民族大学中国少数民族语言文学学院讲师。

① 五明即大小五明，包括语言、文字、音韵学、工艺、绘画、雕刻、建筑、天文、历法、医药学、逻辑学、佛学等。

② 巴卧·祖拉陈瓦的代表性著作有：《入菩萨行论广释》《历算典籍》《金刚亥母广论》《四部医典释》《历算大宝库世藏》《贤者喜宴》《塞卡古托寺志》等。

一、《贤者喜宴·噶玛岗仓史》的主要内容及特点

噶玛巴是藏传佛教噶玛噶举派黑帽系活佛之称谓，噶玛噶举黑帽系早在13世纪中期就与萨迦派（sa-skra-pa）的实力不相上下，明朝以来萨迦派实力衰落，噶玛噶举的实力却进一步得到发展，成为明代藏传佛教教派中最重要也是最有实力的派别，历辈噶玛巴都与中央关系极其密切，元代正式将西藏纳入中央管辖之内，噶玛巴功不可没，历辈噶玛巴最为关注的是汉藏民族的团结与友好以及宗教层面的利乐众生大业。历辈噶玛巴活佛不但是藏传佛教发展史上的重要人物，而且在西藏地方的政教关系发展方面拥有着举足轻重的影响。

《贤者喜宴·噶玛岗仓史》共计475页（民族出版社1986年版藏文本），是全书中篇幅最多的一卷，其作者是噶举教派的活佛，内容除噶举教派的历史及西藏地方史之外，还涉及汉地、蒙古、西夏等地的历史，因而撰写颇费功力。全书共分为十三章①，第一至十一章主要记载了噶玛噶举派十一位活佛的生平事迹，即第一世噶玛巴活佛都松钦巴（dus-gsum-khyen-pa，1110—1193）、第二世噶玛巴活佛噶玛巴什（ka-rma-pag-shi，1206—1283）、第三世噶玛巴活佛让迥多吉（rang-byung-rdo-rje，1284—1339）、第四世噶玛巴活佛若必多吉（rol-pavi-rdo-rje，1340—1383）、第一世红帽系活佛扎巴僧格（grags-pa-seng-ge，1283—1349）、第二世红帽系活佛贝喀觉旺波（mkhav-spyod-dbang-bo，1350—1405）、第五世噶玛巴活佛德新协巴（de-bzhin-gsheks-pa，1384—1415）、第三世红帽系活佛却贝益西（chos-dbal-ye-shes，1406—1452）、第六世噶玛巴活佛统瓦顿丹（mthong-ba-ton-ldan，1416—1453）、第七世噶玛巴活佛却扎嘉措（chos-grags-rgya-mtsho，1454—1506）、第四世红帽系活佛却吉扎巴益西贝桑波（chos-kyi-grags-pa-ye-shes-dpal-bzang-po，1453—1522）的生平事迹等。第十二章记载了与噶玛噶举派交往密切的藏传佛教著名大师，包括格鲁、萨迦等教派的大师，即尊者纽拉班钦，尊者噶玛赤列巴乔勒南杰，尊者却杰丹巴、松绕芒统巴、扎西沃色和旺秋

① 原书未分章节，此章节是译者根据内容所分，以便查找和研究。

坚赞，尊者推夏巴释迦旺秋、托沃日巴和巴卧却旺伦珠，尊者喜饶迥乃，尊者绒敦巴，尊者塔坚钦巴，上师本益巴，大成就者释迦达擦，尊者桑洛瓦，上师默朗桑布，大成就者曲贝瓦，比丘僧塔丹顿丹，大堪布释迦桑布，上师恰木贡巴扎巴贝丹，桑木旦林巴，大成就者桑杰年巴等人的生平事迹。第十三章记载了第八世噶玛巴活佛米觉多杰（mi-vbyor-rdo-rje，1507—1554）的生平事迹，还详细介绍了米觉多杰受明武宗的迎请一事以及与明中央政府的关系。作者乃是第八世噶玛巴米觉多杰活佛的弟子，对米觉多杰活佛的事迹自然更为了解，因而引证了大量的第一手史料。书中记载的内容丰富而翔实，对第八世噶玛巴米觉多杰活佛的业绩给予了高度评价。

《贤者喜宴》是明代著名的综合体藏文史书，《贤者喜宴·噶玛岗仓史》从形式来看与《贤者喜宴》的其他各卷在体裁与体例上都有差异，它主要是噶玛巴活佛的集体合传，其中又穿插了与西夏等地的关系等内容。比起之前的人物传记，写作手法有很大的创新，编纂风格也别具一格。此外，作者还参阅大量藏汉文史料，依据史源参此征彼，钩稽综合，剔除其神话传说的部分，择取其合理史实，对伏藏手法既有批判也有继承；在记述历辈噶玛巴等高僧大德时，则是从每位高僧大德的家世、师传和业绩上来说明他们对噶举教派的重要作用与贡献，且文采飞扬，因而该卷比其他各卷文学价值更高。《贤者喜宴·噶玛岗仓史》中着重介绍了历代噶玛巴与中央的关系，作者通过在军营等处实地考察、搜集资料，记录了许多基地汉藏史籍未记载的稀缺内容。在编纂旨趣方面不止停留于宗教史观下弘扬佛法的追求，更体现出两位不落窠臼的伟大藏学史学家的著史情怀与信念。

二、与《贤者喜宴·噶玛岗仓史》及其作者相关的研究成果

《贤者喜宴·噶玛岗仓史》的作者巴卧·祖拉陈瓦（dpav-bo-gtsug-lag-vphreng-ba，1504—1566）生于西藏拉萨聂塘（snye-thang）地方，幼年被认定为第一世巴卧·曲旺伦珠（dpav-bo-chos-dbang-lhun-grub）的转世，并被迎请至洛扎卓卧（lho-brag-gro-bo）寺坐床、出家；他曾拜喇嘛多丹格顿嘉措（rtogs-ldan-dge-vdun-rgya-mtsho）、第四世红帽系活佛却吉扎巴（chos-kyi-grags-pa)、大学者却杰丹贝坚赞（chos-rgyalbstan-pavi-rgyal-mtshan）、大师贡嘎桑波（kun-dgav-bzang-po）、夏鲁大译师却郡桑波（chos-skyong-bzang-po）等人为师，修习佛教显密及藏族传统文化“五明”之学；二十九岁时，他又前往工布地方拜第八世噶玛巴米觉多杰（mi-bskyod-rdo-rje）为师，从此得名“大德祖拉陈瓦”。此后，巴卧·祖拉陈瓦一直驻锡于洛扎拉隆（lho-brag-lha-lung）寺，主持寺院的政教事务。

有关巴卧·祖拉陈瓦的著作较多，其中有自传《迷惑面孔明鉴》，还有次旺官桥（lo-tsa-ba-tshe-dbang-dkon-mchog）等人撰写的噶举教法史《水晶石》，冲钦·噶玛崔呈（drung-chen-ka-rma-tshul-khrims）撰写的《历代巴卧传记》（dpav-bo-sku-phrengs-rims-pavi-rnam-thar)以及第八世噶玛巴弥觉多吉(ka-rma-pa-mi-vgyur-rdo-rje）相关人物传记等。然而，有关巴卧活佛的研究成果并不多，截至目前只有匈牙利的藏学家乌瑞在1972年《世界文化百科全书》第二卷中介绍了巴卧·祖拉陈瓦的生平。在国内，1986年由民族出版社出版的《贤者喜宴》后续里补充了巴卧·祖拉陈瓦的生平小传。曾国庆和郭卫平在1996年出版的《历代藏族名人传》（西藏人民出版社1996年版）里编写了巴卧·祖拉陈瓦的小传，但内容上与前书大同小异。目前对巴卧·祖拉陈瓦研究较为深入的是达瓦占堆（zla-ba-dgra-vdul）的《探析巴卧·祖拉陈瓦其人其事》（中央民族大学2017年硕士论文），该文对其生平进行了简要介绍，记述了其身世背景及认定转世、寻师求学等人生历程，总结了他在藏族历史学、医学、天文历算学、佛学等方面的功绩，概括了巴卧·祖拉陈瓦在噶玛噶举教派史乃至整个藏族文化发展史上的地位、影响。

最先确认《贤者喜宴·吐蕃史》的史料价值的是意大利藏学家杜齐，他在著作《藏王陵墓考》里参考了《贤者喜宴·吐蕃史》，之后麦克唐纳、家卡尔梅·桑丹坚赞、康嘎楚称格桑等国际著名藏学家先后肯定了《贤者喜宴·吐蕃史》的史料价值。然而，对于《贤者喜宴·噶玛岗仓史》国外藏学界却关注甚少。在国内，1985年藏学前辈东嘎·洛桑赤列先生最先肯定了《贤者喜宴》的史料价值，20世纪80年代黄颢先生为了方便广大学者引用藏文史料，最先翻译了《贤者喜宴·吐蕃史》的部分章节，之后《贤者喜宴·吐蕃史》的史料价值得到藏学界的一致认可，引用者甚多。才让（tshe-ring）在《藏文历史名著〈贤者喜宴〉史料价值探析》（《史学史研究》2008年第1期）一文中认为：该书是一部内容广博而厚重的藏文历史著作，内容涉及中原、印度、于阗等地的帝王世系和佛教历史。作者重视史料的搜集与考证，吐蕃史部分和噶玛岗仓史部分的价值尤为突出。其对研究藏族历史、民族关系史、佛教文化等方面的重要价值还有待进一步挖掘。

《贤者喜宴·噶玛岗仓史》在汉译之前也有学者引用其史料，以《贤者喜宴·噶玛岗仓史》作为基础史料对涉及的人物、事件及部分内容进行考辨、笺证的有邓锐龄的《〈贤者喜宴〉明永乐时尚师哈立麻晋京纪事笺证》（《中国藏学》1992 年第 3 期），本文通过对藏汉两种文字记载的对比分析，力求对藏传佛教噶玛噶举派活佛得银协巴（de-bzhin-gshegs-pa）晋谒明永乐帝并接受“大宝法王”（rin-chen-chos-rgyal）封号的这段史实作一个客观的重构。并认为藏汉两种文献在叙事方法、观点和风格上明显不同，在科学研究中多种文字史料的互补、互证具有重要性和必要性。参考其史料撰写文章的也有较多，但主要集中在史学界：米玛次仁（mig-dmar-tshe-ring）著的《历世噶玛巴活佛与历代中央政府关系》（西藏人民出版社 2011 年版）一书共计一百余页，介绍了历辈噶玛巴在中央与西藏地方关系发展史上的主要活动及其历史价值，指出了历辈噶玛巴活佛在西藏政教关系上的重要地位与贡献，为研究历辈噶玛巴的政教事迹提供了一定的理论参考价值。周润年《历辈噶玛巴与中央政府的关系》（《中国藏学》1997 年 1 期）以时间为序，论述了元、明、清时期中央政府与噶玛巴之间的关系，不但认为历辈噶玛巴活佛的存续与发展离不开中央政府的支持，而且也客观地指出了党和国家对于十七世噶玛巴成长的培养与关注。陈庆英《噶玛巴攘迥多吉两次进京事略》（《中国藏学》1988 年 3 期）介绍了噶玛巴攘迥多吉（rang-byung-rdo-rje）在元代政治及宗教方面的贡献，并以此为视角，记述了噶玛巴攘迥多吉在大都（北京）的一些经历，展现了元朝对于藏传佛教噶玛噶举教派的态度以及噶玛巴攘迥多吉在元朝的影响。

从文献学角度最先研究《贤者喜宴·噶玛岗仓史》也是目前唯一对其进行系统研究的是孙林的著作《藏族史学发展史纲要》（中国藏学出版社 2006 年），他认为该书作者遵循了传统“述而不作”的笔法，其史学成就主要集中在体例和写作笔法上，并在吸收前人经验的基础上进行了创新，首次把前人于历史著作中很少提及的音律学、五明学加以总结，在各函编排上有一个整体的设想与构思，即在叙述各民族与地域发展史的同时，试图勾勒出最有价值教法发展与传承的历史，以及相关的学术思想源流史，但是未将《贤者喜宴·吐蕃史》与《贤者喜宴·噶玛岗仓史》分而论之。

直到2017年周润年先生才完整翻译了《贤者喜宴·噶玛岗仓史》，并且做了翔实的注释。然对于《贤者喜宴·噶玛岗仓史》价值的论述目前笔者只见张屹、周润年的《藏文史籍〈贤者喜宴·噶玛岗仓史〉的内容及其史学价值》（《民族研究》2016年第1期），该文认为《贤者喜宴·噶玛岗仓史》内容涉及元、明时期中央与西藏地方的关系史，藏、蒙古、汉、党项等民族的关系史，以及噶举教法史和藏传佛教活佛转世制度的形成过程等，在研究西藏历史、藏族宗教史、藏族文化发展、古代西藏经济等方面均具有重要的史学价值。并指出目前学界对《贤者喜宴·噶玛岗仓史》的关注程度远不如《贤者喜宴·吐蕃史》，这是值得思考的问题。

三、与《贤者喜宴·噶玛岗仓史》相关的汉藏文古籍

《贤者喜宴·噶玛岗仓史》属于史传文学的范畴，其写作风格与同时代的作品有很大的不同，某些语言风格甚至比成书早于它的《西藏王统记》还要老道。作者沿袭了《巴协》（sba-bzhed）的语言风格，但又不同于“伏藏”传记传说，注重标明引文出处，具有“信史”理念的编纂要求。在叙述史实时，书中纯抒情韵文与神话传说所占的比例也有所下降。在处理历史事件与神话传说的关系方面匠心独运，以史实作为叙述线索，将种种神话传说穿插其间，但宾不夺主，层次、脉络仍很分明。

《贤者喜宴》（藏文版）1986年由民族出版社出版发行，该典籍分为上下两部，上部主要从宏观层面叙述了自吐蕃时期直至明代中期的藏族历史，而下部则主要记述了历辈噶玛巴的主要生平及其弟子们的传承世系，记述比较客观，几乎大半内容用于记载最早的八位噶玛巴的生平与事迹（《藏汉大辞典》称此八位是噶玛八祖），资料也比较翔实。此外，《贤者喜宴》中绝大多数涉及的内容记载多与《汉藏史籍》（rgya-bod-yig-tshang）中的记载在时间、人物等方面相互印证。在古代特定历史时期，历辈噶玛巴活佛与中央政府交往甚密，但是除了《贤者喜宴》外的大部分作品之记述皆过于简略，且记述主要

集中在前五位噶玛巴活佛与中央政府的互动交流上。《青史》（deb-ther-sngon-po）相较绝大多数的藏文典籍而言关于噶玛噶举的记载是比较丰富的，该书以近二百页的篇幅较为清晰地记述了噶举教派的传承与发展史。然而，由于该书作者主要关注于噶举派的初创及缘起，故对于米拉日巴（mi-la-ras-pa）等人的记述较为详细，而对于第五世噶玛巴以后历辈黑帽系活佛的记载则较为简略。《红史》（deb-ther-dmar-po）中涉及噶玛巴的内容并没有很多，且多以神话传说的形式出现，但是由于元代时期的相关史料不够丰富，故《红史》就成为研究元代噶玛巴的重要参考资料。

相关的汉文史籍主要是《明实录》，作为明代官方文献，自从五世噶玛巴得银协巴被册封为大宝法王之后，历辈噶玛巴活佛在《明实录》中出现多冠以大宝法王之名。如明成祖登基之后迎请第五世噶玛巴得银协巴："永乐元年二月，遣司礼监少监侯显赍书、币往乌思藏，征尚师哈立麻。"[①] 永乐五年（1407）三月永乐皇帝封尚师哈立麻为"如来大宝法王西天大善自在佛"，并赐印、诰及金、银、钞、彩币、织金珠袈裟、金银器皿、鞍马。然《明实录》记载内容非常简洁，而《贤者喜宴·噶玛岗仓史》则对一些重大事件做了补充，如刘允邀请米觉多杰事件，还有大宝法王到明廷具体的迎接过程以及明廷宴请的场景；《明实录》只是记载时间、人物以及事件，而《贤者喜宴·噶玛岗仓史》却生动细致地描写了当时事件的具体经过以及隆重的礼仪和宏大的场面。顾祖成先生等主编的《明实录藏族史料》（西藏人民出版社 1982 年版）为两书的互证互考提供了极大的便利。

同时，与《贤者喜宴·噶玛岗仓史》相关的汉文古籍类资料还有《明史·西域传》《明会典》等，《明史·西域传》成书较晚，虽不及《明实录》之事无巨细，但对个别人物事件的记载更加翔实。《明会典》在礼仪制度方面与《贤者喜宴·噶玛岗仓史》能够互补互考。重要的诏敕、来文、档案、碑文，如宋伯胤《明朝中央政权致西藏地方诰敕》（中央民族学院藏族研究所编《藏学研究文集》1985 年版）等也与其内容有相互补充印证之处，这些文献数量较多，内容也较为庞杂。

《西藏通史（明代卷）》（中国藏学出版社 2016 年版）将《贤者喜宴》划属于史传文学范畴，明代的藏族文学内容丰富、题材与体裁多样、艺术表现风格成熟，是中国

①《明太宗实录》卷一七·页五下，国立北平图书馆藏本，永乐元年二月乙丑条。

文学史的重要组成部分。这一时期的文学代表作品主要有每历代噶玛巴的文集，宗喀巴（tsong-kha-pa）的《诗文散集》和多罗那他的《歌集》，以及世界上最长的英雄史诗《格萨尔王传》（ge-sar-kyi-sgrung）等。14—17世纪成书的《雅隆尊者教法史》（yar-lung-jo-bovi-chos-vbyung）、《萨迦世系史》（sa-skya-gdung-rabs）、《米拉日巴传》（mi-la-ras-pavi-rnam-thar）等都是研究《贤者喜宴·噶玛岗仓史》文学价值及特色的重要参考资料，亦是研究这一历史时期藏语书面语和口语很好的语料。

四、结语

综上所述，当今学术界除了对《贤者喜宴·噶玛岗仓史》的价值有较为简略的论述外，基本未见宏观性、整体性的以文献本身为研究对象尤其是编纂学方面的系统性研究成果。《贤者喜宴·吐蕃史》与《贤者喜宴·噶玛岗仓史》在编纂与体例上也存在着很大的差异，应该充分认识《贤者喜宴·噶玛岗仓史》独特的史料等各方面价值，且该书是一部史传文学著作，尤其是其对于研究明代的语言文学是非常重要的第一手资料。不仅如此，明代藏族历史编撰学也因为古藏文的枯燥难解与高僧传的玄妙高深等原因，一直鲜有学者系统性涉足，这是研究藏族文献学者应该进一步关注的。只有从宏观方面深入研究、整体梳理，才能更加全面地从文献学的角度挖掘和研究《贤者喜宴·噶玛岗仓史》的特点与价值。以整体性的文献视角为学界所用所鉴，也有利于对汉藏文互译问题的讨论与研究，以及对整体史料可信程度的具体考证与鉴别。

过去的学者大都侧重于研究历辈噶玛巴与中央政府的关系等，把研究藏传佛教活佛转世的目光放在格鲁派上。实际上活佛转世最早开始于噶举教派，明廷亲自查验第五世噶玛巴的转世是藏传佛教活佛转世制度的滥觞。终明一代，大宝法王的地位超越其他法王和政教王决定性的因素应该是噶玛噶举黑帽系的实力以及在藏族地区的影响力。他本身的宗教源流以及在藏地与其他教派的关系，依然应该成为关注的重点，而《贤者喜宴·噶玛岗仓史》是当今我们研究噶玛巴活佛系统最为全面、丰富的文献。因此，以此卷作为研究的基础资料，能更好地对第一世到第八世噶玛巴以及噶玛噶举黑帽系与红帽系的相关问题进行梳理、分析与研究，八世之后的噶玛巴事迹相对于之前的噶玛巴略显平淡，尤其清朝之后，噶玛噶举的地位每况愈下，其主要原因是清朝已经将藏传佛教格鲁派定为国教，尊崇达赖喇嘛和班禅喇嘛二大活佛转世系统。

目前，《贤者喜宴·噶玛岗仓史》的史料研究主要是从历史学视角入手，对于其语言文学的价值少有学者系统性涉足，这可以说是一大遗憾。巴卧活佛是精通五明学问的学者，排在五明学前三位的就是语言、文学、音韵学。纵观他的几十部著作，他也的确称得上当时的语言文学家。《中国文学大辞典》认为，《贤者喜宴》为藏族历史文学作品，其文献特点是散文与诗歌相间，诗歌概述，散文详说，两相交替，错落有致。所以比起它的史学价值，《贤者喜宴·噶玛岗仓史》对研究明代藏语的发展以及诗歌、文学特色亦具有不可估量的价值。我们今后要多学科、多角度地认真整理、挖掘和研究《贤者喜宴·噶玛岗仓史》的珍贵史料。

参考文献

[1] 巴卧·祖拉陈瓦著，周润年译:《贤者喜宴·噶玛岗仓史》，西宁: 青海人民出版社，2016年。

[2] 达仓宗巴·班觉桑布著，陈庆英译:《汉藏史籍》，西宁: 青海人民出版社，2016年。

[3] 张屹、周润年:《藏文史籍〈贤者喜宴·噶玛岗仓史〉的内容及其史学价值》，《民族研究》2016年第1期。

[4] 周润年、黄颢:《〈贤者喜宴·吐蕃史〉的内容及其史料价值》，《西藏民族学院学报》2010年第1期。

[5] 才让:《藏文历史名著〈贤者喜宴〉史料价值探析》，《史学史研究》2008年第1期。

[6] 孙林:《藏族史学发展纲要》，北京: 中国藏学出版社，2006年。

[7] 多杰才旦主编:《元以来西藏地方与中央政府关系研究》，北京: 中国藏学出版社，2005年。

[8] 廓诺·迅鲁伯著，郭和卿译:《青史》，拉萨: 西藏人民出版社，2003年。

[9] 蔡巴·贡噶多吉著，陈庆英、周润年译，东嘎·洛桑赤列校注:《红史》，拉萨:

西藏人民出版社，2002 年。

[10] 索南坚赞著，刘立千译注：《西藏王统记》，北京：民族出版社，2000 年。

[11] 五世达赖喇嘛著,刘立千译注:《西藏王臣记》,拉萨: 西藏人民出版社,1991 年。

[12] 马良春、李福田：《中国文学大辞典》（第五卷），天津：天津人民出版社，1991 年。

[13] 申时行等修：《明会典》，北京：中华书局，1989 年。

[14] 巴卧·祖拉陈瓦：《贤者喜宴》，北京：民族出版社，1986 年。

[15] 顾祖成等：《明实录藏族史料》，拉萨：西藏人民出版社，1982 年。

[16] 张廷玉：《明史》，北京：中华书局，1974 年。

The Review of the Tibetan Ancient Book
Mkas-pavi-dgav-ston • the History of Ga Ma Gang Cang

Yang Jie

[Abstract] *Mkas-pavi-dgav-ston • the History of Ga Ma Gang Cang* is the longest volume in the literature of a historical biography, *Mkas-pavi-dgav-ston*, which was written by BaWo • Zulachenwa, a Tibetan eminent monk of the Ming Dynasty. This volume is repeatedly quoted mainly in the history field, but seldom researched. Only a few of articles concisely overviewed its value as the history material. Hereafter, more attention should be paid to the theoretical research of the literature on the historiography. Meanwhile, exploring the worth and characteristics of the language, the literature and some other aspects also should be valued.

[Key words] *Mkas-pavi-dgav-ston*; Ga Ma Gang Cang; interature value

（通信地址：100081，北京，中央民族大学中国少数民族语言文学学院）

第六章　傣文文献研究

傣文异形词类型及其原因分析 *

戴红亮

【提要】异形词是傣文古籍中一种常见的语言现象。本文以傣泐文佛经文献《维先达腊》和《长阿含经》为例，分析了傣文异形词的类型及其产生原因，将傣文异形词分为繁化体和简化体、单用体和合用体、韵尾变化体和正体、截略体和正体、语音变异体和正体五种异形词形式。我们认为产生傣文异形词的原因主要有书写方式、巴利语和傣语音节结构调试和适应以及音语变异等。梳理傣语异形词有助于更好地识别巴利语和分析同音词，从而更好地释读傣族文献。

【关键词】 异形词；类型；原因；作用

一、引言

异形词是傣文古籍中一种常见的语言现象。如等都是巴利语 puñña（bun55, 福，善，福德，功德）的书写形式，其中只有第一种写法与巴利语有着严格的语音对应关系。傣文在书写时，由于是傣语 n 韵尾最为常见的方式，受常见韵尾写法类推作用影响，因此产生第二种最为常见的书写方式。又由于傣文中巴利语声母 ñ 与 ṇ 这两个音做韵尾时，傣语都读作 n，经常发生混淆，所以有时候又可写作第三种形式。第四种取巴利语的首音节，这四种形式都较为常见。其他形体也是 bun55 的书写形式，相对来说，使用次数较少，但它们读音相同，意义也相同。这样一个词有多个异形词的情况在傣文古籍中相当普遍。

《维先达腊》是傣族传播最广的古籍之一，版本众多，几乎妇孺皆知（大多数人都是听佛爷诵读或听老人讲故事，但阅读的人较少）。《长阿含经》则是南传佛教经典文献。因而以这两部经书中的异形词为例，具有较强的代表性。

基金项目：教育部人文社会科学规划基金“傣族佛经文献《维先达腊》词汇研究”（18YJA850002）和中央民族大学双一流重点建设项目“傣族佛经文献《长阿含经》词汇研究”（20SYL006）的阶段性研究成果。

作者简介：戴红亮，中央民族大学中国少数民族语言研究院教授。

异形词共时地存在于古籍中，给阅读带来了一定困难，但由于异形词形体上有差异，有时它也有利于识别巴利语和分析语言演变现象，因此需要辩证地进行分析。分析傣文异形词类型及其产生原因，有助于阅读文献和释读一些疑难词汇。再者，关于傣文异形词的文章还未有相关论述，本文抛砖引玉，希望引起有关学者注意。

二、傣泐文异形词类型及其分类

根据两部经书语料库（包含国际音标、词义、来源、巴利语原形、注释和傣文图片等信息），我们将傣文异形词分为繁化体和简化体、单用体和合用体、韵尾变化体和正体、截略体和正体、语音变异体和正体五种异形词形式，这五种形式能够涵盖目前所搜集的所有异形词。

（一）繁化体和简化体异形词

繁化体和简化体是指一个词同时存在两种或多种书写形式。一种书写形式是简写形式，另一种是繁写形式，类似于汉语的简繁字（数词例外）。从语音角度来说，大多数繁化体都是正体，但也有少数简化体是正体，繁化体受类推影响而繁化。这里面又分两种情况，有些词绝大多数以简化体使用为主，而有些词则以繁化体使用为主。简化体主要为数词和一些使用频率高的词汇。因为语用和书写次数频繁，故采用简化体，但有时又写为原形，从而造成异形词（这种异形词由于常用，一般人都知道其意义）。详见下表：

表 1　繁化体和简化体对照及说明表

国际音标	繁化体	简化体	注释说明
kɔ^{11}（也，就；一个）	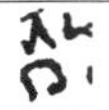		文献中都为简化体，偶尔使用原形。
nɯŋ^{33}（一）			以为主，第二个简化体为原形，第三个简化体只能位于个位数上。
sām^{55} (sam)			以为主，第二个简化体为原形。
lɛ^{33}（和、了、地、的）			文献中都以简化形式出现。
dai^{13}（得）			简化体为整体，繁化体受其他词类推影响而加了尾音 ya，两个词使用都较多。
mat^{33}ti^{33}（玛迪，人名）			为另外两体。 该词简化体为正体，但文献中绝大多数是繁化体。
tsak^{55}（将，要）			以简化体为主，繁化体使用相对较少。
taŋ^{51}lāi^{55}（大家）		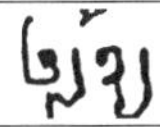	都使用简化体。
hāk^{35}（都）		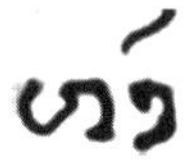	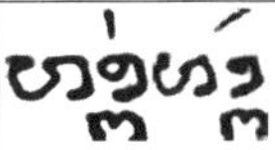为另外两体。 以正体为主，但简化体出现次数也较多。

傣文中繁化体一般按照拼写规则进行书写，所以大多数时候是正体词，但有时候某些繁化体受类推和巴利文转写因素影响，其简化体反倒成了正体词，但这种情况比较少见。除了少数简化体繁化外，绝大多数都是繁化体简化。大部分文献中简化体出现频率较高。

（二）单用体和合用体异形词

单用体和合用体异形词是傣文异形词的另一种类型。单用体是指两个或两个以上音节单独使用，按照线性方式排列；合用体是指两个或两个以上音节通过上下的方式组合在一块，从字形上看类似于汉语的“峰、峯”，但这种异形词由于都是双音节以上，实际更类似于“囍”，即把两个音节融合在一起，并伴随着字形变异。傣文的合体字有三种类型，一是通过特定符号，将两个音节完全相同的字写在一块；二是将傣文中一些常见的双音节词语在书写时上下叠放成一个合体字；三是巴利文转写成傣文时，巴利文某些复辅音前后相连，形成合体字。合体字在傣文中是一种非常常见的书写形式，特别是第三种在文献中处处可见，甚至有些就没有单用体异形词（这是傣文拼写巴利语双辅音的一种特殊方式）。详见下表：

表 2　单用体和合用体对照及说明表

国际音标	单用体	合用体	注释说明
$\text{ʔan}^{51}\text{vā}^{33}$（所以，即，所谓）	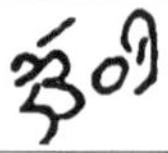		合用体词形发生变化，如按拼写法应读 hɯ^{51}，但实际读为 $\text{ʔan}^{51}\text{vā}^{33}$。单用体几乎不用。
baat^{35} 或 baa^{55}taa^{51}（脚步）			合用体将单用体的后一音节韵尾化，变成一个音节，以合用体使用为主。
lok^{33}（世界）或 lo^{51}kā^{55}			合用体将单用体的后一音节韵尾化，变成一个音节，以合用体使用为主。
kɔ^{11}mā^{51}（也来）	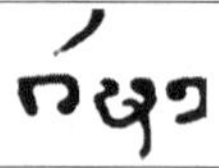		由于声母在下面和后面或单独使用，字形有别，所以字形也有差异。
pai^{51}pai^{51}mā^{51}mā^{51}（来来去去）	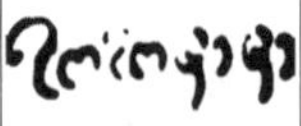	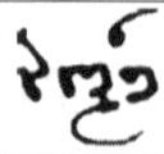	这是个四音节，先将 m 声母叠加在 p 声母下面，然后使用  表示重叠。
kɔ^{11}di^{55}（也好）	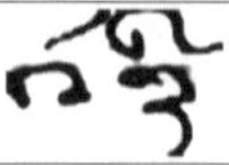		后一声母 d 叠加在前一声母 k 下面。
kɯ^{51}vā^{33}（即，就是说）			后一声母 v 叠加在前一声母 k 下面。
nā^{51}nā^{51}			两个音节通过符号  连接，表示重叠。这类词限于能重叠的词。

（三）韵尾变化体和正体异形词

韵尾变化体是指异形词其他部分（声母、韵腹、声调等）都相同，只有韵尾写法不同。

这种异形词数量较多，它与老傣文复杂的书写系统有关。有时同一个词有五到六个不同的韵腹书写形式，从而形成很多异形词。其中某些常见，某些相对不常见。这些词绝大多数是巴利语借词。详见下表：

表 3　韵尾变化体和正体对照及说明表

国际音标	正体	异体	注释说明
tet^{33}		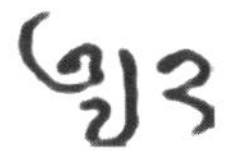	正体对应巴利语 tesa, 但傣语韵尾化后没有 s 韵尾，故采用发音部位近似的 t 韵尾代替，两种字体使用都较多，体现了拼写法和读法的不同。
suk^{55}（福，乐）	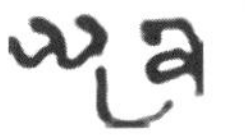		正体对应巴利语 sukha，但傣文没有 kh 韵尾，就用 k 代替，有时甚至给它一个 kkha 韵尾。以正体字使用为主，体现了拼写法和读法的不同。
rot^{33}（味）			正体对应巴利语 rasa，内有韵腹变异，傣文没有 s 韵尾，故经常写作 t 韵尾。两种字体使用都较多，体现了拼写法和读法的不同。
vi^{33}set^{35}（伟大）			正体对应巴利语 viseṣa。韵尾有时写作 t。以正体使用为主，异体也多有使用。
ʔo^{13}kāt^{35}（天空，允许）		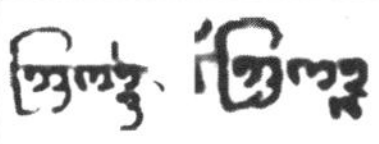	正体对应巴利语 okasa，韵尾有时写作 t，有时写作梵语的 avakāśa 中的 ś。
sep^{35}saang^{13}（生活，居住）		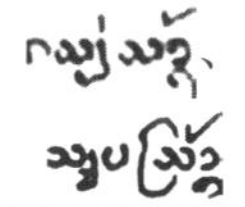	韵尾 p 有不同写法，韵腹 e 也有不同写法，甚至第二个声母 s 也有不同写法。

该种类型的异形词除极个别外，基本都是巴利语借词。巴利语中存在着大量的双辅音，傣语经常将它韵尾化，但傣语塞音和鼻音韵尾只有六个，因此只能采用相同或相近的发音部位的音去代替，但大多时候出于尊重巴利语写法，又采用巴利语原形拼写。这样就形成了大量的巴利语借词异形词。

（四）截略体和正体异形词

截略体与正体是另一种异形词形式。这种异形词有些特殊，两个异形词的读音并不完全相同，但是它们的意义相同。截略体通常截取正体的前一个或两个音节。这些词基本都为巴利语借词。详见下表：

表 4　截略体和正体对照及说明表

国际音标	正体	截略体	注释说明
tham^{51}（达摩，法）			巴利语原形为 dhamma，傣语取首音节为 tham^{51}（dh 与 th 具有严格对应关系）。
kan^{55}（章，节）			巴利语原形为 kaṇḍa，傣语取首音节为 kan^{55}。
bok^{55}xa^{55}ra^{33}（莲花）	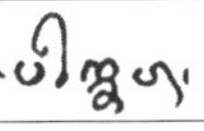		巴利语原形为 pokkhara，与傣文正体具有一一对应关系。截略体取首音节。
prām^{51}（婆罗门）	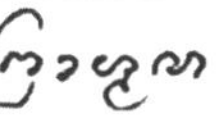		来自梵语 brahmana，傣语取自前两个音节，并将第二个音节韵尾化。

截略体与正体有时读音一致，和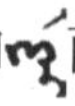两个异形词尽管形式上差别大，但两者读音一样。傣语使用了一个弭音符号（必须放在音节上面，放在右面就是 n 了），以示后一音节可以不读出来，但为尊重巴利语原形，仍然写出来。有的读音则不一样，只是截取了首音节。这一类词基本都是巴利语，但识别和释读难度很大，只有出现了原形才能反推出截略体。

（五）语音变异体和正体异形词

语音变异型异形词是指某些词在口语中一般读高音组，但在佛经文献中既可以写成高音组，也可以写成低音组。两者实际上只有声调的不同，但由于傣语高音组和低音组声母使用不同字母，所以声母书写形式也不相同。这种变异具有很强的规律性。详见下表：

表 5　语音变异体和正体对照及说明表

<table>
<tr><th>国际音标</th><th>变异体</th><th>正体</th><th>注释说明</th></tr>
<tr>
<td>pai^{55}（去）</td>
<td></td>
<td></td>
<td>口语一般都读作 pai^{55}，但文献中都写作 pai^{51}。</td>
</tr>
<tr>
<td>kun^{51}（人）</td>
<td></td>
<td></td>
<td>标准语读为 kun^{51}，但傣文经书一般都出自大勐龙，大勐龙一般都为 xun^{51}，因此有两读。</td>
</tr>
<tr>
<td>mə^{33}dai^{55}（何时，任何时候）</td>
<td>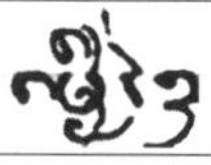</td>
<td></td>
<td>后一音节傣语口语读为 dai^{55}，文献大多写为 dai^{51}。</td>
</tr>
<tr>
<td>xvaam^{51}（事情；思想）</td>
<td></td>
<td></td>
<td>标准语读为 xvaam^{51}，大勐龙有时读为 kvaam^{51}。</td>
</tr>
<tr>
<td>mā^{51}tā^{55}（母亲）</td>
<td></td>
<td>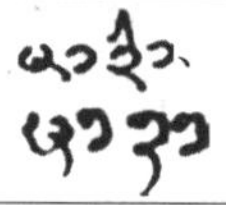</td>
<td>巴利语为 mātā，但傣语一般写作 mā^{51}dā^{55}，有时写作 mā^{51}dā^{51}。</td>
</tr>
<tr>
<td>hi^{55}ma^{33}pan^{51}（雪山）</td>
<td></td>
<td>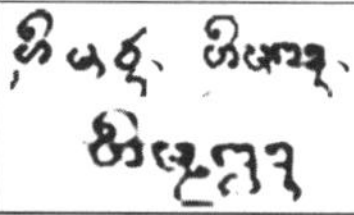</td>
<td>巴利语为 himavant，也可为 himabant。巴利语本可两读。</td>
</tr>
</table>

这些异形词主要是由语言演变造成的。它们内部读音不完全一致，仅有某些细小的差异，但词义完全是一样的。

三、傣文异形词产生原因分析

傣语的异形词主要有以上五种类型，也有部分因韵腹变化形成的异形词，但数量较少。在此就不叙述了。

傣文异形词形成的原因主要跟傣文自身性质相关联。这里面既有书写方面的因素，更多的是文字系统内部调适的问题，此外也与语言变异有关。概括起来，主要有以下三个原因：

1. 出于书写简便的原因

傣文中有大量的高频词，特别是连词、助词、数词、代词等，由于使用频率高，刻写时，如果使用原形（正体）的话，比较费时费力。出于刻写方便的需要，人们便使用简化体代替，这样就形成了异形词。一般情况下，简化体使用占主导地位，有时出于语体需要或者音节内部平衡，采用正体。

2. 傣文系统自身内部原因

这里关系稍微复杂一些，既有傣文来自巴利文，继承了巴利文书写上的规则的原因，也有傣语吸收了大量巴利语，为了准确、完整地记录巴利语的原因，还有巴利语进入傣文系统后，需要进行某种调试以及傣文后来增加了字母等原因。大致又可细分为以下五种原因：

（1）傣文字母表实际上是双语字母表，也就是所谓的“一文双语”。它一开始是用来记录巴利文佛经的，为了准确、完整地记录巴利文文献，它将很多傣文中实际并不存在的字母也完全照搬了进来，后来为了准确地记录傣语，又创造了 15 个声母、韵母和声调等。这样傣文就具备了拼写两种语言的能力。但与此同时，也造成了大量书写的冗余现象，后来书写时字母经常混用。这是造成傣文异形词较多的一个根本原因。

（2）傣文继承了巴利语（准确地说应是婆罗米文字体系）以声母为核心的拼写规则。这种拼写规则以声母为核心，韵母可以加在声母的前面、后面、上面和下面，与藏文的前加字、后加字、上加字、下加字性质一样。傣文书写并不排斥上下结构，有时为了显示刻经水平或避免词内部分行书写，把左右结构的词写成上下结构，这样就造成有的词既有左右字形，也有上下书写字形。这就是大量合体字异形词产生的原因。此外，为了字体美观和平衡，傣语韵尾一般在声母的下面或右边，可是有 3 个鼻音或塞音韵尾（-m,-n,-p）在声母下面和在右边时字形不一样（-k,-ŋ 韵尾一样，-t 韵尾视情况而定），如 m 韵尾写在下面是，写在右面是，字形差别较大，这和汉语的“忄心”，写在左边和下边有区别一样。这也是造成异形词的一个原因。

（3）傣语中吸收了大量的巴利语，巴利语是一种多音节无声调的语言，而傣语是一种单音节有声调的语言，为了转写巴利语，特别是准确地拼写巴利语双辅音，便产生了大量的合用体（合体字，将前一音节声母与后一音节声母或韵尾拼写在上下位置）。这种现象在文献中俯拾即是。如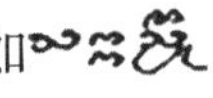（sabbaññū 佛祖的称呼）、（satthā 老师）、（kumarā 王子，巴利文原为单辅音，傣文转写变成双辅音 kummara）等。有时又为了适应傣语单音节或韵尾化的需要，又将巴利文双辅音单音化（某种意义的简化），

这也是产生傣文异形词的又一重要原因。

（4）巴利语是多音节语言，而傣语是单音节语言，如果按照巴利语音节一一转写，傣语会增加大量的多音节词，为了缩短音节，傣文便采用了弭音（字母写出来，但不读出音，这样就造成书写与拼读不一致的问题，如ᨵᨾ᩠ᨾ从字形上看，它与巴利语 dhamma 存在严格的一一对应关系，但它同时在韵尾加上标记符号，表示后一音节 ma 不用拼读出来），并截取首音节或头两个音节构成截略体，将后一音节韵尾化（这种方式使用极为频繁）构成韵尾变异体等，同时又为了尊重巴利语（佛教具有尊古传统），有时又写为原形。这样也就形成了大量的类型不一的异形词。

（5）巴利语韵尾化后，大量的辅音需要被纳入傣文的韵尾系统。傣文有 3 个塞音、3 个鼻音，而巴利语有 31 个字母可以韵尾化，于是傣语在转写时就将发音部位相近的辅音韵尾都读为六个傣语韵尾。为了更直观地了解，我们将可能韵尾化的音列举如下：

ṃ ṅ → ŋ

ñ ṇ n r l ḷ → n

m → m

k kh g gh → k

c ch j jh ṭ ṭh ḍ ḍh t th d dh s śs → t

p ph b bh → p

从上面可以看到，傣文的每个塞音或鼻音韵尾都对应多个字母，尤其是塞音韵尾 t 对应字母多达 14 个，这样产生众多异形词也就不奇怪了。

3. 语音变异和演变产生的异形词

西双版纳傣语历来以景洪市语为标准，但是傣文经书刻写则主要在景洪的大勐龙镇，这里是传统的刻经中心。这里的方言与景洪市有些差异，而刻经人有时将方言特点带入文献中，从而形成异体字；此外，时人诵读傣文经书时，经常将 p/d/b/j 等声母的高音组读成低音组字，这样也会产生一些异形词。

总之，傣文异形词多的原因与傣文自身系统拼写两种语言而产生的大量冗余现象有关，也与傣文书写规则和语音变异有关，还为了书写方便，是综合因素形成的结果。

四、结语

傣语中大量的异形词虽然给文献阅读带来了一定的麻烦，并易与其他同音词相混淆，有时甚至还会给释读带来负面影响，但异形词的存在也为巴利语借词的识别，特别是寻找巴利语原形找到一定的线索。我们可以以异形词词形为线索寻找巴利语借词原形；同时很多异形词，如截略体异形词、韵尾变异产生的异形词绝大多数都是巴利语借词，如果我们知道某个词有多个异形词且能确定其是上述两种类型，基本也可以确定它们是巴利语借词，这也为识别巴利语提供了新的路径。

参考文献

[1]刀林荫主编：《维先达腊》，北京：人民出版社，2006年。

[2]刀林荫主编：《长阿含经》，北京：人民出版社，2010年。

[3]西双版纳傣族自治州少数民族研究所编：《傣汉词典》，昆明：云南民族出版社，2014年。

Types ofheteromorphic Words in Dai Language and Analysis of Causes

Dai Hongliang

[Abstract] Heteromorphic words are a common language phenomenon in ancient Dai literature. In this paper, taking the texts of the Buddhist scriptures *Vixian Dala* and *Chang A Han Jing* as examples, this paper analyzes the types and reasons of the heteromorphic words in the Dai language. There are five types of heteromorphic : body and combined body, rhyme heteromorphic , truncated body and normal body, and phonetic variant. It is believed that the main reasons for the generation of heteromorphic words in the Dai language include simplified and traditional writing, adjustment and adaptation of Pali and Dai syllable structures, and phonetic evolution or mutation. Sorting out the heteromorphic words in the Dai language helps to better identify the Pali language and analyze homophones, so as to better interpret the Dai literature.

[Key words] heteromorphic；type；reason；effect

（通信地址：100081，北京，中央民族大学中国少数民族语言研究院）

第七章　其他语种文献研究

《真言集》悉昙章“浊”音与其梵韩对音

——兼论韩语辅音系统的历史演变

安英姬

【提要】本文通过对韩国文献《真言集》悉昙章的考察，发现“浊”音反映了梵语的送气音特征。“全浊”指清送气音，“次浊”指带（浊）送气音。带送气音的梵韩对音有两种，如 /gh/ 在安心寺本（1569）对ㄱ{k}，在万渊寺本（1777）对ㄲ{kk}。本文认为古代韩语辅音系统可能只有送气和不送气对立，带气和不带气区别后来才产生。当带送气音处于分化期时，其音位地位不稳定，只出现于字母审音系统中。即，审音时字母ㄲ{kk}表示 /gh/，一般情况下都是由字母ㄱ{k}来表示 /k、g、gh/。《真言集》两种梵韩对音现象是因为万渊寺本采用了审音系统，而安心寺本使用的是一般的系统。

【关键词】悉昙章；浊音；韩语辅音；带送气音（浊送气音）

一、引言

韩国《真言集》是一部包含梵、汉、韩三种文字记录的佛经真言集。书中悉昙章和凡例详细地说明了梵韩对音规律，为当时的韩语音研究提供了宝贵的语音信息。在不同时期多个版本中，安心寺本为最早的一个版本，其他多为翻刻本。万渊寺本和望月寺本是重刊本，这两个版本虽然出版年代相近，但是具有完全不同的对音系统。

本文主要考察了以上三个版本悉昙章的“浊”音问题。浊音，现代语音学上普遍认为是声带振动音。中古汉语“全浊”声母也一般都拟为 *g、*d、*b，表示声带振动音。但是，本文通过对韩国《真言集》悉昙章的考察发现，古文献中的“浊”音不一定只指声带振动音，也可能用来表示另一种语音特征。所以为叙述方便，本文在表示声带振动音时不叫浊音，而叫带音。

作者简介：安英姬，云南民族大学民族文化学院讲师。

二、《真言集》悉昙章“浊”音的送气音特征

2005年，韩国南权熙教授在韩发现最早的梵字资料——葛项寺758年的墨书陀罗尼《准提真言》。2010年，日本学者高正龙、小林义孝等认为韩国在高丽时期受元朝的影响之前，使用的梵文与日本的悉昙体一样，但在十三世纪再造《高丽大藏经》时字体开始发生变化。本文所引《真言集》的梵文字体基本上继承了再造《高丽大藏经》。《真言集》悉昙章全称为“梵本五十字母悉昙章”，共收50个梵文字，摩多（相当于元音）16字，体文（相当于辅音）34字，下图为体文中的一部分。

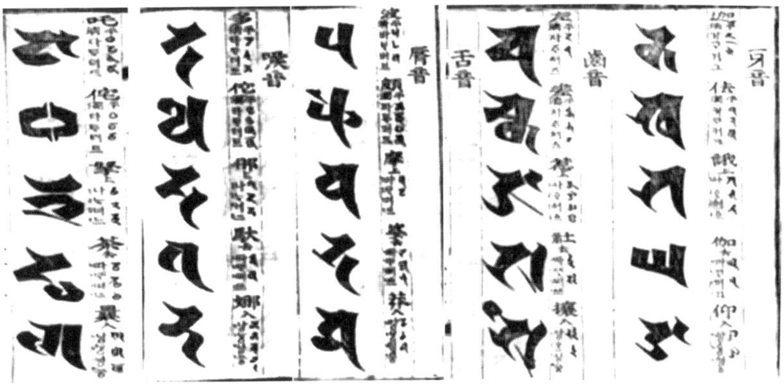

《真言集》悉昙章的体文25字（除了超音）[①]

如图每个大写的梵文右侧均配有相对应的汉字和韩文，还有小写的梵文。汉字为梵汉对音；韩文为梵韩对音；小写的梵文为梵文异体字，也是书中真言实际使用的梵文字体。大写梵文字体一般只出现于悉昙章，主要用于书法展示。上图的体文自左到右，按“牙音”“齿音”“舌音”“喉音”“唇音”顺序分类，其中“舌音”指卷舌音，“喉音”指舌音。每列都有五个梵文整齐地反映了五种不同的发音方法，即清音、清送气音、带音、带送气音、鼻音。梵文为音节文字，以上体文实际上均为a元音字，罗马字的转写依次为“牙音”ka、kha、ga、gha、ṅa；“齿音”ca、cha、ja、jha、ña；“舌音（卷舌音）”ṭa、ṭha、ḍa、ḍha、ṇa；“喉音（舌音）”ta、tha、da、dha、na；“唇音”pa、pha、ba、bha、ma。

上图梵汉对音的汉字下面还有更小的字写着“平、上、去、入”和“清、浊”。把上图梵文转写及与其对应的所有汉字用表格重新整理如下：

① 影印资料来源于望月寺本。悉昙章体文除了以上25字外，还包括ya、ra、la、va、śa、ṣa、sa、ha、kṣa等9个超音。这些超音多为擦音、流音等，还有kṣa是复辅音，暂不予讨论。

表1 《真言集》悉昙章的“平、上、去、入”和“清、浊”

牙音	ka 迦平清	kha 佉平浊	ga 诫上	gha 伽去	ṅa 仰入
齿音	ca 左平清	cha 差平浊	ja 惹上	jha 社去	ña 攘入
舌音（卷舌音）	ṭa 吒平清	ṭha 侘平浊	ḍa 拏上	ḍha 茶去	ṇa 曩入
喉音（舌音）	ta 多平清	tha 佗平浊	da 那上	dha 驮去	na 娜入
唇音	pa 波平清	pha 颇平浊	ba 摩上	bha 婆去	ma 莽入

从历史上看韩国受中国佛教密宗的影响不晚于八世纪[①]，以上汉字对音的语言背景可视为中古汉语。实际声母和韵母的对应与中古汉语时期的梵汉对音系统基本一致。但是，以上小写的“平、上、去、入”并非表示中古汉语音声调系统。比如，“诫、惹、拏、那、摩、伽、茶、驮、婆、攘”等字在中古汉语中均为平声字，而在悉昙章中有的为上声，有的为去声，有的为入声。即“诫、惹、拏、那、摩”上声，“伽、茶、驮、婆”去声，“攘”入声。还有“左、社、仰、曩、娜、莽”字在中古汉语中为上声，而在悉昙章中“左”为平声，“社”为去声，“仰、曩、娜、莽”为入声。

如果与梵文的发音方法结合会发现，平声配清音和清送气音，上声配带音，去声配带送气音，入声配鼻音。因为平声配了两组音，所以再用“清、浊”来进一步分类，即“平清”配清音，“平浊”配清送气音。悉昙章“平清”所配汉字“迦（见母）、左（精母）、吒（知母）、多（端母）、波（帮母）”的中古汉语声母都属于“全清”。但是，悉昙章“平浊”所配汉字“佉（溪母）、差（清母）、侘（彻母）、佗（透母）、颇（滂母）”在中古汉语时期声母为“次清”，不属于“浊”音字。也就是说，悉昙章中所示“清”与“浊”也并非中古汉语的清浊系统。

《真言集》凡例中有如下一段解释，可使我们进一步了解悉昙章的清浊系统。

> 至洪武正韵减字母为叁十一母，至于我国朝依字母制述谚文，以国语译解诸经高低四声以点多小有无分之，清浊全次谚字单复边辨之。……故真言旧本悉昙梵本字母，谚文依其例用之，惟清浊全次之法，只为影示于五音中，而元文中终不举论。故今依洪武正韵字母及国朝谚本诸经译解新增明示于谚字中。

以上说明了谚本诸经译解与“洪武正韵字母”的使用方法基本一致，唯有清浊系统不同。“洪武正韵字母”指《洪武正韵译训》（1455）的31个韩文字母，反映的是汉韩对音的字母系统。至于汉韩对音与梵韩对音的清浊系统具体有哪些不同，请参见以下第三章内容。

---

① 历史上新罗僧玄超、义林、不可思议等都是密宗高僧善无畏（637—735）的弟子。唐朝智昇撰写的《开元释教录》里记载，新罗僧明晓向李无谄请求翻译《不空羂索陀罗尼经》，并把译本带回新罗。

三、《真言集》悉昙章梵韩对音的辅音系统

在看梵韩对音之前，我们先了解一下韩语的辅音系统。现代韩语辅音系统有 19 个，如下：

平音：ㄱ /k/、ㅂ /p/、ㄷ /t/、ㅅ /s/、ㅈ /ʨ/、ㅎ /h/

激音：ㅋ /kh/、ㅍ /ph/、ㅌ /th/、ㅊ /ʨh/

硬音：ㄲ /k*/、ㅃ /p*/、ㄸ /t*/、ㅆ /s*/、ㅉ /ʨ*/

其他：ㅁ /m/、ㄴ /n/、ㄹ /l/、ㅇ /ø/

现代韩语辅音塞音分平音（软音）、激音、硬音（紧音）三套。激音指送气，硬音与平音对应，平音发音松弛，硬音发音紧喉。关于硬音具体应使用哪一种目前国际音标学界尚未定论，一般会添加如“*”等符号来进行描写。

下面是中世韩语辅音系统①。《训民正音》(1443)是一部由官方颁布的新文字指南书，书中介绍了新文字韩文的创造原理及使用方法。不久后时人用新创文字对中国韵书《洪武正韵》进行了韩文的语音描写，为《洪武正韵译训》，反映的音系是韩汉对音。下表为《训民正音》韩语辅音与《洪武正韵译训》韩汉对音辅音的对比。

表 2 《训民正音》与《洪武正韵译训》的韩语字母系统

《洪武正韵》（近代汉语）			《洪武正韵译训》②（韩汉对音）	《训民正音》（中世韩语）	
牙音	全清	见	ㄱ {k}	全清	ㄱ {k}
	次清	溪	ㅋ {kh}	次清	ㅋ {kh}
	全浊	群	ㄲ {kk}	全浊	ㄲ {kk}
	次浊	疑	ㆁ {ŋ}	不清不浊	ㆁ {ŋ}
舌音	全清	端	ㄷ {t}	全清	ㄷ {t}
	次清	透	ㅌ {th}	次清	ㅌ {th}
	全浊	定	ㄸ {tt}	全浊	ㄸ {tt}
	次浊	泥	ㄴ {n}	不清不浊	ㄴ {n}

① 传统意义上韩语历史分期为古代韩语、中世韩语、近代韩语和现代韩语。中世韩语时期大概为十五六世纪，之前为古代韩语时期，之后为近代韩语时期。中世韩语时期是韩语研究历史中一个非常重要的时期，这一时期创制了韩文，开始了民族文字生活，并留下了丰富的韩文文献资料。

②《训民正音》（1443）一共有 23 个字母，而《洪武正韵》（1375）的声母为 31 个，《洪武正韵译训》（1455）汉韩对音在《训民正音》23 个字母的基础上做了些调整。比如，汉语轻唇音非母、奉母、微母的韩语对音在其相对应的重唇音ㅂ {p}、ㅃ {pp}、ㅁ {m} 的基础上加了一个ㅇ，为ㅸ {pv}、ㅹ {ppv}、ㅱ {mv}。还有《洪武正韵》汉语音系有正齿音和齿头音两组齿音，在《训民正音》齿音的基础上把左边的一撇拉长“ᅎ {c_1}、ᅔ {ch_1}、ᅏ {cc_1}、ᄼ {s_1}、ᄽ {ss_1}”来表示齿头音，再把右边的一捺拉长“ᅐ {c_2}、ᅕ {ch_2}、ᅑ {cc_2}、ᄾ {s_2}、ᄿ {ss_2}”来表示正齿音，但这并不影响整个清浊系统。

续表

《洪武正韵》（近代汉语）			《洪武正韵译训》（韩汉对音）	《训民正音》（中世韩语）	
唇音	全清	帮	ㅂ {p}	全清	ㅂ {p}
	次清	滂	ㅍ {ph}	次清	ㅍ {ph}
	全浊	并	ㅃ {pp}	全浊	ㅃ {pp}
	次浊	明	ㅁ {m}	不清不浊	ㅁ {m}
喉音	全清	影	ㆆ {ʔ}	全清	ㆆ {ʔ}
	次清	晓	ㅎ {h}	次清	ㅎ {h}
	全浊	匣	ㆅ {hh}	全浊	ㆅ {hh}
	次浊	喻	ㅇ {ø}	不清不浊	ㅇ {ø}

在语音学上一般 // 表示音位，[ ] 表示音值，本文用 { } 来表示转写。文字转写虽然要基于现代音，但是并不代表构拟音，它的主要功能在于做文字代码。比如，韩文字母“ㄲ”转写成 {kk}，只表示字形上是“ㄱ {k}”字母的双写，不代表音值。仔细观察上表不难发现，《训民正音》的字母系统与《洪武正韵译训》的对音系统基本一致。特别是清浊系统，如“ㄲ {kk}”在《洪武正韵译训》和《训民正音》中都属于“全浊”。

接着看《真言集》悉昙章的梵韩对音，它与汉韩对音相比具有截然不同的清浊系统。《真言集》凡例后面附了一张“洪武韵字母之图”，把疑母、泥母、明母归为“全清”；见母、端母、帮母归为“次清”；溪母、透母、滂母归为“全浊”；群母、定母、并母归为“次浊”。这一字母图的清浊系统与悉昙章的清浊一致，悉昙章每列梵文上下依次为“平声－次清”“平声－全浊”“上声－全清”“去声－次浊”“入声－全清”。下面看一下《真言集》不同版本的梵韩对音情况。

表 3 《真言集》悉昙章两套梵韩对音

梵文（悉昙章）			梵韩对音				
			凡例（洪武正韵字母之图）①			万渊寺本	安心寺本②
牙音	k	平	次清	见	ㄱ {k}	ㄱ {k}	ㄱ {k}
	kh	平	全浊	溪	ㅋ {kh}	ㅋ {kh}	ㅋ {kh}
	g	上	全清	疑	ㆁ {ŋ}	ㆁ {ŋ}	ㆁ {ŋ}
	gh	去	次浊	群	ㄲ {kk}	ㄲ {kk}	ㄱ {k}
	ṅ	入	全清	疑	ㆁ {ŋ}	ㆁ {ŋ}	ㆁ {ŋ}

①《真言集》字母图包括轻唇音、齿头音和正齿音等韩文字母，一共 31 个，与《洪武正韵译训》的 31 个字母数保持一致。

② 望月寺本的梵韩对音系统基本上继承了安心寺本，只为了适应当时的语言文字习惯等稍有改动，考察最初的对音系统还是根据早期的安心寺本更合适。

续表

梵文（悉昙章）			梵韩对音				
			凡例（洪武正韵字母之图）			万渊寺本	安心寺本
舌音	ṭ	平	次清	端	ㄷ {t}	ㄷ {t}	ㄷ {t}
	ṭh	平	全浊	透	ㅌ {th}	ㅌ {th}	ㅌ {th}
	ḍ	上	全清	泥	ㄴ {n}	ㄴ {n}	ㄴ {n}
	ḍh	去	次浊	定	ㄸ {tt}	ㄸ {tt}	ㄷ {t}
	ṇ	入	全清	泥	ㄴ {n}	ㄴ {n}	ㄴ {n}
喉音	t	平	次清	端	ㄷ {t}	ㄷ {t}	ㄷ {t}
	th	平	全浊	透	ㅌ {th}	ㅌ {th}	ㅌ {th}
	d	上	全清	泥	ㄴ {n}	ㄴ {n}	ㄴ {n}
	dh	去	次浊	定	ㄸ {tt}	ㄸ {tt}	ㄷ {t}
	n	入	全清	泥	ㄴ {n}	ㄴ {n}	ㄴ {n}
唇音	p	平	次清	帮	ㅂ {p}	ㅂ {p}	ㅂ {p}
	ph	平	全浊	滂	ㅍ {ph}	ㅍ {ph}	ㅍ {ph}
	b	上	全清	明	ㅁ {m}	ㅁ {m}	ㅁ {m}
	bh	去	次浊	并	ㅃ {pp}	ㅃ {pp}	ㅂ {p}
	m	入	全清	明	ㅁ {m}	ㅁ {m}	ㅁ {m}

上表的梵韩对音梵语的卷舌音 ṭ 组和舌音 t 组的韩文字母一致，是因为韩语辅音系统无法辨别梵语的卷舌音。还有韩语鼻音既对梵语带音 g、d、b，也对梵语鼻音 ṅ、n、m，是因为接受了不空的翻译系统[1]。中古汉语时期七世纪玄奘的梵汉对音和八世纪不空的梵汉对音不同，玄奘用汉语“次浊”鼻音声母对梵语鼻音 ṅ、n、m，汉语“全浊”声母对应梵语带音 g、d、b 和带送气音 gh、dh、bh；而不空用汉语“次浊”鼻音声母对梵语鼻音 ṅ、n、m 和带音 g、d、b，“全浊”声母对梵语带送气音 gh、dh、bh。

以上值得注意的是，梵语“浊”音的两套不同的梵韩对音。万源寺本（1777）的韩文字母ㄱ {k}、ㄷ {t}、ㅂ {p} 对梵语清音 k、t、p，ㄲ {kk}、ㄸ {tt}、ㅃ {pp} 对梵语带送气音 gh、dh、bh；而安心寺本（1569）一套ㄱ {k}、ㄷ {t}、ㅂ {p} 既对梵语清音 k、t、p，也对带送气音 gh、dh、bh。

下一章将从韩语辅音系统的历史演变的角度来分析两套梵韩对音现象。

四、韩语辅音系统的历史演变与两套梵韩对音的语音分析

十八世纪韩国李思质（1705—1776）编纂了一本《韩山世稿》。书中《训音宗编》“第

① 安英姬认为，之所以韩国真言的翻译更倾向于不空的翻译系统，是因为韩语的带音具有鼻音的性质。

七五音清浊辨”描述了当时韩语辅音的语音特征，具体如下：

浊音发声平低；清音发声剽高；次清平低中稍高；次浊剽高中稍低。

ㅋ{kh}、ㅌ{th}、ㅍ{ph}、ㅊ{ch}、ㅎ{h}其呼声皆剽当属“全清”；

ㄲ{kk}、ㄸ{tt}、ㅃ{pp}、ㅉ{cc}、ㆅ{hh}其呼声小剽而浅当属“次清”；

ㄱ{k}、ㄷ{t}、ㅂ{p}、ㅈ{c}、ㆆ{ʔ}其呼声皆平低当属“全浊”；

ㆁ{ŋ}、ㄴ{n}、ㅁ{m}、ㅇ{ø}其呼声平低而轻当属“次浊”。

李思质的这一套清浊系统与《训民正音》的清浊系统相比，除了鼻音“次浊”一致以外，其他都不一样。比如，ㅋ{kh}、ㅌ{th}、ㅍ{ph}、ㅊ{ch}、ㅎ{h}为“全清”，而在《训民正音》是“次清”；ㄲ{kk}、ㄸ{tt}、ㅃ{pp}、ㅉ{cc}、ㆅ{hh}为“次清”，在《训民正音》是“全浊”；ㄱ{k}、ㄷ{t}、ㅂ{p}、ㅈ{c}、ㆆ{ʔ}为“全浊”，在《训民正音》是“全清”。这一清浊系统“剽”与“平”对立，“剽”表示送气，“平”表示不送气；“高”与“低”对立，“低”表示带音，“高”表示不带音。“全清”发音“剽高”表示清送气音；“次清”发音“小剽”且“平低”，应为带送气音。这里与悉昙章不同的是，“清”音表示送气，但是与悉昙章一样的是有两套送气音，一个清送气，一个带送气。即ㅋ{kh}、ㅌ{th}、ㅍ{ph}、ㅊ{ch}、ㅎ{h}表示清送气音；ㄲ{kk}、ㄸ{tt}、ㅃ{pp}、ㅉ{cc}、ㆅ{hh}表示带送气音。

接下来李思质又对每一个字母进行了语音描写，但是我们发现没有完全按照以上自设的清浊系统。

表4　李思质《训音宗编》的韩文字母清浊系统

牙音	舌音	唇音	齿音		喉音
ㄱ全浊	ㄷ全浊	ㅂ全浊	ㅈ全浊	ㅅ全浊	ㆆ全浊
ㅋ全清	ㅌ次浊近清	ㅍ次浊近清	ㅊ全清		ㅎ次清近浊
ㄲ次清近浊	ㄸ全清	ㅃ全清	ㅉ次清近浊	ㅆ次清近浊	ㆅ全清
ㆁ次浊近清	ㄴ次清近浊	ㅁ次清近浊			ㅇ次浊近清

上表第一行字母ㄱ{k}、ㄷ{t}、ㅂ{p}、ㅈ{c}、ㆆ{ʔ}为“全浊”，与上述李思质自制的清浊系统一致。但是从第二行开始就乱了。比如，第二行理应全部“全清”，而只有ㅋ{kh}、ㅊ{ch}是“全清”，ㅌ{th}、ㅍ{ph}为“次浊”，ㅎ{h}为“次清”；第三行应全部“次清”，而只有ㄲ{kk}、ㅉ{cc}、ㅆ{ss}是“次清”，其他ㄸ{tt}、ㅃ{pp}、ㆅ{hh}是“全清”；第四行应全部“次浊”，而只有ㆁ{ŋ}、ㅇ{ø}是“次浊”，ㄴ{n}、ㅁ{m}为“次清”。仔细观察，还是能找出规律的。上表中从第二行开始每个字母的语音描写后都附一个小写的注释，比如ㅌ{th}为“次浊近清”。这是表示ㅌ{th}虽属于“次浊”同时也有“清”音的特征。结合所有小写注释会发现第二行以下所有字母全部有“清”音特征，即送气音。还有每一个调音部位“全清”“全浊”“次清”“次浊”的出现是互补的。这些现象说明以上韩语辅音系统可分第一行不送气音和从第二行到第四行送气

音两大类。

综合以上考察和分析，笔者对韩语辅音系统的历史演变做了如下假设。

表 5　历史韩语的辅音系统和其文字与语音对应

第一阶段	不送气 K/k、g/		送气 KH/kh、gh/	
第二阶段	带不送气 /g/	清不送气 /k/	带送气 /gh/	清送气 /kh/
训民正音（审音）	ㄱ {k}/k、g/		ㄲ {kk}/gh/	ㅋ {kh}/kh/
实际文献（一般）	ㄱ {k}/k、g、gh/			ㅋ {kh}/kh/

假设韩语的辅音系统第一阶段只有送气和不送气的区别特征，不区分带气与不带气，用大写英文字母表示为 K/k、g/ 与 KH/kh、gh/ 对立。后来进入第二阶段开始区分带音和不带音，K/k、g/ 分化为 /k/ 与 /g/；KH/kh、gh/ 分化为 /kh/ 与 /gh/。中世韩语时期第一阶段不送气 K/k、g/ 尚未分化，而送气音 KH/kh、gh/ 已开始进入第二阶段，分化为 /gh/ 和 /kh/。但是 /gh/ 音位尚未完全独立，只在审音时ㄱ {k}/k、g/、ㄲ {kk}/gh/、ㅋ {kh}/kh/ 三组对立；实际交流中一般 /gh/ 不具备独立音位，ㄱ {k}/k、g、gh/、ㅋ {kh}/kh/ 两组对立。以此理论可如下解释悉昙章两套梵韩对音现象。

表 6　两套梵韩对音的文字与语音对应

梵语	清不送气 k	清送气 kh	带不送气 g	带送气 gh
万渊寺本（审音）	ㄱ {k}/k、g/	ㅋ {kh}/kh/	ㅇ {ŋ}/ŋ/	ㄲ {kk}/gh/
安心寺本（一般）	ㄱ {k}/k、g、gh/	ㅋ {kh}/kh/	ㅇ {ŋ}/ŋ/	ㄱ {k}/k、g、gh/

可见万渊寺本梵韩对音使用的是审音时的韩语字母系统，而安心寺本上的韩语字母为一般系统。按照佛经真言翻译的宗旨应该使用韩语审音系统来进行严式对音，但是密宗来自大乘佛教，大乘佛教的基本思想是普度众生，因而为了真言的大众化也可用普遍能接受的字母系统来进行宽式对音。

现代韩语中的硬音ㄲ {kk}/k*/、ㄸ {tt}/t*/、ㅃ {pp}/p*/，笔者认为是从历史上的ㄱ {k}/k、g、gh/ 分化出来的 /k/。也就是说，现代韩语的塞音为ㄱ {k}/(k)、g、gh/、ㄲ {kk}/k/、ㅋ {kh}/kh/ 的对立。朱晓农认为韩语的三套塞音中ㄲ {kk} 为前喉塞的张声，ㄱ {k} 为弱送或弱弛。在不同的历史阶段或因为不同的表音需求，可能会出现同一个文字代表不同语音的情况。比如，中世韩语时期韩文字母ㄲ {kk}/gh/ 在《训民正音》、汉韩对音或严式梵汉对音中使用，而在日常生活中很少出现。后来韩语辅音系统发生变化，/k/ 音位开始独立（大概于二十世纪初开化期），于是调用“闲置”的字母ㄲ {kk} 来记录 /k/ 音。

五、结论

本文通过对韩国文献《真言集》悉昙章清浊系统的考察，发现“浊”音指的是送气音。“全浊”指清送气音，“次浊”指带送气音。“次浊”音的梵韩对音有两种，比如梵语

带送气音 /gh/ 在安心寺本为ㄱ {k}，在万渊寺本为ㄲ {kk}。ㄲ {kk} 在中世韩语《训民正音》中为“全浊”，是受了《洪武正韵译训》汉韩对音清浊系统的影响。十八世纪《韩山世稿》的清浊系统中“清”音表示送气，并且有两套送气音，“全清”指清送气音，“次清”指带送气音。通过以上考察，笔者大胆假设古代韩语的辅音系统只有送气和不送气对立，不区分带气与不带气。后来才有了带气和不带气的区别，中世韩语时期带送气音处于分化期，因为其音位的不稳定性，只在审音时用字母ㄲ {kk} 来表示带送气音 /gh/，一般生活的实用系统中字母ㄱ {k} 则表示 /k、g、gh/。之所以出现两套梵韩对音，是因为万渊寺本采用了韩文字母的审音系统，而安心寺本使用了被大众接受的字母系统。

参考文献

[1] 韩国东国大学编：《真言集》，李氏朝鲜时期安心寺版，韩国首尔市：韩文博物馆（影印），1569 年。

[2] 韩国东国大学编：《真言集》，李氏朝鲜时期万渊寺版，韩国首尔市：韩文博物馆（影印），1777 年。

[3] 韩国东国大学编：《真言集》，李氏朝鲜时期望月寺版，韩国首尔市：韩文博物馆（影印），1800 年。

[4] 朱晓农：《辅音类型还是别的什么类型？如何在发生类型框架中安排吴语和韩语的三套塞音？》，《中国语言学》2011 年第 5 卷第 1 期。

[5] 안영희，《真言한글표기법연구 – 오대진언(1485)를중심으로》，한국，서울대학교박사학위논문，2018 년 .(安英姬：《真言的韩文表记法研究——以五大真言(1485)为例》，韩国首尔大学博士学位论文，2018 年。)

[6] 남권희，《韓國記錄文化에나타난眞言의流通》，한국경주시，《밀교학보》7 집，2005 년 .(南权熙：《韩国记录文化中的真言流通现象》，《密教学报》2005 年第七辑。)

[7] 신지영，《말소리의이해》제 2 판，한국서울시，한국문화사，2014 년 .(申智英[日])：《语音学基础》第二版，韩国首尔市：韩国文化社，2014 年。)

[8] 高正龙、小林义孝：《韩国梵字资料调查》(2007、2008 调查)，《历史考古学》2011 年第 62 号。

The voiced sounds in Sildamjang of *Jineonjip* and its Fan-Korean phonation: a study of the historical changes of Korean consonants

An Yingji

[Abstract] In this paper it is found that the voiced sounds in Sildamjang of *Jineonjip* which was published in Korea have a close relationship with the aspirated sounds of Sanskrit. In this book, the voiced consonants in Korean were voiceless aspirated sounds while the semi-voiced consonants were voiced aspirated sounds. There were two kinds of transcription in Korean to transcribe the voiced aspirated sounds of Sanscrit. One was the Korean script "ㄱ / k/" which appeared in *Jineonjip* which was found in Anxinsi(1569), the other was "ㄲ /kk/" which appeared in *Jineonjip* which was found in Wanyuansi(1777). In this paper, I think consonants in ancient Korean only distinguish with each other by their aspiration features. Then, the voiced aspirated consonants and voiceless aspirated sounds appear. Since the voiced aspirated sounds in Middle Korean were unstable, "ㄲ /kk/"were used to represent voiced aspirated sounds "/gh/" only for narrow transcription while"ㄱ /k/"was used to represent "/ k、g、gh/ " for broad transcription.The reason for two kinds of Fan-Korean phonation phenomena in Sildamjang is that the Wanyuansi book uses the alphabetic review system, while the Anxinsi book uses the general alphabet system.

[Key words] Sildamjang; voiced sounds; Korean consonants; voiced aspirated sounds

（通信地址：650000，昆明，云南民族大学民族文化学院）

从汉语文化负载词的音译看语言接触与文化认同 *

——基于回鹘文《玄奘传》的语料分析

郑　玲

【提要】译自汉文的回鹘文《玄奘传》是典型的语言接触的产物。选取该文献的汉语文化负载词为研究语料，分析音译之法的文化内因及翻译优势，深入探究语言接触与文化认同的多重互动关系，进而论证：持续性的族际接触是文化负载词借用的诱因；文化认同是语言认同的前提，语言认同是文化认同的核心；文化负载词是衡量中华文化认同的重要尺度，经典译介是构建和实现文化认同的重要途径。

【关键词】《玄奘传》；文化负载词；语言接触；文化认同

语言与文化相互关联，彼此制约。作为记录文化的重要载体，语言是文化的一个重要组成部分。文化接触导致语言接触，最直接的表现就是词语的借用。在语言系统中，最能体现其所承载的文化信息并能反映人类社会生活的词汇非文化负载词莫属，它是语言融合的见证和文化交流的结晶，在跨文化交际中起着纽带和桥梁的作用。

文化负载词的概念最早由哈维·弗朗哥·艾克西拉（Javier Franco Aixelá）提出，他对其的定义是“标志某种文化中特有事物的词、词组和习语，反映特定民族在漫长的历史长河中逐渐积累的、有别于其他民族的、独特的活动方式”。作为民族文化在语言词汇中最为直接和间接的反映，其重要的特征即传递着某个特定民族的特殊文化背景或文化意蕴，反映了两种语言系统和两种文化的部分和完全的不对等的差异性。

在回鹘佛经翻译的历史实践中，从保存至今的数量丰富的回鹘文佛经文献来看，历史上中原汉地佛教对回鹘的影响巨大而深远，被译为回鹘文的汉文佛典数量占有绝对优势，无论从公元11世纪胜光法师（Šïngqo säli Tutung）还是时至13—14世纪大批回鹘佛典翻译家，这些译经师傅所从事的译经活动为后人留下了大量的回鹘文佛经。

《大唐大慈恩寺三藏法师传》，又名《大慈恩寺三藏法师传》《慈恩寺三藏法师传》

基金项目：国家社科基金项目“回鹘文《大唐大慈恩寺三藏法师传》异本对勘研究”（21BZS027）的阶段性成果。
作者简介：郑玲，宁夏医科大学马克思主义学院讲师。

《三藏法师传》，十卷本，唐沙门慧立本、释彦悰笺，是一部以玄奘西行取经和归国译经为叙事线索的实录性佛传经典。回鹘翻译家胜光法师将其译为回鹘文，简称《玄奘传》。它是具有代表性的回鹘语与汉语接触融合的产物，本文以该部文献中的汉语文化负载词为研究语料，探讨以音译为主要翻译方法的动因及优势，进而揭示词汇的借入是以语言接触与文化交融为动因，印证不同文化间的交流和影响在语言上的反映。

一、回鹘文《玄奘传》中汉语文化负载词的静态分布

回鹘文《玄奘传》是一部多达 10 卷本的大部头经典文献，20 世纪 30 年代出土于新疆南部，后被分裂出售，现分别庋藏于中国国家图书馆、法国巴黎吉美博物馆、俄罗斯科学院东方文献研究所和德国科学院吐鲁番学研究中心，它是翻译和传承汉传大乘佛教文化的主要载体之一。自问世以来，学界便开展了分卷式独立研究。到目前为止，回鹘文《玄奘传》没有行之于世的完整统一的释读本。国内外学者的研究视角主要聚焦于语文学、语言学和历史学，迄今为止已整理出版其中的第 2、3、5、7、8、9、10 等卷。针对《玄奘传》中的汉语文化负载词的来源和借贷类型，国内学者如雅森·吾守尔、阿不来提·赛买提、郑桓、张铁山、朱国祥等从未停止该方面的研究，取得了丰硕的研究成果。

本文的语料来源主要依托学界已刊布释读的典型卷页，冯家昇、耿世民、葛玛丽·冯加班、吐古舍娃、茨默、罗本、欧勒迈兹、卡哈尔·巴拉特等学者钩稽爬梳相关著述、论文中的汉语文化负载词，并依据著名翻译理论家尤金·奈达的划分标准，将文化负载词归为生态、语言、宗教、物质和社会等五大类型。

在实际的数据统计过程中，合并不同的回鹘文转写形式为同一种，统计得出该部文献中汉语文化负载词共 415 个，其中生态文化负载词 110 个，约占 26.5%；语言文化负载词 0 个；宗教文化负载词 84 个，约占 20.2%；物质文化负载词 27 个，约占 6.5%；社会文化负载词 193 个，约占 46.5%。

（一）生态文化负载词

生态文化负载词反映某一特定语言区域的气候、自然特征和地理环境，具体可包括动植物名称、建筑名称、地理位置等。

此类型的文化负载词在回鹘文《玄奘传》中主要集中于地名和建筑物的名称上。其中表示古代地名的多达 51 个，如 čoo an < 长安、čungnamšan < 终南山、čuuyig < 张掖、guylim < 桂林、hatung < 河东（郡）等；介绍富有中原汉地文化特色的建筑物的名词，如 cuɣqun < 中宫、güx xua güng < 玉华宫、pulang < 庑廊、taï ging tin < 太极殿、činghuusï < 振响寺、čaož-insï < 昭仁寺、güx xua si < 玉华寺、haɣɣlim si < 鹤林寺等共

42 个；描述汉地特有的动植物的名词，如 čïnžu <梓树、hua <花、li <梨、libay <螺贝、linhua <莲花、luu <龙等约 17 个。

（二）宗教文化负载词

宗教文化负载词是对某一特定语言团体传统宗教特点的反映，宗教中的人名、理论、教派、经名、习俗等都体现了汉传佛教特有的宗教文化特征。汉文本《玄奘传》本为玄奘法师西行求法的历史记录，以拜谒大德高僧、诵读佛教经典、习熟教派教义为根本目的，因此在回鹘文本中必然大量出现反映这一显著特征的词汇。

具体而言，僧名在此类中占有绝对分量，多达 56 个，如 bodïručï <菩提留志、ceu tsink <寂照、čï gem <智严、čihuin <智玄、fap hen <法显、fotu-čeng <佛图澄等；佛教典型教派如 seušeng <小乘、taišingseušing <大乘小乘；宗教经名如 baža gi <般若经、čung-lun <中论、 kimhoki <金刚经、tsi in cuen <慈恩传、wibaki <维摩经；涉及的宗教理论如 limen lun <理门论、farcïlun <发智论、inme-lun <因明论、kenyo lun <显扬等。

（三）物质文化负载词

物质文化负载词主要包括食物、衣服和器具等，是社会文化不可分割的一部分，反映了人们的社会创造和物质生活。

该类负载词主要有：表示特有器具的名词如 čung <钟、gung <弓、güngtsï <拱子、kap <夹、kïlu <器、luygung <弩弓、lungtsi <笼子、qap <夹、qaptsi <榼子、qatsi <架子等；表示工具类的如 bïrmäk <笔墨、bitig <书、bi-pi <碑、ban <版；表示服饰类的如 fenkin <衯襟等。

（四）社会文化负载词

社会文化负载词，包括社会组织、官职名号、社会风俗、文化艺术等，体现了当时不同的社会风俗。

此类词在《玄奘传》中所占比重最大，多用于表示中原汉地的官职制度和帝王名号，如 bahšï <博士、pušia <仆射、ürči <尉迟、š(i)-čung <侍中、taitsi <太子、taifuke <太府卿、tutung <都统、quncuy <公主、čau qung <赵公、fugki <伏羲、hügintsüng <许敬宗、guydi <魏帝、hanvudi <汉武帝、kaučïfu <高季辅、lo vudi <梁武帝、lï gin yuu <李乾裕等；人名共出现 55 个之多，如 bexi <伯英、čaotsay <晁错、bančao <班超、čangsunvuki <长孙无忌、fugi <傅毅、čuu suilö <褚遂良、hiuhuenbi <许玄备、huinli <（房）玄龄等；展现社会习俗的词语，如 fungšen <封禅、hïčï <行友、lu(n)gčuin <弄砖、tay pu <大（飨）等；用于纪年的，如 bou <戊、ir <乙、kï <庚、ki <己、küi <癸、qap <甲、qï <庚、sin <辛、ti <丁等；除此之外还有计量单位，如 buu <部、čïg <尺、čik <帙、guen <卷、tsun <寸、tsïng <层、tsing <升等。

在论及突厥语文献中汉语借词时，葛玛丽・冯加班曾指出："汉语借词多属于文化、军事、行政、度量衡和文学等方面的词。”由于它承载着特殊的民族文化内涵，成为跨文化交际行为的翻译重点和难点，甚至成为传递信息的障碍所在，因此翻译者作为两种语言的转换者，在将一种语言转换成另一种语言的过程中，需要处理好文化转换问题，才能保证翻译行为的成功，推动作品有效传播与传承。

二、汉语文化负载词的音译策略

翻译作为一种跨文化语言转换行为，其目的在于实现“从语义到文本在译入语中用最切近而又最自然的对等语再现源语的信息”。翻译不仅要求词汇意义的对等，更要求语义、风格和文体的对等，既要传递表层的词汇意义，更要传递内在的文化意义，正如尤金·奈达指出的，“对翻译者而言，掌握两种文化甚至比掌握两种语言更重要”。对于汉语文化负载词的翻译，译者不仅要对这些词汇的文化内涵有深入透彻的理解，还要熟悉目的语文化的相关背景，才可能灵活运用适当的翻译策略，努力实现文化上的等值。因此在《玄奘传》由汉文文本到回鹘文文本的翻译过程中，胜光法师尽可能用回鹘语的形式传递出汉语的文化内涵，力争实现翻译的文化等值。

佛教的传入、佛典的翻译为回鹘民族输入了大量的佛教概念和异族事物。这些新内容的输入造成了回鹘语的语言空缺。汉语和回鹘语分属不同的语系，存在着较大差异：汉语属于汉藏语系，是单音的表意文字，一字一音且上古多一字一义；回鹘语（文）属于阿尔泰语系突厥语族，是全音素文字，一字多义或多音一义。如何消弭二者的语言差异，用回鹘语准确传颂佛典经义则是摆在彼时僧徒译师面前的一项艰巨的工作。

胜光法师创造性地翻译了诸如《大唐大慈恩寺三藏法师传》《金光明最胜王经》等经典文献，或借用或引申汉语中原有词汇，使之被赋予新的含义，或创造出许多新词，生成了很多回鹘语所没有的词汇。这一借由翻译实践而创造出的新词，不仅推动了汉地佛教在回鹘信众中的传播，也扩充了回鹘语词汇，丰富了回鹘语文化。

文化因素的特殊性和复杂性决定了文化负载词在翻译手段上的变通和灵活的特点，译者通常采用音译、直译、意译、音意兼译等方法来弥补或调整汉语和回鹘语两种语言在文化上的差别。音译和直译侧重对源语词汇文化色彩或形象的展示，意译和音意兼译则强调对源语词汇在具体语境中实际意义的传递。在佛经翻译的早期，佛典术语、专有名词等新概念、新事物的翻译大多采用音译的翻译方法。

随着回鹘民族与主体民族交往日趋深入，词汇内容愈加丰富多样，有关文化习俗、生活元素、社会文化等方面的词汇使用频率逐渐提高。《玄奘传》中的415个汉语文化负载词无一例外地采用音译翻译策略，传达出源语中指称和指称对象的联系，有利于深化回鹘民众对汉语文化负载词内涵的认知。

（一）音译策略的语言学理据

音译是把一种语言的词语在另一种语言中使用与它发音相同或近似的语音表示，它可以有效保留源语文化特色，作为文化负载词最早的翻译策略之一，这一翻译方法使用的时间较长，运用的范围较广。

文化负载词是指语言中承载该语言、该民族特有文化内涵的词语，在翻译过程中，在目标语中无法找到对等语。由于历史传统、地域环境、民族特色、文化背景等差异，各民族在特定的时空下创造并发展自己的文化，从而形成了本民族文化的特殊性，这种带有本民族文化烙印的词在另一种民族文化中往往很难找到对等的词。汉语文化负载词是中华文化在语言词汇上的体现，是负载汉语独特文化信息的词汇。古代汉语与回鹘语在语句结构、文化习俗等方面，绝对相同或等值相对有限，而相对差异无限，缺乏完全的等值，因而音译可以最大限度保留民族文化特色和民族语言风格，是一个合理有效的翻译策略。

（二）音译策略的文化学依据

“五不翻”是我国唐代译经大师玄奘在翻译外来佛学经书中总结的翻译理论，被视为我国传统译论中的精华。数百年来持续不断的佛经翻译丰富了回鹘语的内涵与表达，译经师傅考量权衡文化负载词的历史语境与语用实际，秉持“五不翻”原则指导的音译法对于文化间的交流起着不可或缺的积极作用。

中华传统文化的特色在于其抽象性、玄妙性以及鲜明的民族性，音译不仅可以保留文化特质，而且可以丰富译语文化及拓展译文读者的文化视野，真正实现文化间的交流与传播。中华传统文化与回鹘文化下的任何事物，在语言层面引起的联想都是有距离的，主张音译可以最大程度降低因简单的对音而造成的歧义和误解，完整地保留和传播中华传统文化，实现文明之间的平等对话及相互借鉴。

（三）音译与文化认同

广义上的文化可泛指“一个民族的全部活动方式，包括服饰、饮食、生产、教育、法律、政治、风俗习惯、历史典故以及气质情感、思维模式、价值取向、宗教心态等诸多因素”。汉语文化负载词在回鹘语中大体表现于中华文化、生活习俗和地理概貌三个方面，如人名、帝王庙号、干支纪年、器物工具、计量单位、宗教派别、经文名词、称谓语、建筑物、地理名词、文化习语等，采用音译能更好地保留源语文化魅力，是一条行之有效的文化交流与认同的途径。

音译是不同民族在跨文化交往中为克服语言障碍、实现交际目的的产物，是在“意译”受阻，即目的语中找不到相对应的表达方式的情况下，采用的一种变通之法。它体现了译者对源语文化进行保留和推介的用心，尽管采用了一种读者陌生的目的语的语言形式，却有效阻断了读者与母语及母语文化的联系，更精确地避免歧义，为源语文化的传播扫清了障碍，实现了文化间的交流。从文化交流与文化认同的角度审视翻译的一个主要目的就是要完美地“传真”源语民族的独特文化，而音译便是名副其实的文化交流与文化认同的“保鲜剂”和“传真机”。

三、汉语文化负载词之音译所见语言接触与文化认同的互动关系

（一）持续性的族际接触是文化负载词借用的诱因

语言接触是一种普遍现象，其本质是文化的接触。美国语言学家爱德华·萨丕尔说：“语言，像文化一样，很少是自给自足的。交际的需要使说一种语言的人和说邻近语言的或文化上占优势的语言的人发生直接或间接接触。交际可以是友好的或敌对的。可以在平凡的事务和交易关系的平面上进行，也可以是精神价值——艺术、科学、宗教——的借贷或交换。”人类社会活动的诸多动因推动着文化的交流，使得文化接触的形式异常丰富，贸易、迁徙、传教、游牧、殖民、战争、灾害等均可导致不同国家、不同民族、不同地域、不同阶层之间的接触。

不同民族之间的贸易往来、文化交流、移民杂居、战争征服等各种形态的接触必然伴随着语言的接触，而语言之间的接触又必然导致语言之间的流动，词语借用是各民族语言丰富和发展的重要途径，也是语言融合的重要方式。在民族交往、交流、交融的历史进程中，佛经翻译不仅为回鹘语言输入了大量的物质文化，还输入了交际工具、精神产品、价值观念以及传统底蕴深厚的中华文化。

回鹘佛经文献中的早期汉语借词，受到军事、政治、宗教、文化、贸易以及民间杂居等因素的影响，由此可以勾勒出回鹘语的成长轨迹，不同时期的汉语借词有着各自突出的时代特点：漠北突厥时期，表现为军事和政治的；高昌回鹘时期，表现为宗教的；喀喇汗王朝时期，表现为贸易的；察合台时期，表现为民间深层接触的。不同时期维吾尔语中的汉语借词与维吾尔民族的社会文化变迁有着紧密的联系，借词的发展轨迹与民族文化的发展轨迹交织前进，对于借词的研究，能更好地透视一个民族的发展历程。

（二）文化认同是语言认同的前提，语言认同是文化认同的核心

文化认同（cultural identity）理论自 20 世纪 50 年代提出至今，越来越引起学者们的广泛关注。文化认同是人们对一定范围内文化的倾向性共识，是对某种文化的承认与接受，既包括对本族文化的认同又包含对异质文化的认同，包括社会价值规范认同、宗教信仰认同、风俗习惯认同、语言认同、艺术认同等多个层面和维度。

语言作为书写符号系统，是一种特殊的文化现象，直接体现着民族精神和民族文化取向，承担着社会交流和文化认同等多种功能，语言文化对文化认同具有强化或消解的功能，并且语言的形成与发展又受文化的制约与影响。语言与文化之间具有互动性，是

双向制约关系，语言与文化相互影响，不同文化之间的交流也会在语言中留下印记。文化负载词作为文化交流的产物，是一种语言文化现象，更是一种语言认同，而语言认同的前提是文化认同。文化上的认同是有流向（方向）的，通常是一个国家或民族文化中的优秀成分流向其他国家或民族，反映在语言上就是词汇的借用与创新。语言认同是一种文化心理的趋同现象，它与文化心理的认同程度成正向关系——语言身份的相似度越高，文化心理的认同度就越高。当语言成为重现或追溯民族文化最直接的方式时，它就不再单单是一种交际的工具，而变成文化的象征，具有了文化身份。

语言认同是文化认同的核心部分，文化认同是“一种肯定的文化价值判断”，在不同的文化之间，认同指对彼方价值的承认、接受、效仿乃至追随，语言认同是文化认同的核心部分。社会语言学认为语言是社会文化认同的工具，语言具有身份和认同的建构功能，不同维度的认同，如民族认同、文化认同等可以通过语言来建构。

（三）文化负载词是衡量中华文化认同的重要尺度，经典译介是构建和实现文化认同的重要途径

语言是社会文化接触中必不可少的交流媒介和依赖工具，语言的基础以社会文化的交流为前提，不同社会之间的文化和语言存在着差异，社会文化的交流必然促使接触的语言相互影响、相互适应、相互调整、相互吸收，以满足社会文化交流的需要。语言接触具有文献学尤其是历史文献学的重要价值。语言中的外来成分、外来因素是社会文化交流产生的必然结果，也是社会文化交流存续的印记。在历史的长河中，伴随着民族间的接触，不同民族文化的交流一刻也不曾停止。而民族间文化的交流必然以语言作为交流的手段，不管这种文化是物质的还是精神的，是实体的还是形式的。因此，通过研究驻留于民汉语言中的借词，就可以勾勒出民汉文化交流的历史画卷。

词语的借贷是社会文化交流最明显和最直接的证据，借词是考察族际接触与民族交往、交流、交融史事的风向标。语言接触的研究不仅能揭示语言的变迁，而且还能反映文化的交往与互动。回鹘语中的汉语借词是中华文化的承载者，而佛经译文体现了中华各民族文化的融通性，蕴含了传承几千年的中华优秀传统文化，更好地展现了中华文化的掺入量和表现度。正如萨丕尔所说：“留意各个民族的词汇渗入别的民族的词汇的程度，就差不多可以估计他们在发展和传播文化思想方面所起的作用。”文化的交流会引发语言的接触，而作为语言接触结果之一的借词，折射出异域文化的灿烂光芒，展示了异域的人文地理和科学文化，它犹如一个小小的窗口，通过它人们可以窥视民族间文化交流的情景。

借由《玄奘传》中的典型文化负载词考察其借贷模式及译者在翻译实践中具体的翻译策略，进一步深入还原回鹘语与汉语在某个特定历史阶段的接触情境，揭示持续性的民族间的交往是文化负载词产生的主要诱因，进而生发由语言接触引发的语言认同及文化认同的互动关系思考。

参考文献

[1] [美]爱德华·萨丕尔著，陆卓元译：《语言论》，北京：商务印书馆，1985年。

[2] 冯天瑜主编：《中华文化辞典》，武昌：武汉大学出版社，2001 年。

[3] 高莉琴：《早期维吾尔语中汉语借词的文化背景透视》，《西北民族研究》2008 年第 2 期。

[4] 孔令翠、蒙兴灿主编：《实用汉英翻译》，成都：四川大学出版社，2002 年。

[5] 李燕：《语言文化十五讲》，天津：南开大学出版社，2015 年。

[6] 廖七一：《当代西方翻译理论探索》，南京：译林出版社，2000 年。

[7] 牛汝极：《回鹘佛经翻译活动简述》，《民族翻译》2008 年第 2 期。

[8] 吴应辉主编：《汉语国际传播研究》，北京：中央民族大学出版社，2013 年。

[9] 许钧：《翻译概论》，北京：外语教学与研究出版社，2009 年。

[10] [德]A. 冯·加班著，耿世民译：《古代突厥语语法》，呼和浩特：内蒙古教育出版社，2004 年。

[11] Nida, E. A. *Language*, *Culture and Translating*. Shanghai: SFLEP,1993.

On Language Contact and Cultural Identity from the Transliteration of Chinese Loan Words——Based on the Corpus Analysis of The Uygur-Turkic *Biography of Xuanzang*

Zheng Ling

[Abstract] The Uygur-Turkic *Biography of Xuanzang*, translated from Chinese edition, is a typical product of language contact. Selecting the Chinese loan words as the research corpus, we analyze the cultural reasons and translation advantages of the transliteration method, in order to discuss the multiple interactive relationship between language contact and cultural identity. Finally we can include such conclusions as: the continuous inter-ethnic contact is the inducement of culture loan words; cultural identity is the prerequisite of language identity, and language identity is the core of cultural identity; culture loan words are an important measure of Chinese cultural identity, and classic translation is an important way to construct and realize cultural identity.

[Key words] *Biography of Xuanzang*; culture loan words; language contact; cultural identity

（通信地址：750004，宁夏医科大学马克思主义学院）

图书在版编目(CIP)数据

中国民族古文字文献研究．第一辑 / 孙伯君主编．—合肥:黄山书社,2021.12

ISBN 978-7-5461-9832-3

Ⅰ.①中… Ⅱ.①孙… Ⅲ.①少数民族-古文字-中国-文集 Ⅳ.①H211.02-53

中国版本图书馆 CIP 数据核字(2021)第224464号

中国民族古文字文献研究(第一辑)

ZHONGGUO MINZU GUWENZI WENXIAN YANJIU (DIYIJI)

孙伯君　主编

出品人　葛永波
策　划　孙文波　张向奎
责任编辑　代立媛　周　唯
装帧设计　熙宇文化
责任印制　李　磊
出版发行　黄山书社
地　址　安徽省合肥市蜀山区翡翠路1118号出版传媒广场7层　邮编:230071
印　刷　安徽国文彩印有限公司
版　次　2022年10月第1版
印　次　2024年8月第2次印刷
开　本　787mm×1092mm　1/16
字　数　240千字
印　张　13.25
书　号　ISBN 978-7-5461-9832-3
定　价　40.00元

服务热线　0551-63533706

销售热线　0551-63533761

官方直营书店(https://hsss.tmall.com)